ZHUANBIAN WOGUO NONGYE FAZHAN FANGSHI YANJIU

转变我国农业发展方式研究

李春生　著

● 发展现代可持续农业 ● 构建现代农业生产体系 ● 构建现代农业产业体系
● 构建现代农业经营体系 ● 构建现代农业科技创新体系 ● 构建农产品质量安全保障体系
● 发达国家及地区转变农业发展方式的经验及启示

人民出版社

序　言

　　解决好"三农"问题是全党各项工作的重中之重，随着一系列强农惠农政策的实施，不断培育起农业发展的新动能，激发了广大农民的积极性。近年来，党中央、国务院出台了一系列含金量很高的政策措施，推动我国农业发展方式转变。党的十八届五中全会通过的《中共中央关于制定国民经济和社会发展第十三个五年规划的建议》，把推动我国农业发展方式转变作为发展现代农业的战略举措；2015 年国务院办公厅印发《关于加快转变农业发展方式的意见》，明确把转变农业发展方式作为当前和今后一个时期加快推进农业现代化的根本途径；《全国农业现代化规划（2016—2020年）》《全国农村经济发展"十三五"规划》以及 2017 年中央农村工作会议，进一步提出深入推进农业发展方式转变，实现农业供给侧结构性改革的目标。

　　近些年来，我国现代农业发展取得了喜人成绩，2016 年全年粮食产量达到 12325 亿斤，畜禽养殖规模化率达到 56%，主要农产品加工转化率超过 65%。然而，以传统的农业发展方式获得巨大成就的背后，也付出了很大代价，农业资源长期透支、过度开发，农业生态系统退化，生态环境的承载能力越来越接近极限。农业发展面临资源条件和生态环境两个"紧箍咒"，加快转变发展方式，实现可持续发展，迫在眉睫、刻不容缓。

转变农业发展方式是推进农业现代化，由粗放经营向集约发展，由数量增长向质量提升转变，实现可持续发展的必然要求；是破解资源环境约束，解决农业生产成本上涨的根本途径；更是深化农业改革，推进农村生产方式创新的基本方向。转变农业发展方式的重点是构建农业生产体系、产业体系、经营体系、科技创新体系和安全保障体系。其中，生产体系、产业体系和经营体系是核心，而经营体系、生产体系和产业体系的健康发展离不开科技创新体系的支撑引领，离不开安全保障体系的保驾护航。近年来，各地围绕现代农业发展的新理念、新战略，着力推进农业供给侧结构性改革，促进农业发展方式的转型和升级，农村改革稳步推进，农业生产稳定发展、农民收入稳定增长，农业结构调整有序推进，农业绿色发展大步迈进。

本书课题组先后赴全国多地进行实地调研，并邀请国内外专家学者召开多次交流研讨，历时一年多撰写，几易其稿，是继2015年出版《我国现代农业生产经营组织创新研究》后推出的第二本现代农业系列著作。本书重点研究我国农业发展方式转变的关键点、主要内容和有效路径，梳理总结推动我国农业发展方式转变的路径模式，并在借鉴发达国家和东亚地区现代农业发展经验基础上，提出了有针对性的政策建议。本书的出版，旨在系统研究我国转变农业发展方式的途径，深入分析推进农业供给侧结构性改革的举措，为政府相关部门同志、科研院校研究人员及"三农"实际工作者提供借鉴。恳请广大读者对本书提出宝贵意见和建议，以共同推进我国农业现代化的发展和全面小康社会的实现。

第 一 章

发展现代可持续农业

人类社会的发展历程中，每一次发展方式的转型都成为人类经济发展以及人类文明进步的里程碑。我国农业发展方式正处在转型的十字路口。近年来，我国粮食生产实现"十二连增"，农民收入持续较快增长，农业农村经济发展取得巨大成绩，为经济社会持续健康发展提供了有力支撑。然而，作为人均资源相对匮乏的人口大国，加快农业发展方式转变，构建低投入、低能耗、节约资源、环境友好、农民增收、农业增效的农业发展方式，实现国民经济持续发展的战略目标，显得尤为紧迫。加快转变农业发展方式，实施农业供给侧结构性改革，着力构建现代农业产业体系、生产体系、经营体系、科技创新体系和安全保障体系，走产出高效、产品安全、资源节约、环境友好的农业现代化道路，已经成为当前和今后一个时期的战略任务。

一、发展现代可持续农业是转变我国
农业发展方式的本质要求

转变农业发展方式是我国现代农业发展的一个崭新命题，也是我国农业发展史上的一场深刻革命。现阶段，我国转变农业发展方式是经历了自然经济为特征的传统农业、工业化背景下的常规现代农业后，由粗放式增长向集约型发展转型、由数量增长向质量提升转变，最终实现向现代可持续农业转型。

（一）转变农业发展方式的内涵

1. 转变农业发展方式的含义

党的十五大曾提出"转变经济增长方式"，随之产生了转变农业增长方式的概念。转变农业增长方式实质上是一个技术进步和资源优化配置的实现过程，许多研究认为，农业增长方式的内容包括：积聚在单位土地面积上的资源集约度、增长目标满足程度、生产要素利用效率提高程度、增长动力机制、增长方式的地域性特点。而转变农业发展方式除了在数量上实现农业产量的提高从而带来经济总量增长之外，还要兼顾人口、环境、资源、生态的协调发展，以及农民增收和农业结构优化等多重目标，最终实现现代农业的可持续发展。

从内涵来看，转变农业发展方式涉及农业发展因素、发展机制、发展路径和一系列结构的变化，主要包括：基于技术进步的要素投入的变化、基于农业市场制度的增长机制的变化、基于资源环境约束的路径选择的变化，还包括农业产出结构、消费结构、收入结构、市场结构和制度结构的变化，以期实现从粗放到集约、从传统农业向现代农业以及现代可持续农业的转型。

在我国经济发展进入新常态，农业发展面临农产品价格"天花板"封顶、生产成本"地板"抬升、资源环境"硬约束"加剧等新挑战的背景下，党和政府对转变农业发展方式提出了更为明确的要求，就是以"创新、协调、绿色、开放、共享"的发展理念为指导，以多种形式农业适度规模经营为基础，以完善的农业基础设施、现代的物质装备水平、先进的科学技术为保障，以保障粮食有效供给、农民收入增加、农业可持续发展为目标，以构建合理的农业生产结构和区域布局为重点，以提高农产品加工转化率、产品附加值和农业市场化为主攻方向，依靠新型农业经营主体和职业农民，构建产出高效、产品安全、资源节约、环境友好的现代可持续农业。

2. 现代可持续农业是转变农业发展方式的目标和本质要求

现代可持续农业是发展现代农业的一个新阶段。现代农业是一个动态的概念，由于不同国家的农业发展阶段、发展条件以及发展模式存在着显著差异，因此，国际上尚未对现代农业的内涵和特征进行全面、统一、明确的界定。国内研究对现代农业的认识也不是一成不变的，而是随着经济、社会、科技发展水平的不断提高而逐渐深化。

美国学者布朗首次系统阐述可持续发展社会，并延伸到可持续农业发展理论，将生态持续性、社会持续性、经济持续性明确为可持续农业的三重目标。1991 年联合国粮农组织在荷兰丹波召开的国际农业与环境会议上，将以下三方面确定为发展可持续农业的三大战略目标：保障粮食安全、积极增加粮食生产；扩大就业增加农民收入、开展多种经营促进农村综合发展；合理利用与保护自然资源。

现代可持续农业是现代价值链体系的农业，包括生产、加工、销售，通过价值链的延伸来实现市场效益和提高农产品的竞争力。现代可持续农业是高科技农业，是低耗高效的农业，包括生产体系、产业体系、经营体系、科技创新体系和安全保障体系五大体系。现代可持续农业的基本内涵，就是围绕农业发展方式的转变，以提高资源利用效率和生态环境为核心的新型现代农业体系。现代可持续农业的基本特征可以概括为，生产过程环保、产品品质优良、发展成本低、市场效益高。

第一，它是技术、经济、社会、资源、环境相协调的统一体，创造一种使人类与自然相协调的和谐格局，形成人与其他生物共存的生态系统。

第二，它是以节约资源、提高资源利用率为主导，改变"石油农业"过度消耗自然资源的弊端，变资源经济为技术、知识集约型经济。

第三，它是一个经济、生态良性循环的体系。它使农业生态系统的物质、能量资源得到充分开发利用，以适应经济增长和社会进步的需要，但又不超越农业生态系统自我调节机制所能承载的极限，维护系统的动态平衡和持续生产力。它能够自我调节、自我修复、相互促进、良性循环，以经济带动为主体，寓环境保护于发展经济活动之中。

第四，它以强化农业系统内的自养、自控功能为基础。在维护生物自然再生产进程中实现有机物质循环，促进生物之间、生物与环境之间的物质能量转化，在发挥其自养性、自控性的基础上，再从农业系统外部增加生物工业物质技术的投放。这是提高资源利用率、维护生态系统平衡的基础。

第五，它是以高新技术为引擎，综合有机农业技术、环保技术，组成一个新型技术系统，有利于促进经济生态良性循环、高效率、高效益的农业经营体系建设。

转变我国农业发展方式的目标就是要在确保粮食安全的前提下，加快城乡一体化、保障农产品质量、推进资源节约、实现环境友好、增加农民收入、提高农业效率。以转变农业生产方式为根本目的，最大限度节约农业生产要素，最大限度地降低农业生产的外部负效应；以发展优质、高产、高效、生态、安全的现代可持续农业为主要目标，以资源节约、综合循环利用和农业生态环境保护的农业形态，构建现代农业综合生产体系、产业体系、经营体系、科技创新体系及安全保障体系，促进农业实现可持续发展。

当前，农业发展方式转变的重点是转变农业生产方式、资源利用方式、经营方式和管理方式，以实现农业发展由数量增长为主转到数量质量效益并重上来，由主要依靠物质要素投入转到依靠科技创新和提高劳动者素质上来，由依赖资源消耗的粗放经营转到可持续发展上来的目标。

我国农业发展方式转变的主要途径是：（1）总体上，由依赖资源消耗的粗放型农业发展方式向资源节约型、环境友好型的现代可持续农业发展方式转型；（2）由品种单一、结构失衡的传统农业生产方式向结构和区域布局优化为特征的现代农业生产体系转型；（3）由价值链低端、市场化程度不足的传统农业产业模式向农产品加工转化率、产品附加值以及农业市场化程度较高的现代农业产业体系转型；（4）由一家一户小规模经营、流通渠道"小、散、乱"为特征的传统农业经营方式向农业经营组织化、服务规模化为特征的现代农业经营体系转型；（5）由依靠物质要素投入的传统农业发展方式向依靠科技创新和提高劳动者素质的科技创新体系转型；（6）由以牺牲环境及大量资源投入、食品质量安全保障缺失的农业发展方式向兼顾农业资源承载性、环境可持续、农产品质量安全可追溯的农业安全保障体系转型。

（二）转变农业发展方式相关概念

1. 转变农业发展方式与农业现代化的关系

转变农业发展方式是当前和今后一个时期加快推进农业现代化的根本途径，是经历了工业化背景下的常规现代农业后，受资源、环境、人口等因素的约束后，向现代可持续农业转型的必然要求。

农业现代化就是将现代要素投入农业来替代传统要素的过程。农业现代化是18世纪以来农业的一种前沿变化，伴随着工业革命的开始而出现，它是一个动态过程，不同历史时期的目标和任务不同，发展形态和方式也不同。第一次工业革命加速了科学技术的进步，形成了工业化为基础的化学化、石油化、机械化的现代常规农业。建立在农业机械化和农业化学化这两大支柱上的农业现代化，基本上成为工业生产的一个变种，生产模式和工业生产十分相似，即投入一定数量的物质和技术，产出一定数量的农产品，实质上就是借助土地将石油转化为粮食，属于高消耗、高排放、高污染的高碳农业。到 20 世纪 80 年代，在第三次工业革命的浪潮下，新能源及新材料的发展带来信息革命，形成了以生物技术、转基因技术、数字农业技术为代表的生态化的新型现代农业。在气候变暖、资源约束、环境负担加重的情况下，西方发达国家开始探索可持续农业、有机农业等各种新型现代农业，从而改变了以石油农业为特征的现代化农业发展方向，从高投入、高能耗、高污染、低产出的工业化农业转向低投入、低能耗、低污染、高产出的发展模式。

表 1-1 国际农业现代化主要模式比较

发展模式	典型国家	资源禀赋	模式路径	关键词
美国模式	美国、加拿大、澳大利亚	地多人少	机械化—技术现代化—经营管理现代化	规模化、机械化、专业化、农民组织化和政府保护
日本模式	日本、荷兰、比利时	人多地少	集约化—技术现代化	小规模、集约化、生物技术和化学技术应用、农民组织化和政府保护
欧盟模式	法国、意大利、德国	人少地少	机械化和技术现代化并重，再集约化	机械化、信息技术和生物技术、农民组织化和政府保护

如表 1-1 所示，从世界各国农业发展的实践来看，农业现代化主要有三种模式：一是以美国、加拿大、澳大利亚等为代表的人少地多的发达国家，有大量可垦耕地，劳力紧张，选择了发展大规模家庭农场的道路。二是以日本、荷兰等为代表的人多地少国家，

耕地有限，选择了发展小规模家庭农场的道路。三是以法国、意大利、德国等为代表的资源禀赋状况介于前两类之间的国家，选择了发展适度规模农场的道路。纵观世界农业发展史，各国资源禀赋不同，决定了其技术变迁的路径也各异。一般而言，那些土地稀缺、人口众多的国家和地区，会选择节约土地的生物和化学技术，通过投入品对土地资源的替代以提高土地生产率；那些土地资源丰富、人口较少的国家，会选择节约劳动的机械技术，通过实现机械对人力的替代以提高劳动生产率。在第一种类型的农业现代化国家，随着城市化进程不断加快，农业劳动力份额下降，不断走向以机械为主、以提高劳动生产率的路径。随着资源、环境的约束和农村劳动力成本的不断上升，一味靠增加化学投入品已经难以有效提高土地生产率，因此，改变常规的现代农业发展方式并向现代可持续农业发展方式转型，从资源消耗型农业向资源节约型农业转变，成为突破现有农业发展"瓶颈"的关键。

新中国成立以来，我国对农业现代化进行了长期而艰辛的探索。20 世纪 50、60 年代，机械化、水利化、化肥化被认为是农业现代化的重要标志。20 世纪 70、80 年代，从科学的角度来理解现代农业成为主流，人们提出农业现代化是建立在系统科学、经济科学、社会科学、生态科学、生物科学基础上的。20 世纪 80、90 年代，可持续发展思想被引入到农业领域，集约型的可持续农业被认为是真正意义上的农业现代化。转变农业发展方式、发展现代可持续农业成为新时期农业现代化的目标和要求。具体来讲，农业占国民经济的比重和农业占全社会就业比重持续下降，居民恩格尔系数也持续下降，在农业部门中现代农业要素不断投入和强化，农业科技进步的作用不断提高，从事农业生产的劳动力人力资本水平不断提高，农业劳动生产率、土地产出率和农产品商品率不断提高，现代农业服务体系、国家农业科技创新体系不断完善，都呈现了世界性的农业现代化的共同特征。然而这一现代化的过程是长期的，是一个量变到部分质变，再到质变的过程，转变农业发展方式成为我国农业现代化进程中在新阶段的新要求。

2. 现代可持续农业与传统农业、常规现代农业的关系

表1-2　现代可持续农业与传统农业、常规现代农业的区别

项目	传统农业	常规现代农业	现代可持续农业
土地权益形式	家庭拥有土地使用权和收益权，一家一户零散耕作	土地使用权可以流转，整合土地，进行适度规模化耕作	土地流转加速，适度规模化耕作和经营成为主流
生产组织形式	家庭为单位	以种养殖能手为核心，以合作社或龙头公司为组织形式	家庭农场、合作社、龙头企业为代表的多元化农业经营组织体系
农业投入品	数量种类少、质量水平低	农药、化肥、种子、农膜、农业机械数量种类大幅增加，质量水平高	减少化肥农药投入量，鼓励生物、有机、循环农业，农业智能化、物联网化应用水平高
产业化程度	产业化程度低，处于初级加工阶段	产业化程度高，农工贸紧密结合，产加销融为一体	农工贸紧密结合，产加销融为一体、农业资本密集化

从世界农业发展的经验来看，农业发展方式大致经历了三个阶段，第一个是传统农业阶段，该阶段主要特征是耕作方式以人工畜力为主，一家一户式的分散经营；第二个阶段是常规的现代农业阶段，该阶段以集约化耕作经营、机械化、化学技术应用为特征；第

三个阶段是现代可持续农业阶段，随着人口、资源、环境的约束日渐显著，现代农业需要向资源节约型、环境友好型转型。现代可持续农业在吸收传统农业和常规现代农业精髓基础上，更加注重农业的可持续发展、资源的节约利用、智能化、物联网等现代科技手段的创新利用。

现代可持续农业是传统农业的跨越式发展。传统农业发展方式的主要特征是以人力、畜力耕作为主、一家一户式小规模生产以及封闭性、非市场化运行模式，传统农业中的有机、循环生产模式维护了低产出的生态经济良性循环生产体系，它不用化学肥料、化学农药、化学生长调节剂和牲畜饲料添加剂，而是依靠作物轮作、作物秸秆还田、人及畜禽粪肥、种植豆科作物、绿肥、生物防治和栽培防治病虫害的作物来保持土壤肥力，供应植物养分并防治杂草和害虫。传统农业的优点是具有维护生物系统的自养性、自控性的调节功能，能够通过天然的耕作方式提高土地产出水平。但传统农业的一个显著特点是效率低下，它是一种物质、能量低消耗、低投入、低产出、半封闭式的小循环，是劳动生产率很低的自然经济，不属于现代农业范畴；而现代可持续农业强调生产和消费的减量化、再利用和资源化，以尽可能少的资源消耗和环境成本，获得尽可能多的经济效益、社会效益和环境效益，这是现代农业发展方式的重大变革。

现代可持续农业是常规现代农业的升级形式，是农业现代化进程中的新阶段。西方工业化背景下产生的常规现代农业，通过大量投入化肥、农药等化学品，创造了农产品增产、农业生产率提高的奇迹，缓解了人口激增与粮食需求之间的尖锐矛盾，但人类为发展常规现代农业所付出的代价是巨大的，如农业开垦引起的植被、物种的减少，农药化肥的过量施用破坏了物种的多样性，导致环境污染。全球农业因大量释放出的温室气体超过原先温室气体排放量的30%，相当于150亿吨二氧化碳，成为全球气候变暖的一大元凶。这种高投入、高耗能、高污染的发展模式，开始对资源环境及人类健康构成威胁，失去了可持续性，需要代之以一种可持续的现代农业发展方式。

在新的历史阶段，我国既应吸收传统农业的优点，又要结合常规现代农业机械化、规模化经营的长处，借助现代科技的优势，构建一种"低投入、低能耗、低污染、高产出"的现代可持续农业发展模式。现代可持续农业不仅有高劳动生产率，还要确保食品安全和环境美化，把不可持续发展的常规现代农业模式改变为可持续发展的新模式，在生产结构、技术、产业结构的组合上都要构建新的系统，在以自然再生产为前提的基础上，进行经济再生产。现代可持续农业是走人口、社会、经济、资源、环境相互促进、相互协调、持续发展的道路，在促进农业生产率高效增长的同时，保护资源、环境，使其能永续地支撑农业发展。

3. 现代可持续农业与生态农业、循环农业、智慧农业等的关系

现代可持续农业是一种资源节约型农业，实现了对自然环境资源、农业生产要素节约利用，变革耕种方式，采取先进的灌溉制度、灌溉技术、科学的施肥制度的集约化农业。具体形式包括生态

农业、循环农业、低碳农业、智慧农业等多种类型。

从农业生产模式来看，生态农业生产模式有土地立体开发模式、流域综合开发模式、庭院生态生产模式、水土保持农业模式、畜禽和农田综合利用模式、农林牧复合生产模式；循环农业生产模式有生物质循环利用型、立体复合生产型、生态环境综合治理型；低碳农业生产模式有减源型农业生产模式（林地固碳增汇模式及耕地固碳增汇模式）、低碳乡村建设模式（低碳游憩模式、沼气等新能源生产模式）等类型。

近年来迅速发展的智慧农业是互联网及物联网技术应用于现代农业领域的典型范例，是充分应用现代信息技术成果，实现农业可视化远程诊断、远程控制、灾变预警等智能管理，解决农业粮食安全和食品安全两大问题，其核心是移动互联网在农业产业链中的广泛应用。

生态农业、循环农业、低碳农业及智慧农业都是现代可持续农业的主要实践模式，但侧重点不同，如循环农业和低碳农业侧重于资源消耗的减量化、再利用和资源循环化，其核心是提高资源利用率和资源节约率；生态农业强调遵从自然规律发展农业，其核心是优化生态环境与经济、社会系统的良性循环，实现生态效益与经济效益、社会效益的有机统一，而智慧农业是现代可持续农业的一类科技创新应用模式，体现了技术密集型、要素集约型农业和精准农业的特点。这些农业形式都从不同侧面体现了现代可持续农业的特征。

二、我国正处在向现代可持续农业转型的关键期

我国农业目前总体水平已经处于常规现代农业发展阶段的后期，即将进入全面推进农业现代化的阶段，也就是向现代可持续农业转型的关键期。

（一）传统农业向常规现代农业转型

1. 土地交易活跃和低劳动生产率是我国古代传统农业的主要特征

我国拥有历史悠久而发达的农耕文明，几千年来长期处于传统农业发展阶段。中国的传统农业之所以能够支撑起人口不断增长的食物需求，主要原因在于当时生产关系的调整适应了该阶段的农业生产方式。首先是当时较为发达的土地制度。中国古代早在战国时期就实行土地私有制，允许土地自由买卖。中国还是世界上最早施行土地登记和依法保护产权的国家。明代中期以后，进行全国统一的土地彻底清丈，鱼鳞图册成为征派赋役和地籍管理的主要依据。但根据美国经济学家帕金斯的观点，"六个世纪间粮食产量的增长至少有一半要归功于耕地面积的扩大，此外则归功于单产的提高。"由于人口对于土地的压力，最后使得农业劳动生产率的变化非常缓慢。历史社会学家黄宗智认为我国传统农业是"没有发展的增长"，他认为"发展"主要是通过增加单位劳动的资本投入而提高劳动生产率。在技术没有跨越式进步的情况下，来自生产关系

层面的制度供给成为几千年来我国传统农业发展的关键。

2. 新中国成立后的重工业化战略使得传统农业未能向现代化转型

新中国成立初期,我国废除了封建土地制度,农村生产力得到解放,但不久后一家一户小农经济的不足和缺陷也日渐显露,于是全国开展了农业合作化运动,但随后的人民公社化运动以人为强制性的激进方式,完成了农业经营组织方式由小规模分散经营到大规模统一经营的变革,造成了农业生产的大幅波动。再加上三年自然灾害和"文化大革命",受"左"倾错误以及工农业"剪刀差"政策影响,农业发展面临困境。党的七届二中全会开启了国家由农业国向工业国的转变,"统购统销"制度的实施保证了农产品的低价供给,但农业生产要素价格被扭曲。在此期间,满足人们食物需求和提供剩余产品的主要手段,一是大量使用化肥、农药来增加农业的产量,二是提高复种指数来提高土地的利用率。1952—1978年期间,粮食播种面积基本保持稳定,粮食总产量大约增长了86%,年均增长率2.5%左右,增速超过人口增速。与此同时,农村的就业量在不断地增长,农村劳动力占劳动力总数的比例在1952年是83.5%,到1979年的时候仍然高达72.5%,这直接导致人地比率日趋恶化。劳动生产率每年以0.2%的速度负增长,全要素劳动生产率下降更为显著。制度安排上的缺陷、低效率以及农民被排除在工业化进程之外,造成了农业劳动生产率十分低下,该期间农业并没有转型。

3. 农村经济体制改革后农业开始步入现代化进程

1978 年 12 月党的十一届三中全会通过了《中共中央关于加快农业发展若干问题的决定》，拉开了农村改革的序幕。从 1978 年到 1984 年，农村家庭联产承包责任制在全国范围内推开，实行粮食和棉花流通体制改革，对生猪、木材、蔬菜和水产品等经济作物实行"三放开"政策。改革政策激发了农民的农业生产积极性和创造力，农业产出和农民收入连年高速增长。1978—1984 年 6 年间，农业总产值从 1117.6 亿元增长到 2380 亿元，年均递增 13.43%。1985 年 1 月中共中央《关于进一步活跃农村经济的十项政策》提出，改革农产品统购统销制度，按照不同情况，分别实行合同定购和市场收购，形成了粮食价格"双轨制"。伴随着农副产品价格管制的放开，我国主要农副产品产量迅速增加，原来粮棉的"买难"发展为粮食以及其他主要农副产品全面"卖难"，这种"卖难"集中体现在低质量的农产品供给上。为此，1992 年国务院《关于发展高产优质高效农业的决定》提出，从调整农业生产结构、发展农产品加工业、依靠科技进步发展优良品种等方面将农业生产向深度发展。1997 年党的十五大工作报告明确提出了"积极发展农业产业化经营"的工作方向。1998 年党的十五届三中全会《中共中央关于农业和农村工作若干重大问题的决定》也明确阐述了"要积极探索实现农业现代化的具体途径，大力发展产业化经营"的论断。在这一阶段，农业产业结构发生变化，农业产值占 GDP 的比重从 74% 下降到 1998 年的 58%，畜牧业从上一阶段的 18% 上升到 1998 年的 28%，农村居民家庭平均每人纯收入增长到 2162 元，年均递增 13.77%，农业机械总动力增长到 4.5 亿千瓦，年均递增 6.19%，规模化种植程度的迅速提高，这些是现代农业发展的表现。

4. 农业"十二连增"为构建现代可持续农业奠定了基础

改革开放以来，我国在各方面均取得了举世瞩目的成就，但同时农民收入水平低、农业生产条件落后等问题越来越成为社会经济稳定发展的严重障碍。因此，党的十六大确立了全面发展现代农业的指导思想，强调"三农"问题是全党工作的重中之重。从 2004 年至 2017 年，连续 14 年的中央一号文件针对转变农业发展方式、粮食安全、增加农民收入、城乡统筹等进行了明确的政策安排。从 2004 年开始，中央财政开始根据粮食播种的面积和产量，对粮食主产县进行财政转移支付形式的奖励和补助。同年还实行了"两减免、三补贴、四保障"措施，即减免农业税、特产税，发放种粮直接补贴、良种补贴和农机补贴，实行最低价保护收购，严格保护耕地，严控农资价格，保证农业投入。2006 年增加农资综合补贴，并全面取消了农业税。通过 10 多年的发展，前期粮食种植面积下滑、总产量减产的局面得以改变，2015 年粮食种植面积达到 1.13 亿公顷近 5 年，年均递增 0.62%，农村居民人均纯收入达到 10772 元，年均递增 11.4%。农业机械总动力达到 11.2 亿千瓦，年均递增 3.59%，其中以大型农机具增长最为显著，耕种收综合机械化水平已超过 62%，农业科技成果贡献率达到 56% 以上，这些为转变农业发展方式提供了支撑条件。

（二）我国正处在由常规现代农业向现代可持续农业过渡的转型期

经过 30 多年的改革开放，我国已进入工业化中期阶段和城镇化加速发展时期，农业正处于历史上最好的发展阶段，开始步入由常规现代农业向现代可持续农业过渡的转型期。

1. 我国农业发展基本现状

（1）粮食综合生产能力持续增长。2015 年全国粮食总产量62143.5 万吨，比 2014 年增长 2.4%，第一产业增加值 60863 亿元，比上年实际增长 3.9%；农业科技进步贡献率达到 56%，农作物耕种收综合机械化水平达到 61.6%，畜禽养殖规模化率提高到54%。农业结构调整进一步推进，2015 年粮食种植面积扩大到11334 万公顷，油料种植面积基本稳定在 1400 万公顷。全国粮食实现"十二连增"，总产量达到 62144 万吨，创历史新高，比上年增产 2.4%。目前，我国水稻、小麦、玉米三大谷物自给率保持在98% 以上，粮食人均占有量达到 450 公斤，高于世界平均水平。

（2）农民收入稳步提高。2015 年我国农民人均可支配收入11422 元，比上年实际增长 7.5%，农民人均纯收入 10772 元。在农民人均可支配收入中，工资性收入 4600 元，比上年增长 10.8%，对增收的贡献率 48.0%；经营净收入 4504 元，比上年增长 6.3%，对增收的贡献率 28.5%；财产净收入 252 元，比上年增长 13.3%，对增收的贡献率 3.2%；转移净收入 2066 元，增长 10.1%，对增收的贡献率 20.3%。

（3）农业物质技术装备不断发展。2015 年新增高效节水灌溉面积 2000 万亩以上，全国农田有效灌溉面积占耕地面积比重超过 52%；测土配方施肥面积达到 15 亿亩，主要农作物基本实现全覆盖；农业科技进步贡献率从 2010 年的 52% 提高到 2015 年的 56%，主要农作物良种推广应用水平显著提升；2015 年我国主要农作物耕种收综合机械化水平达到 61.6%，标志着我国农业发展已从过去主要依靠增加资源要素投入转向依靠科技进步为主，农业生产方式已由千百年来以人力畜力为主转为以机械作业为主。2015 年农产品加工业总产值超过 23 万亿元，加工品与农业总产值比值达到 2.2：1，主要农产品加工转化率超过 60%，标志着我国已经从卖原材料农产品进入到卖制成品的新阶段。

（4）农村土地流转加快新型农业经营体系的构建。农村土地产权关系进一步明晰，农村土地承包经营权确权登记颁证试点工作全面推进，截至 2015 年年底，全国已有 12 个省开展整省推进试点，有 2323 个县开展了整县推进试点累计确权面积 4.7 亿亩，占农村集体耕地面积的 25.9%，全国农村家庭承包耕地流转总面积达到 4.47 亿亩，比 2010 年的 1.87 亿亩增长 1.39 倍，流转面积占家庭承包耕地面积的比重达到 33.3%。新型农业经营体系加快构建，家庭经营、合作经营、集体经营、企业经营等多种经营方式共同发展的格局初步形成。截至 2015 年年底，全国平均规模 200 亩的家庭农场有 87.7 万家，农民合作社 153 万家，产业化经营组织 38.6 万个，各种类型的社会化服务组织 115 万家，新型农业经营主体已逐步成为现代农业建设的主力军。

（5）农村商品交易活跃。2015 年农村消费品零售额 41932 亿元，比上年增长 11.8%，比城镇消费品零售额增速快 1.3 个百分点；农村消费品零售额占全社会消费品零售总额的比重为 13.9%。城乡居民食品消费价格比上年上涨 2.3%。农产品期货方面，2015 年大宗商品交易所客户总数达到 236.3 万户，同比增长 18.7%，再创历史新高，参与交易的客户数达到 55.4 万户，同比增长 26.4%，期货市场客户整体参与更为理性。2015 年全球贸易额呈现负增长的背景下，中国农产品进出口额均呈现下降走势，但是农产品进出口量总体上却有所增加。在 2015 年中国农产品出口总额中，对"一带一路"国家的农产品出口额占到 31.1%，对东盟国家的农产品出口额占到 21.0%。

总体而言，我国农业农村发展取得了巨大成绩，但当前农业发展面临的问题和挑战也在明显增加，农业发展正在呈现一系列重大趋势性变化，为顺应农业农村发展的阶段性变化，推进农业发展方式转变的重要性和紧迫性凸显。

2. 转型期我国农业的显著变化

（1）农业的基础性地位和形态开始发生变化。1978 年我国农业产值占 GDP 的份额的 28.2%，但是到 2014 年只有 9.2%；1978 年我国农业的就业份额是 70.5%，2014 年降到 29.5%，这说明我国农业的形态和功能已经发生重大变化，农业已经不是传统的原来以小农为主、以种植为主，保证基本食物需求的农业，现在已经向提高食物质量安全和注重产出的效率转变。从图 1-1 可以看出，从 2003 年开始，农业的劳动生产率开始大大上升，但是土地生产率（图中以谷物单产指标来代表）的变化还是比较平缓。也就是说，从 2003 年开始，我国的农业发展方式开始发生转型，它从过去的一直以高劳动投入来提高土地生产率的发展模式，向以资本投入、机械投入来提高劳动生产率发展的模式转型。

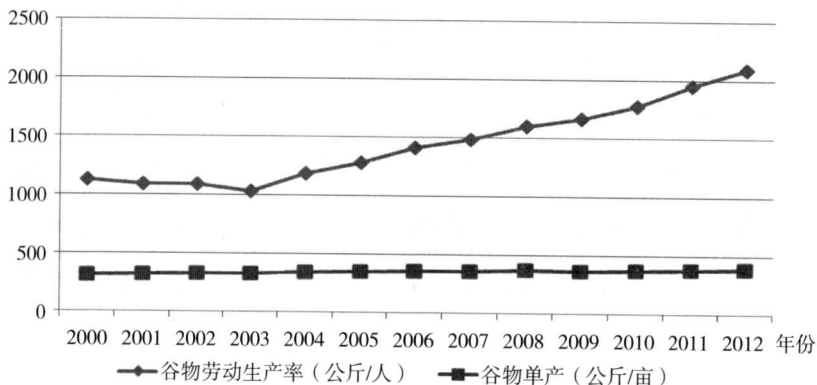

图 1-1　我国农业劳动生产率变化趋势

资料来源：国家统计局网站。

（2）农村和土地耕作方式发生重大变化。2015 年我国基于常住人口统计的城市化率已达到 56.1%，说明中国现在已经"一半是农村，一半是城市"。我国行政村数量不断减少，1985 年全国行政村数量为 94.1 万个，2014 年已经减少到 58.4 万个，在不到 30 年的时间里减少了 35.5%；村民小组数量大幅缩减，1997 年村民小组有 535.8 万个，2013 年减少到 497.2 万个，16 年时间里，村民小组减少了 38.6 万个。土地所有权及流转规模也在发生变化。据农业部统计，2013 年归村所有的土地是 41%，归村民小组的是 51.5%，另外 7.36% 的土地是归乡镇一级所有，发达地区的土地所

有权开始往行政村一级靠拢。如表 1-3 所示，2010 年全国耕地的
流转率是 14.6%，但是到 2015 年则达到 33.3%。在流转的形式上，
除了转包率和出租占较大比重外，两者合计占土地经营权流转面积
的 81.3% 其他流转形式开始有所增加，入股、互换面积增长较快，
占比分别达到了 6.1% 和 5.4%。

表 1-3　我国农村土地流转率的变化（2010—2015 年）

（单位：亿亩）

年　份	2010	2011	2012	2013	2014	2015
承包耕地面积	12.73	12.77	13.1	13.27	13.29	13.42
流转面积	1.87	2.28	2.78	3.41	4.03	4.47
流转率	14.67%	17.85%	21.25%	25.70%	30.32%	33.3%

资料来源：国家统计局网站。

（3）农户开始分化，农户经营规模差距加大。第一，我国传
统农业发展模式下，农户"以地为生，靠农为主"，但现在分化程
度加大，兼业现象显著，村庄劳动力外流。2012 年我国纯农户只
有 18.28%，非农户有 15.93%，一兼户（以农业收入为主的农户）
为 30.07%，二兼户（以非农业收入为主的农户）为 35.72%。第
二，农户经营规模差异加大。2013 年 10 亩以下的农户占 85.96%，
10 亩—30 亩的农户占 10.28%，经营 100 亩—200 亩的农户已达到
62.9 万户，200 亩以上的已经达到了 28.9 万户。第三，农业经营
主体多元化。传统农业发展模式下，农户是农业经营的主体，但是
从近年耕地流转的主体来看，在 2015 年土地流转到农户的耕地面
积占比为 58.6%，而流转到合作社的已经达到 21.8%，流转到企

业的达到 9.5%。第四，农户的资本形成开始加剧。不同地区农户开始拥有的生产性固定资产都开始大大增加，从 2006 年的 7707 元增加到 2012 年的近 2 万元。

3. 连续出台的中央政策为转变农业发展方式指明了方向

关于转变农业发展方式的思想，最早在 2007 年中央一号文件就有所提及，文件明确指出走中国特色的农业现代化道路，其核心要求是"提高土地产出率、资源利用率和农业劳动生产率"。而首次明确提出转变农业发展方式是在党的十七大，会议作出"转变经济发展方式"的重大战略部署，明确将转变农业发展方式作为转变经济发展方式的重大任务，作为国民经济转型的重点和难点。在此之后，转变农业发展方式成为中央农业政策的关注重点。党的十七届三中全会明确提出，"加快转变农业发展方式"；"建立资源节约型、环境友好型农业生产体系，到 2020 年资源节约型、环境友好型农业生产体系基本形成"。党的十八大报告中提出，"把生态文明建设放在突出地位，融入经济建设、政治建设、文化建设、社会建设的各方面和全过程，努力建设美丽中国，实现中华民族永续发展"，也包含有转变农业发展方式、构建现代可持续农业的思想。

2014 年至 2017 年，中央一号文件连续 4 年强调转变农业发展方式的总体思路和要求。2014 年中央一号文件提到，推进中国特色农业现代化，要坚持家庭经营为基础与多种经营形式共同发展，传统精耕细作与现代物质技术装备相辅相成，实现高产高效与资源生态永续利用协调兼顾，加强政府支持保护与发挥市场配置资源决定性作用功能互补。要以解决好地怎么种为导向加快构建新型农业经营体系,以解决好地少水缺的资源环境约束为导向深入推进农业发展方式转变,以满足吃得好吃得安全为导向大力发展优质安全农产品,努力走出一条生产技术先进、经营规模适度、市场竞争力强、生态环境可持续的中国特色新型农业现代化道路。2015 年中央一号文件提出,要围绕建设现代农业,加快转变农业发展方式,必须尽快从主要追求产量和依赖资源消耗的粗放经营转到数量质量效益并重、注重提高竞争力、注重农业科技创新、注重可持续的集约发展上来,走产出高效、产品安全、资源节约、环境友好的现代农业发展道路。2016 年中央一号文件则将转变农业发展方式和推进农业供给侧结构性改革、新农村建设等国家重大方针并列,提出要推进农业供给侧结构性改革,加快转变农业发展方式,保持农业稳定发展和农民持续增收,推动新型城镇化与新农村建设双轮驱动、互促共进,让广大农民平等参与现代化进程、共同分享现代化成果。2017 年中央一号文件从农业供给侧结构性改革的角度提出要在确保国家粮食安全的基础上,紧紧围绕市场需求变化,以增加农民收入、保障有效供给为主要目标,以提高农业供给质量为主攻方向,以体制改革和机制创新为根本途径,优化农业产业体系、生产体系、经营体系,提高土地产出率、资源利用率、劳动生产率,促进农业农村发展由过度依赖资源消耗、主要满足量的需求,向追求绿色生态可持续、更加注重满足质的需求转变。

2015 年 4 月《中共中央、国务院关于加快推进生态文明建设的意见》中提到的"五化协同"(新型工业化、信息化、城镇化、农业现代化和绿色化），农业现代化和绿色化是转变发展方式的重要方面。2015 年 8 月，国务院办公厅印发《关于加快转变农业发展方式的意见》，明确把转变农业发展方式作为当前和今后一个时期加快推进农业现代化的根本途径。党的十八届五中全会通过的《中共中央关于制定国民经济和社会发展第十三个五年规划的建议》提出"创新、协调、绿色、开放、共享"的发展理念，并提出，大力推进农业现代化，加快转变农业发展方式，发展多种形式适度规模经营，发挥其在现代农业建设中的引领作用。着力构建现代农业产业体系、生产体系、经营体系，提高农业质量效益和竞争力，推动粮经饲统筹、农林牧渔结合、种养加一体、一二三产业融合发展，走产出高效、产品安全、资源节约、环境友好的农业现代化道路。这是党中央着眼社会主义现代化建设全局、应对农业发展新挑战作出的重大战略部署。

党中央、国务院关于转变农业发展方式政策的密集发布，集中反映了我们党对经济社会发展规律认识的深化，为今后农业的可持续发展指明了方向。

三、转变我国农业发展方式紧迫性与重要性

（一）一系列矛盾和问题凸显转变我国农业发展方式的紧迫性

我国粮食生产已经实现了"十二连增"，国内粮食库存水平

高，多数农产品市场供给丰富充裕，为新常态下国民经济稳中有进作出了重要贡献。但是，我国农业也暴露出一些新的矛盾，付出了较大的资源环境代价，这向我们提出了加快农业发展方式转变的艰巨任务。我国正处在现代化建设的重要时期，工业化、城镇化、市场化进程加快推进，城乡之间、农业与非农产业之间联系日趋紧密，国内外经济形势变化对农业发展的影响越来越大，对农业基础性支撑作用的要求越来越高。在此背景下，进一步强化农业基础地位，加快推进农业发展方式转变，尤为重要和迫切。

总体来看，我国农业现代化发展仍然比较滞后，面临诸多挑战，表现为以下几个方面：

1. 农业资源环境的制约日益突出

近年来我国农业面源污染问题日益严重，耕地数量减少、有机质含量下降、地下水超采、土壤重金属超标，农膜残留增加，资源要素的弦越绷越紧，农业生态环境亮起了"红灯"。近年来我国粮食和主要农产品产量的较快增长是以农业要素投入的大量增加为代价的。资料显示，在过去的 40 多年中，我国化肥用量与粮棉总产量，以及化肥单位面积施用量与粮棉单产均呈显著或极显著正相关，中国粮食增产的 30%—40% 来自化肥的应用。2003—2013 年全国粮食棉花油料产量分别增长了 39.76%、29.62% 和 25.12%，同期全国农作物总播种面积、粮食作物播种面积、农用化肥施用量、农机总动力、有效灌溉面积分别增加了 8.01%、12.62%、34.01%、72.07% 和 17.51%，2003—2013 年全国农用柴油、农药、农用塑料薄膜使用量分别增加了 33.9%、33.3% 和 49.7%。目前我国农作物亩均化肥施用量 21.9 公斤，是世界平均水平的 2.7 倍，与此同时，我国农业资源、农业要素低效利用的状况近年来虽有所缓解，但并未得到根本改观，全国化肥的综合利用率仅在 30% 上下，与发达国家 60% 的水平存在较大差距，我国每立方米灌溉水可生产粮食 1 公斤，发达国家已达 1.2—1.4 公斤。我国有机肥资源的实际利用率不足 40%，长期超强度使用耕地，大量消耗水资源，超施化肥和农药导致耕地质量退化问题加重，农业发展的资源环境压力显著加大，农业对环境污染甚至局部生态破坏的影响日趋凸显，全国耕地退化面积已超过耕地总面积的 40%。全国污染普查结果显示：COD 的排放，农业占到 47%；氮和磷的排放，农业占到 50% 以上。以要素过度投入为主的农业生产在我国未来已经难以为继，必须加以改变。

2. 农业发展质量效益不高的问题日益突出

我国是一个农产品的生产大国，近几年来，每年生产的农产品产量大约都在 20 亿吨以上。我国农业以产量作为重要指标之一，形成追求产量、追求规模、追求速度的局面，相对而言，由于轻视质量、品质和效益，也屡屡出现农产品增产不增收的现象。我国农产品生产成本和机会成本提高，比较效益下降的问题愈加明显，农业生产成本正处在"上升通道"，国际大宗农产品价格已不同程度低于国内，在成本"地板"和价格"天花板"的双重挤压下，农业比较效益持续下降，国内农产品价格高于国际市场的问题日趋突出。2003 年我国每 50 公斤玉米主产品总成本和平均出售价格分别是美国的 1.15 倍和 1.52 倍，2013 年分别扩大到 1.92 倍和 1.94

倍。2003—2013 年美国每亩玉米主产品净利润增加了 96.7 元，我国仅增加了 14.74 元，相对于美国而言，我国农业国际竞争力和可持续发展能力的状况可见一斑。在现有生产方式条件下，农业生产特别是粮食生产的比较效益太低，不能吸附土地资源向粮食生产配置，农村青壮年劳动力大量外流，这进一步加剧"谁来种地"问题的严峻性。

3. 农业结构失衡的问题日益突出

第一，农业产业结构失衡，粮经饲结构不合理，农业区域布局与资源禀赋不尽匹配，北粮南运与南水北调并存。经过多年农业结构的演变，我国农业区域化布局非常明显，基本形成了粮食主产区、经济作物主产区和牧区的专业化生产格局。这种区域化生产格局虽然是商品化农业发展的结果，但是弊端却越来越明显。粮食主产区较少种植经济作物和饲草料，粮农收益对国家粮食支持政策依赖越来越强，粮食作物秸秆若不能还田，便会成为污染物或者污染来源。经济作物主产区长期种植某种或者某类作物，结果病虫害防治越来越困难，一些地方的毒韭菜、毒生姜与该地方长期单一的种植结构直接相关。一些草牧区扩大养殖规模，饲草料严重不足，在草场过度放牧，造成草场退化。随着我国农业生产区域化布局的调整，过去曾是鱼米之乡的长三角和珠三角已经成为高度工业化和城镇化的地区，农产品主产区不断地北移，由过去的南粮北调变成了当今的北粮南运格局。我国北方水资源相对稀缺，农业生产主要使用地下水，北方主产区片面地追求农产品产量，已经导致地下水位过度下降。东北地区已经成为我国最重要的商品粮生产基地，昔日有 1 米多厚的黑土地，目前只剩下 40 厘米左右。转变农业发展方式，必须在不同区域对过去过度的专业化农业生产方式进行必要的纠偏。

第二，农业劳动力结构性失衡，解决"谁来种地"，加快培育新型农业经营主体的压力加大。家庭承包经营是我国农村的基本经营制度，符合我国国情和农业生产特点，具有广泛的适应性和旺盛的生命力，今后仍必须长期坚持并不断完善。当前这一经营制度正面临"两大挑战"：一方面，农业劳动力结构性短缺，"谁来种地"的问题日益突出。随着农村青壮年劳动力大规模向城镇和非农产业转移，农业劳动力供求结构进入总量过剩与结构性、区域性短缺并存新阶段，关键农时缺人手，现代农业、新农村建设缺人力问题日显普遍，农民兼业化、产业空心化、农业人口老龄化问题日趋严重。目前全国农民工达到 2.69 亿人，一些地方农村劳动力外出务工比重高达 70%—80%，在家务农的劳动力平均年龄超过 55 岁，妇女、老人种地是普遍现象。随着工业化、城镇化的深入推进，青壮年劳动力将进一步转移，加之新生代农民工不愿务农、不会种地，"谁来种田""谁来务农"的问题将越来越突出。另一方面，农村劳动力数量多但素质不高，"怎么种地"的问题日益显现。目前我国农村劳动力总量仍有 2.66 亿人，占全社会劳动力比重达到 35%，但农民平均受教育年限不足 7 年，而发达国家已达到 12—14 年，劳动力素质明显偏低，成为农业现代化的制约因素。

4. 农产品质量安全的压力加大

20 世纪 90 年代以来，农业机械化革命、技术进步已成为农业产出增加的主要因素。但同时，化肥、农药、地膜等生产要素的过度投入也带来了农业可持续发展问题。我国的化肥使用量已达到国际公认的化肥施用安全上限（225 千克/公顷）的 1.5 倍。此外，我国每年约有 50 万吨农膜残留在土壤中，残留率达到 40%，有 60%—70% 的农药残留在土壤中。随着人民生活水平的提高，消费者对农产品质量安全的要求越来越高。近些年来，我国农产品质量安全总体是有保障的。2015 年我国蔬菜、畜产品、水产品质量安全监测合格率均超过 90%。同时，我国已制定发布了 7600 多项农业的国家标准和行业标准，18000 多项地方标准和技术规范，初步建立了一套与国际接轨的农产品质量安全技术标准。但目前我国农产品质量安全的基础依然比较薄弱，各种农产品质量问题或事件时有发生，特别是农兽药残留超标、农业投入品的非法添加等问题还比较突出。产生这些问题的原因，一是基层农产品质量安全监管能力还比较薄弱，农产品生产标准体系还不健全；二是我国农业生产经营方式还比较落后，经营规模小而分散。同时，随着居民消费结构升级，近些年农产品质量安全问题社会关注度非常高，一旦出现问题，很容易引起公众恐慌。因此，如何在人民群众要求强烈、监管基础还比较薄弱的背景下，提高农产品质量安全水平，确保"舌尖上的安全"，面临的压力加大。

（二）转变我国农业发展方式意义重大

在极端性气候频发、粮食价格和能源价格大幅变动、金融危机波及全球等大背景下，破解土地和水资源等资源环境约束，解决农业生产成本上涨、农村劳动力转移、环境污染和生态退化等难题，加快农业发展转型，一定程度上决定着中国的未来。虽然农业在国内生产总值中所占的比重越来越低，农民收入增长越来越依靠非农产业，但农业所具有的生态保护、环境调节、生物能源、观光休闲、文化传承等社会功能越来越突出，农业作为国民生存之根、国家经济之本的战略地位并未改变。农业发展方式和粮食安全客观上成为一个关系国家乃至全球经济安全和社会稳定的全局战略问题。

1. 转变农业发展方式是巩固农业基础地位、推进农业现代化的必由之路

农业是国民经济的基础，是安天下、稳民心的战略产业。随着经济发展，农业在国民经济中的比重会逐渐降低，这是经济发展的一般规律，但农业在国民经济中的基础地位没有变，农业依然是衣食之源、发展之本。经济越发展，城镇化、工业化水平越高，越要强化农业的基础地位，转变农业发展方式，这是保障工业化、城市化顺利进行的必然要求。2008 年我国人均国内生产总值超过 3000 美元，这是经济发展阶段的重要分水岭，标志着我国已进入现代化建设的加速推进时期。从国际经验看，现代化加速推进期既是农业现代化建设的重要机遇期，也是农业发展的风险期，把握得好，农业现代化加快发展，反之则会出现徘徊甚至倒退。美国、西欧各国在进入这个阶段后，都注重农业发展方式转变，而拉美国家在这个阶段由于轻视农业农村发展，整个国家由此陷入经济徘徊、社会动荡的发展"陷阱"。因此，在我国工业化、城镇化加速推进期，只有加快转变农业发展方式，才能有效地保障国家粮食安全和经济安

全，从而扩大经济发展回旋余地，实现经济社会又好又快发展。

2. 转变农业发展方式是突破资源环境约束、实现可持续发展的根本出路

农业是高度依赖资源条件、直接影响自然环境的产业，农业的资源利用方式对实现可持续发展具有重要影响。新中国成立以来特别是改革开放 30 多年来，我国农业发展取得了举世瞩目的成就，但也要看到，我国农业发展方式粗放，资源消耗过大等问题也日益突出。我国农业用水量占全社会用水量的 70% 以上，有效利用率只有 40% 多，而先进国家达到 70% 以上，以色列达到 80%—90%。我国化肥、农药利用率仅在 30%—40% 之间，单位面积化肥使用量是美国的两倍多。农业发展方式如果不转变，资源环境约束不破除，农业发展就没有前途，国民经济发展也将受到影响。加快转变农业发展方式，提高资源和投入品使用效率，发挥农业的多功能性，对于突破资源环境约束，实现可持续发展具有重大意义。

3. 转变农业发展方式是推进农业供给侧结构性改革、缩小城乡差距的重要举措

在推进农业供给侧结构性改革过程中，改善农业供给结构、提升供给质量以刺激城乡居民有效消费，是改革的重要内容。扩大国内需求特别是消费需求，是实现我国未来经济发展目标的战略举措。扩大消费需求，潜力在于扩大农村消费需求，关键在于使农民有消费能力，核心在于增加农民收入。目前，我国农村消费严重滞后，占总人口近 2/3 的农民仅消费了全国 1/3 的消费品。农村消费水平低，根本原因是农民收入水平不高。近年来，尽管农民收入增

长较快，但城乡居民收入差距较大，2004—2009 年城乡居民收入相对差距由 3.21∶1 扩大到 3.33∶1。农民收入增长相对迟缓主要源于农业内外两方面，从农业内部看，目前我国农业劳动生产率不足第二产业的 1/7，不到第三产业的 1/3，传统农业经营方式很难大幅度提高劳动生产率，制约了农民的农业收入；从农业外部看，外出农村劳动力由于文化素质和就业技能还难以满足就业岗位的需要，制约了农村劳动力外出就业的规模扩大和收入增加。因此，加快农业发展方式转变，对于提高农业劳动生产率，增加农民的农业收入，促进农村劳动力稳定转移就业，拓展农民收入来源，进而带动农村居民消费，从而推动国民经济持续健康发展，都具有重要意义。

四、转变我国农业发展方式的内容与任务

（一）转变我国农业发展方式的主要内容

人多地少是我国最基本的国情，我国的资源禀赋决定了我们不可能走北美等发达国家以大规模农场为特征的农业现代化道路，更不能选择拉美大公司农场与小农户并存的双元化农业现代化模式，转变我国农业发展方式必须根植本国情况，践行中国特色现代化道路，构建现代可持续农业。总体上，转变我国农业发展方式的路径是由依赖资源消耗的粗放型农业发展方式向资源节约型、环境友好型的现代可持续农业发展方式转变，其主要内容包括五大体系。

1. 构建现代农业生产体系

现代农业生产体系是先进生产手段和生产技术的有机结合，重

点解决农业的发展动力和生产效率问题，是现代农业生产力发展水平的显著标志。构建现代农业生产体系，就是要通过调整优化农业生产结构和区域布局，实现农业规模化、专业化生产；转变农业要素投入方式，推进农业发展从拼资源、拼消耗转到依靠科技创新和提高劳动者素质上来；推广主要农作物轮作和间作套作，提高资源利用率和土地产出率；统筹考虑种养规模和环境消耗能力，鼓励发展种养结合循环农业；创新农业生产方式，发展绿色生态节水农业，实现"一控两减三基本"；提高农业良种化、机械化、标准化、信息化、科技化水平；允许农业生产要素合理流动，深化农村产权制度改革，推进农村土地承包经营权确权登记颁证，推进农业生产要素价格市场化。

2. 构建现代农业产业体系

现代农业产业体系是产业横向拓展和纵向延伸的有机统一，重点解决农产品供给效率问题，是现代农业整体素质和竞争力的显著标志。要以市场需求为导向，扩大适销对路的农产品生产；推动农产品加工业转型升级，促进农产品初加工、精深加工及综合利用加工协调发展，提高农产品加工转化率和经济附加值；打造农业全产业链，充分发挥一二三产业融合的乘数效应，不断开发农业多种功能，大力发展休闲农业和乡村旅游；加强农产品流通设施和市场建设，完善农村流通体系建设，特别是加大互联网及电子商务在农村流通中的应用，打造农村新型商品流通渠道；统筹利用国际国内两个市场两种资源，加强农业国际合作。构建以现代可持续农业为导向的农业产业体系，全方位提供技术推广、金融保险、产品加工、质量安全、疫病防治和经济信息等服务，推进节水、节肥、节地的科技产业，有机食品、绿色食品、无公害农产品的生产和社会化服务。

3. 构建现代农业经营体系

现代农业经营体系是现代农业经营主体、组织方式、服务模式的有机组合，重点是解决"谁来种地"和经营效益问题，是现代农业组织化程度的显著标志。通过发展多种形式的农业适度规模经营，培育壮大家庭农场、专业大户、农民专业合作社、农业企业等新型农业经营主体，实现家庭经营、集体经营、合作经营、企业经营共同发展；鼓励多种类型的新型农业服务主体开展产前、产中、产后一条龙服务；支持供销合作社开展以土地托管服务为主的农业社会化服务，提升为农服务能力；完善农村产权流转交易市场建设，引导农户承包土地经营权、林权等各类农村产权有序流转。

4. 构建现代科技创新体系

现代农业科技创新体系是突破农业现代化短板的内生驱动力，主要通过改变生产要素机理，优化农业资源配置，提高现代农业竞争力和变革农业产业结构体现出来。通过深化农业科技创新体制改革，建立新型的农业科技创新体系，充分发挥科技创新在现代农业发展中的核心作用；统筹协调各类农业科技资源，建设现代农业科技创新中心，重点突破生物育种、农机装备、智能农业、生态环保等领域关键技术；建立农业协同创新战略联盟，加强产学研与农科教有机结合；实施"藏粮于技"战略，建立农业科技创新动力机制，推进农业技术转移与成果转化；强化农业科技推广服务，构建

"三位一体"的农业推广服务体系；加快农业科技创新人才建设和激励机制建设，充分发挥"人才强农"的作用。

5. 构建现代农业安全保障体系

完善安全保障体系是农业发展的重要标志。推行农业标准化生产，对农产品质量实行从田间到餐桌的全程监管，构建生产有标准、产品有标志、质量有检测、认证有程序、市场有监管的农业标准化生产体系，这不仅是可持续现代农业生产体系的标尺，也是发展现代可持续农业的突破口。要通过农业标准化示范区、标准化规模养殖场建设，实现生态环境保护和源头治理；加快健全从农田到餐桌的农产品质量和食品安全监管体系，建立全程可追溯、互联共享的信息平台，加强标准体系建设，健全风险监测评估和检验检测体系，确保食品安全。以严格的制度对农业生产资料企业以及农业生产主体的生产行为进行规范，同时，应建立农业生产技术的生态风险评估机制以及农产品生产链条监管的长效机制。

（二）转变农业发展方式的重点任务

1. 不断增强粮食生产能力

长期以来，我国对耕地质量缺乏保护，休耕政策、轮作政策也没有完全实施，仅仅采取了退耕还林的政策。在粮食"十二连增"后，应该认真探讨粮食未来发展不能够以牺牲环境为代价，而应该保护粮食生态链协同发展，注重粮食质量，提高农民种植效益。耕地耕作层是经长期自然演化和人工培育而来的宝贵资源，将非农建设占用的耕地耕作层土壤剥离，用于土地开发复垦、中低产田土改造、其他农用地改良及绿化用土等方面，是加强耕地资源保护，提高综合利用水平的一项重要举措，也是增强粮食生产能力后劲的成功做法。

2. 深入推进农业结构调整

每年我国要进口大量的农产品，仅就粮食而言，2015 年我国进口大豆 8169 万吨，进口谷物及副产物 5030 万吨。如果我国在调整农业结构的同时，有目的地适当增加这些农产品产量，既可以提高粮食等农产品的安全度，又可以相对稳定粮食进口量。据统计，2015 年全球粮食产量 24.67 亿吨，全球谷物期末库存 6.43 亿吨。近几年国际粮食等农产品价格高于国内农产品，在这样的背景下，应降低粮食等农产品生产成本，提高粮食等农产品的产出效率。

3. 提升农产品质量和安全水平

随着人们生活水平的提高，人们对安全优质农产品有了更高的需求，如绿色农产品、无公害农产品、有机农产品、中国地理标志农产品。自 20 世纪 80 年代以来基于大量化学投入品的农业生产方式，对水土资源过度开发使用，使其长期处于被"剥夺"的状态，同时，也造成了越来越严重的污染，进而对农产品的质量安全、国内消费者的健康构成威胁。因此，必须提升农产品质量和安全管理水平，这既有利于保护水土资源，保障农产品的质量安全，提高我国农产品的国际竞争力，也有利于提高国人的健康水平，全面推进农村生态文明建设。

4. 推进一二三产业融合发展

近年来，中央高度重视促进农村一二三产业融合发展，将其作为农业现代化和新型城镇化战略的一项重要举措，并做出总体部署。2015 年以来的中央一号文件都提出推进农村一二三产业融合发展。党的十八届五中全会强调，推动粮经饲统筹、农林牧渔结合、种养加一体、一二三产业融合发展，走产出高效、产品安全、资源节约、环境友好的农业现代化道路。国务院办公厅印发《关于推进农村一二三产业融合发展的指导意见》（国办发〔2015〕93号），提出了农村一二三产业融合发展的总体要求，就发展产业融合方式、培育产业融合主体、建立利益联结机制、完善产业融合服务、健全推进机制，做出了具体部署。在加快推进农业供给侧结构性改革的背景下，应加快推进农业与二三产业交叉融合，形成一体化的农村发展新格局，促进农业增效、农民增收和农村繁荣。

五、本书主要内容及研究框架

（一）转变我国农业发展方式的研究现状

1. 新古典经济学忽视农业发展方式转变的内生性研究

长期以来，以亚当·斯密为代表的西方古典经济学认为，一国经济发展的主要动力在于劳动分工、资本积累和技术进步。然而，新古典经济学重视资源禀赋的变化、技术进步的程度，却忽视了经济发展方式的转变。中国传统农业发展内涵与新古典经济学所描述的基本一致，为了保证国家粮食增产，不断增加土地、资本、化肥农药以及劳动力等生产要素投入，这种农业生产方式不仅带来资源浪费，也带来了环境污染。

在新古典经济学的影响下，大量研究中国农业经济的文献没有将转变农业发展方式作为一个独立的变量来处理。McMillan 等人（1989 年）利用典型的索洛增长核算法所做的研究表明，1979 年以后我国农业增长的 2/3 源于农业体制改革，大约 22% 归因于价格刺激效应。刘易斯、费景汉、拉尼斯等人基于新古典经济学的方法论，提出了在二元经济条件下的农业发展理论，认为在城乡二元经济结构中，工资率较高的非农部门持续扩张是经济发展的原因，劳动力在农业与非农业部门之间再配置是经济发展的途径，经济发展完成于"刘易斯拐点"的出现。20 世纪 60 年代，乔根森建立了乔根森模型，他认为人口增长依赖于粮食供给，一旦粮食供给增长率超过了这个极大值，就会出现农业剩余。随着农业剩余的不断增加，农业劳动力开始向工业部门转移，工业随之得到发展，农业剩余越多，劳动力转移的规模就越大。速水佑次郎和拉坦的"诱致性技术创新与资源替代模型"将农业技术进步看作由相对要素价格变化引起的，对不同的资源禀赋状况实现不同的资源替代，对不同的农业发展水平采用不同的技术，来实现农业增长方式的转变，这要根据具体的资源存量特征来决定。梅勒的农业发展阶段与资源互补模型根据技术进步性质将农业发展过程分为技术停滞、劳动密集型技术进步与资本密集型技术进步三个阶段。钱纳里的结构转换增长模型认为结构转换对农业发展的影响主要表现在：农业资源的流出将导致农业份额下降，资源替换会改善农业质态和提高农业现代化程度。

2. 国内学者对转变我国农业发展方式的研究还缺乏多维
分析

温思美等（2000 年）通过对广东顺德的农业现代化研究，将
土地流转、产业结构、市场培育以及农业技术创新体系与技术推广
扩散体系整合起来，尝试将农业发展方式转变纳入新古典经济学的
分析框架，这是最早将农业发展方式转变纳入现代经济学分析框架
的理论创新。研究普遍认为，有效的土地产权制度，可以降低土地
交易的成本，从而提高土地流转效率，并最终促进农业发展方式转
变。林毅夫（2000 年）、刘凤芹（2005 年）等学者更主张走依赖
于生化技术的土地节约型农业发展道路。有学者认为，农户规模经
营持续扩大一方面造成农作物单产、复种指数下降，另一方面会提
高劳动生产率和劳均收入，农户的规模经营会导致资源利用与效率
的两难冲突。刘祚祥与陈文胜（2010 年）通过湖南的实证案例论
证了土地节约与投资的关系，土地的规模集约经营使土地的生产效
率提高了 8—10 倍，但需要以提高投入为前提，这就是所谓的资
本对土地的替代，建立土地节约型农业的关键还是在资本、土地、
劳动力以及其他要素中寻找均衡。白南生（2002 年）认为，在农
业发展过程中，要素之间的替代往往导致发展方式的转变。我国城
市化与工业化过程中劳动力转移呈现明显的逆向淘汰趋势，农业劳
动力"老龄化"、"女性化"、低素质化，是劳动力市场竞争的结果，
为了应对劳动力非农转移过程中出现的逆向淘汰趋势，一系列为降
低农业强度的技术创新与新的农业生产要素被纳入了农业生产函
数，例如农药、除草剂、化肥、转基因产品等；农业生产过程的外

包组织创新也随之产生，如植保服务、机耕服务。刘守英（2016年）对 6 万户农户的抽样调查研究发现，土地规模扩大以后，劳动生产率提高了，但土地的生产率下降，从效果、利润以及对土地的关系来讲，家庭农场是最合适的一种农业经营形式，并认为工业化和城市化促成了农业发展方式转变。

国内学者普遍认为，农业发展方式是指实现农业发展的方法、手段和模式。转变农业发展方式就是提高农业发展质量，主要通过科技创新，在优化结构、提高效益、降低能耗、保护环境的基础上，实现速度质量效益相协调、投资消费出口相协调、人口资源环境相协调、经济发展和社会发展相协调的全面协调发展。农业发展方式不只是一个效率问题，而是效率、环保、安全等多重目标的博弈均衡。国内的一些经验研究基本上验证了林毅夫等学者的假说，即农业生产朝着土地节约型的劳动密集和资本密集的方向发展。转变农业发展方式必须符合集约经营的要求，走专业化、规模化、一体化、商品化和现代化的农业发展道路，在家庭经营的基础上，以适度规模经营的专业大户为主要形式，以精准农业为主要发展方向。

中国 30 多年来的经济处在不断发展变化过程中，因此，研究我国经济问题最好的工具不是均衡分析，而是动态分析。现有文献对中国城市化与工业化进程中农业资源禀赋结构演变做过大量研究，包括劳动力流动及其结构演变、土地流转与规模经营。但在多目标约束下组织农业生产，构建一个系统的农业生产体系，目前缺乏相关的研究文献。研究农业发展方式转变，必须具有历史眼光以及全球化的视野。从内部因素来分析，工业化、城镇化、信息化、人口大国等一系列问题相互交织，构成了研究转变农业发展方式的初始条件，涉及农业产业结构演变、农民收入以及就业等一系列问题；但现有的不少研究大多抽象掉了这种关联性，没有将其作为整个复杂系统中的重要变量来处理。本书旨在从多维度系统分析转变我国农业发展方式的目标、路径。

（二）本书主要内容及研究框架

第一章，转变农业发展方式的方向是发展现代可持续农业。该部分重点介绍了我国农业发展方式的相关概念、转型方向、我国农业发展所处阶段、存在的问题、转变发展方式的必要性、重要意义和重点任务。在此基础上，提出现代农业生产体系、现代农业经营体系、现代农业产业体系、现代农业科技创新体系以及安全保障体系"五大体系"，共同构成现代可持续农业的总体框架。

第二章，构建现代农业生产体系。重点介绍了我国在构建现代农业生产体系的探索与实践，着重分析了如何推进资源节约型农业和环境友好型农业，最后提出，构建现代农业生产体系要着力构建三大支撑机制，包括要素整合机制、农业发展与环境保护协调机制、科技合作创新机制。

第三章，构建现代农业产业体系。重点从如何延长产业链条，促进一二三产融合发展，完善农村流通体系，利用国内国外"两个市场"，促进国际间合作的角度出发，探讨现代农业产业体系的构建。

第四章，构建现代农业经营体系。重点从培育新型农业经营主体、推动经营组织模式创新、构建农业社会化服务体系出发，探讨构建现代农业经营体系的路径。

第五章，构建现代农业科技创新体系。首先，探讨了农业科技创新与农业发展方式转变的关系；其次，分别从提升机械化水平、推进资源节约型技术创新、提升农业信息化技术水平角度，分析了构建现代农业科技创新体系的路径；最后，对该章进行简要总结。

第六章，构建农产品质量安全保障体系。主要从构建农业标准化体系和质量安全认证体系两个方面，论述了构建现代农业安全保障体系的路径。

第七章，发达国家及地区发展现代可持续农业的经验及启示。重点介绍了欧洲、北美、东亚以及日本等国家或地区现代农业发展

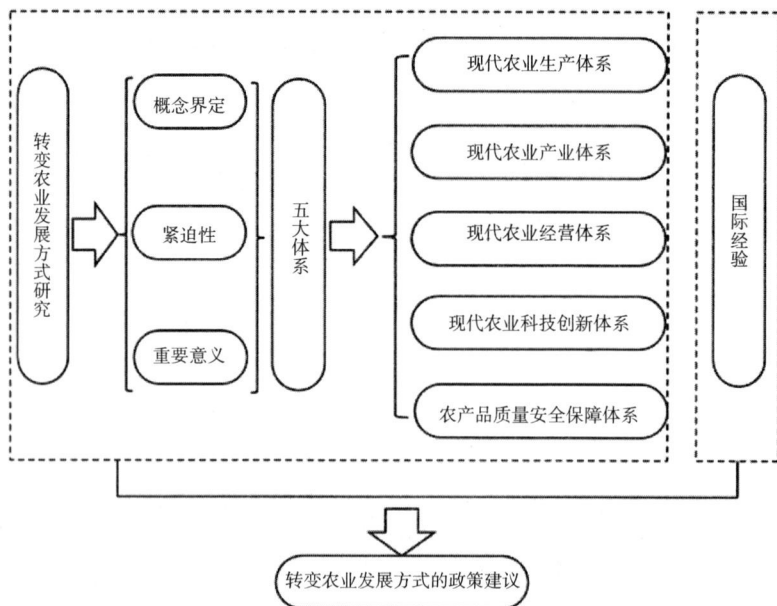

图1-2 研究框架

方式的现状、构成以及相关的配套政策，并在此基础上对现代农业发展方式的趋势进行了展望。

第八章，政策及建议。在前文分析的基础上，从强化顶层设计与跨部门协调配套机制、完善重大项目扶持与管理制度、优化完善财政支农与税收优惠、强化金融支农制度出发，提出加快转变农业发展方式的政策建议。

农业发展方式主要由现代农业生产体系、现代农业经营体系、现代农业产业体系、现代农业科技创新体系和农产品质量安全保障体系五部分构成（见图1-3）。其中，生产体系、经营体系和产业体系是核心，生产体系重在提升农业生产力，经营体系重在完善农业生产关系，二者又共同支撑现代农业产业体系发展，体现了现代农业生产力和生产关系的相互作用、有机融合，为新时期我国现代农业的发展指明了方向路径。科技创新体系是保障，也是推动完善生产体系、经营体系和产业体系的重要动力，安全保障体系是目的，即转变农业发展方式的主要目的就是保障食品安全。

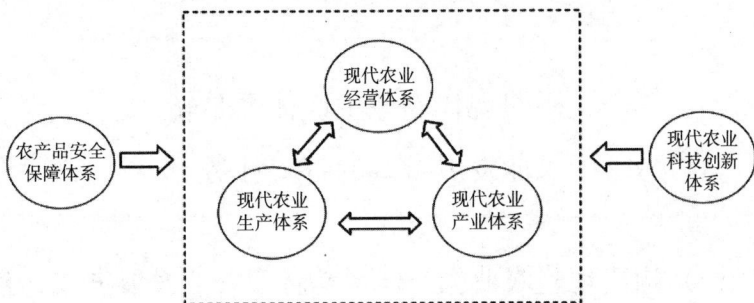

图1-3　五大体系的互动关系

第 二 章

构建现代农业生产体系

构建现代农业生产体系是转变农业发展方式、发展现代可持续农业的首要任务。如何构建现代农业生产体系，探索其实现路径，这首先是个系统工程，要在夯实农业生产基础，执行最严格的耕地保护制度，大规模推进土地整治、中低产田改造和高标准农田建设，加强水利特别是农田水利基础设施建设，全面提高农业发展的物质技术支撑水平的基础上，重点探讨农业生产要素的整合利用、资源节约型和环境友好型农业模式的构建推广以及相关的支撑体系等内容。

一、构建现代农业生产体系是转变农业发展方式的首要任务

（一）构建现代农业生产体系是转变农业发展方式的重要体现

随着我国近几年对现代农业生产体系构建的不断重视以及国家

粮食安全新战略的全面实施，粮食及主要农产品连年丰收。2015年我国粮食总产量 62143.5 万吨，实现"十二连增"，其他主要农产品库存充裕，有的产品库存已达到了历史最高点。农业生产已由过去的保全部、保所有向保重点、保口粮转变。这为我国转变农业发展方式提供了资源保障和政策保障。

近几年，我国经济增长速度放慢，已由 2010 年的 10.45%下降为 2015 年 6.9%。经济增速放缓，使得农产品出口、消费和加工的需求增长有所减少，农业生产保数量的压力得到缓解，农业发展也由注重追求产量和数量，向注重追求数量、质量、效益、生态、安全并重的方向转变。这为我国转变农业发展方式提供了时间保障。

现代农业的生产技术不断创新，高产高效型生产技术和生态安全与循环节约型生产技术得到长足发展。比如培育高产、优质、抗逆及名特优新产品，比如农业系统水循环利用关键技术、农业耕种节能关键技术、农业物质循环利用技术、农业资源多级转化技术、废弃物的资源化技术、可再生资源的直接还田技术、农业有害生物的生态控制技术、温室气体及污染物减控技术等。这为我国转变农业发展方式提供了技术保障。

（二）现代农业生产体系的发展推动农业发展方式的转变

我国目前已进入农产品、食品消费结构加快转型升级的阶段，人们不仅要吃饱和吃好，而且更加重视吃得安全、吃得放心、吃的营养、吃的健康。优质、安全、生态的农产品更受市场青睐。这为转变我国农业发展方式提供了市场动力。

我国农业已进入生产高成本时代，粮食、大豆、油料、棉花、糖料、蔬菜等农产品每亩投入量的增加快于同期每亩产出量的增加，收益率明显下降。在农产品生产投入增量中，直接生产成本上升是推动农业生产总成本上升的主要因素。种子、化肥、农药、农膜、机械作业、排灌、土地租金、劳动力等成本，占总成本80%以上，农业生产利润不断被挤压。这为我国转变农业发展方式提供了内在动力。

农业资源过度消耗，耕地质量趋于恶化。一方面，我国农业生产使用化肥存在"一高一低"的弊端。"一高"，是施用量高。我国是世界上最大的化肥生产和消费国，我国耕地面积不到世界的1/10，每年施用的化肥总量却占世界的1/3，单位耕地面积化肥投放量是美国的1.7倍。"一低"，是有效利用率低。过量施用化肥、缺施有机肥，造成土壤板结、有机质土层厚度下降。另一方面，土壤重金属和有机物污染加剧。我国耕地污染退化面积约占耕地总面积的1/10。在华南、华东、东南等矿区和工业发达地区，土壤受重金属和难降解有机物的污染日趋严重。土壤污染直接危及农产品质量安全、生态安全和人体健康，制约了农业可持续发展。这为我国转变农业发展方式提供了外在动力。

二、我国现代农业生产体系构建的探索与实践

（一）资源集约型农业

我国农业资源禀赋先天不足，人均耕地和淡水资源分别只有世

界平均水平的 1/3 和 1/4，却养活了世界总人口的 19%。而且随着工业化、城市化进程的加快，坚守耕地红线和保障农业用水的压力逐步增大。2015 年，全国因建设占用、灾毁、生态退耕、农业结构调整等原因减少耕地面积 450 万亩，通过土地整治、农业结构调整等增加耕地面积 351 万亩，年内净减少耕地面积 99 万亩。这 99 万亩的数字，至少是一个粮食大县的面积。此外，我国农业用水所占比重较大，但因城市化的发展占用了大量原农用水资源，加上城市废水排放的污染，农业用水占全国总用水量已从 20 世纪 80 年代初的 85% 降到 2014 年的 65%。同时，促进农业发展的人力资源质量并不高。2015 年，我国城镇化率为 56.1%，意味着还有 5 亿多人留在农村，一方面，这些劳动力投入在较少的土地上，边际产量低下，劳动效率低；另一方面，劳动力素质参差不齐，虽然近几年有一批高素质的"新农人"投入到农业生产中，但并没有从根本上改变农业劳动力综合水平较低的现实。从这个角度讲，节约资源、提高资源利用率、探讨资源节约型农业生产模式就成为现代农业生产体系构建的应有之义。

1. 节约型农业

节约型农业，就是通过节约农业资源或农业生产投入要素的方式来发展农业，其核心是提高资源利用效率。一般来说，农业资源可以分为两大类：一是农业自然资源，包括生物资源、土地资源、气候资源、水资源和矿产资源等；二是农业社会经济资源，主要包括农业资本、劳动力资源、农业科技资源及服务性资源等。

从各国节约型农业发展的具体情况看，首先，节约型农业要求形成合理的节约型农业结构。节约型农业结构由农、林、牧、渔等子系统构成。不同国家或同一国家的不同地区，因不同时期资源条件、市场需求以及现代科技水平的不同，其结构也就各有所别，如农业的"节地—节时—节水"、畜牧业的"节粮—食草型"、渔业的"节饵—多层型"、林业的"速生—木本粮油—立体型"等。其次，节约型农业要求农业生产经营方式的转变。从不计成本的粗放型增长转变为核算投入产出的现代市场化发展方式；从主要依靠资源消耗维持生产转变为运用现代化科学技术开发和利用可再生资源实现增产增效；由个体分散的小农土地耕作方式逐渐转变为现代化集约经营方式。最后，节约型农业要求耕作、播种、施肥、施药、灌溉与旱作农业、集约生态养殖、沼气综合利用、户用高效炉灶、秸秆综合利用、农机与渔船节能等节约型技术的支撑。

近几年来，全国许多地方在农业生产节水方面做出了有益探索。广西壮族自治区桂林市的做法值得借鉴。2015 年 3 月，桂林市农业局荣获"自治区节水型单位"和"桂林市节水型单位"称号，5 月，广西首个节水教育基地也落户桂林。5 月初，全市推广节水技术面积达 250 万亩。他们的主要做法是：

第一，将"漫灌式"的水稻灌溉法转变为薄露灌溉技术，即薄浅湿晒灌溉技术。具体说来就是薄水插秧、浅水返青，分蘖前期湿润，分蘖后期晒田。到目前为止，全市按照这种标准严格执行的灌区有近 200 万亩。

第二，对高产值经济作物推广水肥一体化技术。水肥一体化是将施肥与有压水源灌溉结合在一起的一项农业新技术，借助压力系统，根据土壤养分含量和作物需肥规律等，配兑成肥液与灌溉水一起，均匀、定时、定量的浸润作物根系。现在主要适用于设施农业栽培、果园栽培和棉花等大田经济作物栽培，以及经济效益较好的其他作物。2015 年通过建立水肥一体化示范点，推广了 1.5 万亩，平均每亩节水 28 立方，累计节水 40 万立方。现在桂林市累计推广水肥一体化技术面积达 9.65 万亩。

第三，实施滴灌系统等相关节水技术。荔浦修仁镇四育村果农莫碧滔在种植砂糖桔的 500 亩果园里安装了滴灌系统。前期投入了 25 万元，原来淋一次水和肥最少需要 30 到 40 个人才能完成，现在有了这套系统，两个人一天就能完成整片田地的浇水工作。砂糖桔的生长是很需要水分的，在降雨量少的季节，这套设备还能一直保持土地的湿润，产量和果品质量自然就得到提高，经济效益也明显提高。

此外，经济植物篱技术、果园秸秆覆盖技术、集雨补水抗旱技术等节水技术也在推广中，对节水农业的发展起着推动作用。据桂林市土肥站实验结果显示，采用水肥一体化的田地，普遍能节省肥料 50% 到 70%，水资源能节省 60% 到 70%。而运用薄露灌溉的水稻田，因为增加了土壤的通透性，增强了稻田微生物的活动，普遍也能增产 30%。

此外，北京市 2016 年集中打造 48 个节水节肥节地节能农业园。在节水方面采取覆盖保墒、膜面集雨、水肥一体化等技术，实现节水 20% 以上。在化肥利用方面，实施测土配方施肥全覆盖，通过培肥地力技术，合理施用有机肥与生物有机肥，减少化学肥料使用量，肥料利用率达到 40% 以上。在节药方面，普及生物、物理防治。在清洁能源方面，推广示范太阳能、空气源、土壤源等多种技术解决育苗、果蔬生产冬季加温，全面杜绝燃煤在园区中的利用，减少大气污染。

2. 设施农业

我国设施农业主要包括设施蔬菜、花卉、畜牧等产业，以设施蔬菜规模最大，设施蔬菜面积（扣除小拱棚面积计算）占到79.4%。我国设施农业的发展要追溯到 20 世纪 80 年代，最初形态较为简单，主要是塑料大棚、连栋温室和日光温室。随着社会经济不断发展和人们消费水平的升级，我国设施农业发展速度较快，技术装备水平不断提高，至今已形成多种类型的设施农业，主要包括简易覆盖型（以地膜覆盖为典型代表）、简易设施型（包括中小拱棚）、一般设施型（如塑料大棚、加温温室、日光温室以及微滴灌系统等）和工厂农业等。其中以节能日光温室、普通日光温室和塑料大棚发展最快。把粗放型传统农业改造为集约型的现代化农业，发展节地、节水型的设施农业是我国现代农业发展的一个趋势。

经过 30 多年的发展和探索，新型农业经营主体和农民发展设施农业的积极性很高，适合不同地区、不同自然条件、不同农业种类的设施农业技术也日渐成熟，我国设施农业面积迅速扩大，农业综合效益凸显。截至 2014 年，我国温室设施面积达 410.9 万公顷，产值超过 8000 亿元，创造了近 7000 万个就业岗位，为园艺产品的均衡稳定供给、农民的持续增收、农业现代化水平的持续提升，做出了贡献。目前，我国设施栽培占全世界的85%以上，总面积和总产量均居第一位。

未来我国设施农业的发展将呈现以下趋势：

（1）设施农业技术"集成化"。在设施园艺方面，随着工厂化育苗、嫁接育苗、喷灌、滴灌、无土栽培技术、小型机械、生物技术和微电脑自控及管理的使用，劳动生产率得以提高，栽培作物的产量和质量得以提升；在设施畜牧养殖方面，其支撑技术主要有生物技术、工程和材料技术、模拟生态和自动控制技术等；在设施水产养殖方面，工厂化养殖设施和装备系统包括工厂化养殖车间、供水与水循环处理系统与装备、增氧或供气装备、供热装备、水质在线监测系统、供电系统等。网箱养殖设施包括网箱系统、投饵机械、增氧机械等。随着现代信息技术水平的不断提高，无线传感器网络技术、现代通信技术、智能控制技术、计算机视觉技术、空间技术等高科技被引入设施农业，使设施环境监控系统朝着自动化、智能化和网络化方向发展。

（2）设施农业产品种类"多样化"。在农业供给侧结构性改革的深入推进中，多样化的消费需求倒逼设施农产品不断细化，种类不断增多。在种植蔬菜、水果、花卉等温室常规作物基础上，尝试栽培高附加值的香料、药用植物、食用菌、观赏植物等。

（3）设施农业管理"规范化"。随着设施农业规模和范围的不断扩大，其管理水平也相应提高。通过专业部门负责，制定系统的管理办法和标准体系，推动我国设施农业稳步发展。

（4）设施农业生产方式"工厂化"。设施农业在生物技术、现代信息技术、新材料技术和环境控制技术"工厂化"的推动下，其生产方式将会得到突破并推广，尤其是设施园艺正在朝着工厂化方向迈进。工厂化农业是资金、技术等资源密集型的高产高效农业，其核心是对设施内的栽培环境进行有效控制，营造适于作物生长的环境条件。

（5）设施农业栽培技术"无土化"。无土栽培具有节水、节能、节工、节肥、减轻土壤污染、克服连作障碍、减轻土传病虫害等优点，在保障食品安全、保护生态环境上作用明显。无土栽培有多种形式，但以简便、实用、投资少、效益高的岩棉培、袋培、浅层营养液三种形式应用面积较大。目前，世界上已有 100 多个国家将无土栽培技术用于温室生产，荷兰无土栽培与温室面积的比例超过 70%。山东省寿光市是我国最大的大棚蔬菜生产基地，寿光市推广水肥一体化的蔬菜大棚已有 10 万亩，节水、省肥都在 50% 左右，亩产平均提高 30% 以上。

3. 加工农业

加工农业是我国 2000 年初提出的概念，主要指把农产品生产和加工集合起来，销售农产品加工制成品的一种生产方式。具体来说就是生产出适合加工的农产品，以及发展农产品加工业。加工农业模式要求在生产上要专业化、在资源整合上要集约化、在加工上要科学化、在销售上要网络化。

加工农业是农业"三产融合"（农业生产、农产品加工业、农产品市场服务业深度融合）的重要内容。近几年加工农业发展迅速，表现在：一是总量持续扩大，2014 年全国农产品加工企业有

45.5 万家；二是产业加速集聚，在粮食、肉制品、炒货等产业形成了一批区域集中区和知名品牌；三是结构优化升级，主要农产品加工机械设备国产化，如肉类加工设备国产化达 90% 以上，粮油加工设备逐步替代进口。山东、江苏、浙江等沿海地区正在推进腾笼换鸟、机器换人、空间换地、电商换市和培育名企、名品、名家，转型升级步伐加快；四是融合趋势明显。据《关于我国农产品加工业发展情况的调研报告》（2014 年）显示，3.08% 的农民专业合作社吸收农民以资金、土地经营权、交售农产品入股发展加工流通。如福建连城县 13 万农民合作加工 10 万吨地瓜干。企业向农户注资建基地，向经销商注资连物流。如山东临沂畜禽加工、福建平和琯溪蜜柚、浙江黄岩蜜橘、广西容县黑芝麻糊等产业，都是将农户、企业和客商在园区空间聚集，实现集群化、网络化发展，打造了特色优势区域品牌。此外，将"互联网+"等信息技术向农业渗透，发展电子商务、食品短链、社区支持、加工体验和中央厨房等新业态，模糊产业边界，实现网络链接，缩短供求距离。

随着加工农业的不断发展，存在的主要问题：一是农业生产的专业化、集约化水平与农产品加工不相适应；二是农产品品质与农产品加工不相适应。当前农户数量多、规模小、生产分散的整体格局并没有发生根本改变，从而造成分散生产与集中加工的矛盾比较突出，此外农产品品质不能满足加工需要，缺乏适宜加工的专用品种。一方面，农产品收购缺乏品种质量标准，只能混收、混储、混销，很难满足加工企业对不同等级原料的要求；另一方面，从实际情况来看，农产品收购价格低，农民在生产出农产品后，会把品质最好的销售到超市，品质一般的销售到批发市场，品质差的销售到加工厂。这是价值导向，也是市场导向，供应的原料差了，就很难生产出高品质的农产品加工制成品。

目前，全国各地在深入挖掘当地特色农产品、保持自身优势的前提下，在加工农业上狠下功夫，力求提升农业产业化经营水平，提高农产品附加值、加工农业的综合效益和市场竞争力，广泛带动农民致富增收。甘肃省平凉市泾川县城关镇东庵村富兴农柿饼产销专业合作社 2015 年融资 100 万元建成了标准化柿饼晾晒厂，由产业大户带领 57 户群众进行柿子深加工，延伸了产业链条，拓宽了农民增收渠道。广东省汕尾市海丰县附城镇粉围村着力发展特色农产品加工，鼓励支持家庭作坊生产腐竹，使腐竹产业形成一定规模，供不应求。

4. 农业（区域）资源的综合利用

我国"十三五"规划建议稿首次提出，探索实行耕地轮作休耕制度试点。2016 年中央一号文件提到，通过轮作、休耕、退耕、替代种植等多种方式，对地下水漏斗区、重金属污染区、生态严重退化地区开展综合治理，这是为了让耕地"休养生息"和农业可持续发展的战略选择。

轮作，就是在同一块土地资源上，不同作物在一定年限内，按一定顺序轮换种植的一种种植方式，是用地养地相结合的一种生物学措施，农民称换茬或倒茬。长期以来，我国旱地多采用以禾谷类为主或禾谷类作物、经济作物与豆类作物的轮换，或与绿肥作物的轮换，有的水稻田实行与旱作物轮换种植的水旱轮作。合理的轮作可以极大地提高农业的生态效益和经济效益。首先，有利于防治病、虫、草害。例如，农作物的许多病害如烟草的黑胫病、蚕豆根腐病、甜菜褐斑病、西瓜蔓割病等都通过土壤侵染。如将感病的寄生作物与非寄生作物实行轮作，便可消灭或减少这种病菌在土壤中的数量，减轻病害。又如，密植的谷类作物，封垄后对一些杂草有抑制作用；玉米、棉花等中耕作物，中耕时有灭草作用。其次，有利于平衡土壤营养结构。各种作物从土壤中吸收养分的种类、数量和比例各不相同。如禾谷类作物对氮和硅的吸收量较多，而对钙的吸收量较少；豆科作物吸收大量的钙，而吸收硅的数量极少。因此两类作物轮换种植，可保证土壤养分的均衡利用，避免其片面消耗。最后，有利于改善土壤理化性状，调节土壤肥力。谷类作物和多年生牧草有庞大根群，可疏松土壤、改善土壤结构；绿肥作物和油料作物，可直接增加土壤有机质来源。同时轮作可发挥借根瘤菌的固氮作用，补充土壤氮素，如花生和大豆每亩可固氮6—8千克，多年生豆科牧草固氮的数量更多。水旱轮作还可改变土壤的生态环境，增加水田土壤的非毛管孔隙，提高氧化还原电位，有利土壤通气和有机质分解，消除土壤中的有毒物质，防止土壤次生潜育化过程，并可促进土壤有益微生物的繁殖。

间作，是几种作物相间种植，即一行种植 A 一行种植 B，通常将高的喜阳植物与矮的喜荫植物间种。间作的两种生物共同的生长期长，如玉米间作大豆。间作可以增加光合作用的面积，提高光能的利用率。农作物栽培，进行合理的间作，可以有效利用地力、光能，抑制病虫害的发生，实现高产、稳产和高效益，原则是：第一，从株型上，要"一高一矮"、"一胖一瘦"。即高秆作物和矮秆作物搭配；枝叶繁茂横向发展的作物和株型紧凑枝叶纵向发展的作物搭配，以形成良好的通风透光条件和复合群体。如玉米与马铃薯、高粱与大豆搭配。第二，从叶型上，要"一尖一圆"。即圆叶作物，如甘薯、大豆等与尖叶作物小麦、玉米、高粱等搭配。豆科作物与禾本科作物搭配最符合这一原则。第三，从根系分布上，要"一深一浅"。即深根系作物与浅根系喜光作物搭配，这样可以充分有效利用土壤中的水分和养分，促进作物生长发育，达到降耗增产的目的。第四，从品种生育期上，要"一早一晚"。即主作物成熟期应早些，副作物成熟期应晚些，这样可以在收获主作物后，使副作物获得充分的光能，优质丰产，主副作物两不误。第五，从种植密度上，要"一大一小"、"一宽一窄"。即主作物密度要大，种宽行；副作物密度要小，种窄行，保证主作物的增产优势，达到主、副作物双双丰产丰收。

套作，是指在前一茬作物即将收割或未收割之前将后一茬作物种入前茬的行间株间。一般套种与间作一起表述，不做细致区分，但它们最大的区别在于前者作物的共生期很短，一般不超过套种作物全生育期的一半，而间作作物的共生期至少占一种作物的全生育期的一半。因此，套种是侧重于在时间上集约利用光热水资源，而间作则是侧重于在空间上集约利用光热水资源。

休耕，是指在同一块土地上种一年作物，第二年停一年，第三年再种。这种农业生产方式从表面上看是浪费土地资源，甚至会在一定程度上影响到粮食产量，但其实质是为了更好地集约资源，逐渐让农业边际产能退出，做到藏粮于地、藏粮于技，最终也是为了推动农业的可持续发展。自 20 世纪 80 年代开始，美国正式提出以少耕、休耕替代翻耕，并制定联邦休耕政策，对占全美耕地 24% 的易发生水土流失的土地实行 10—15 年休耕，并对休耕农户给予国家补助。据美国农业部数据显示，从 2007 年到 2010 年，2800 万英亩耕地续签休耕项目合同，其中有 2390 万英亩耕地到期后将继续休耕。目前，全美有 3470 万英亩耕地进入休耕期，而且大部分集中在平原地区。欧洲的耕地也有"休假"。20 世纪 90 年代初，欧盟要求农场主每年将一定比例土地闲置，不得耕种。欧盟政策下的休耕，一种是每年一次休耕，一种是多年性休耕，要求至少休耕 10 年以上。2005 年，欧盟决定将休耕土地所占比例从 5% 提高到 10%。我国农业部在《2016 年种植业工作要点》中确定，轮作重点在玉米非优势产区，休耕重点在河北地下水漏斗区、南方重金属污染区，先行试点，积累经验，逐步推开。这说明我国已经开始把轮作、休耕等资源节约型的农业生产方式不再仅仅停留于国家战略层面，而是落实在操作层面，相信在不久的将来，我国广袤的土地将更加肥沃，农业资源得到更加有效的利用。

在浙江省台州市黄岩区，每年冬闲时，耕地季节性抛荒现象较为普遍。针对这一现象，黄岩区多地农村尝试土地轮作方式，增加土地使用效率，提高农户收益。台州市黄岩区上垟乡西洋村迎客山农业开发专业合作社在把 30 多亩地的水稻收割后，投资 120 万元，实施了"黑木耳—水稻轮作"项目。利用冬闲田地种植黑木耳，通过水旱轮作，可减少食用菌栽培过程中的病虫害及杂菌污染，降低农药施用量。同时，水稻种植产生的秸秆全量覆地用于黑木耳种植以减少菌棒污染，而黑木耳种植后的废菌棒还可以用于种植水稻，减少水稻肥料投入，从而实现资源的循环利用，促进生态农业的发展，提高了耕地使用效率。除了上垟乡西洋村的"水稻—黑木耳"轮作外，上垟乡白沙园村的"水稻—中药材"轮作、宁溪镇长垟村的"水稻—红茄"轮作、北洋镇的"水稻—瓜果"轮作也都有不错的经济效益。

5. 现代农业园区产业

现代农业园区是指在一定区域内以市场为导向，通过土地、资本、技术、人才的高度集中与高效管理，试验、示范、推广新的农业科技成果的现代农业综合示范区。相对于其他农业发展模式而言，农业园区在土地资源集约化利用，促进规模经营方面具有重要意义。

在实践发展中，农业园区又分为几种类型：一是科技密集型。以技术密集为主要特征，以科技开发、示范、辐射和推广为主要内容的农业园区。二是产业带动型。以产业联动为目标组织生产和管理，集产前、产中、产后于一体，设施、品种、技术相融合的农业园区。三是休闲文化型。结合当地旅游资源，立足区域传统农耕文化、民俗文化，以休闲观光与科普教育为主，着重打造农田生态景观和休闲体验场所的农业园区。包括休闲观光园区、农业主题公园、民俗文化园、农事体验园、生态教育园等。四是加工销售型。以农副产品精深加工为重心，采取"公司＋科研＋基地＋农户＋市场"的运作模式，促进农产品销售的农业园区。五是出口创汇型。

以农产品生产及出口创汇为主要目标的农业园区。

（二）环境友好型农业

在我国农业的快速发展中，农业发展对自然环境造成的污染值得高度关注。具体表现为过度施用化肥、农药造成的土壤污染，焚烧秸秆造成的环境污染和土壤氮、磷、钾的缺失，大量畜禽粪便对水体的污染，新兴的温室农业产生的塑料等废弃物对环境的污染等。这些污染不仅导致农田生态平衡失调、土壤生产能力下降，而且农产品质量以及食品安全问题凸显。这就亟需加大力度研究和发展环境友好型农业，在农业发展的同时，保护环境；在环境改善优化的同时，促进农业发展，最终形成良性互动式的农业发展路径。

1. 生态农业

在国外，生态农业也被称为自然农业、有机农业、生物农业、绿色农业等，是以生态学、经济学理论为依据，运用现代科技成果和现代管理手段，在特定区域内所形成的经济效益、社会效益和生态效益相统一的农业。我国对现代生态农业的研究与实践相对较晚。20世纪80年代中期，各地陆续建立了一批生态户、生态村、生态乡，目前生态农业试点已达到数千个。

就生态农业的具体发展模式而言，主要包括几种类型：（1）功能布局模式。即对一个区域或流域范围内的土地进行功能区划分、整体布局，如为防治北方沙化或沿海台风侵袭的农田防护林带模式，防治水土流失的各种坡地模式，西北集水农业模式，为保护生物多样性的自然保护区串联设置模式，水源林的乔灌草结合模式，各种污染源阻断模式，流域布局的"山顶戴帽、果树缠腰、平原高产、洼地鱼虾"模式等；（2）生物群落立体模式。即通过在一个生物群落中安置生态位互补的生物，提高辐射、养分、积温、水分等资源的利用率，形成有效抵御病、虫、草等生物逆境和水、旱、热等物理逆境的互利关系。如乔灌草结合的植被恢复模式、橡胶和茶叶间作模式、上中下层水产品种的混养模式、不同类型饲料植物的混种等；（3）食物链模式。主要涉及有食物链关系的初级生产者、次级生产者和分解者之间的搭配。如利用秸秆和粪便生产食用菌、蚯蚓、蝇蛆、沼气等，与农业废弃物利用有关的腐生食物链模式，为有害生物综合防治而建立的取食、寄生、捕食、偏害等食物链模式，在农田生产中可采用种植花卉、用材林、草坪等非食物生产模式，在水体可采用养殖观赏鱼类的生产模式；（4）品种搭配模式。即适应当地自然生态条件和社会经济需求的动植物品种选择搭配。除品质与产量要求外，选择的品种需要能够抵御当地主要生态逆境，选择搭配各类抗旱、抗寒、耐高温、抗浸、抗盐碱、抗酸、抗瘦瘠、抗病、抗虫、抗草品种。

我国南方"猪—沼—果"生态农业模式，是以养殖业为龙头，以沼气建设为中心，联动粮食、甘蔗、烟叶、果业、渔业等产业，在吸收传统农业精华和现代农业先进技术的基础上，广泛开展农业生物综合利用的生态农业模式。具体地说，就是户建一口沼气池、人均出栏两头猪、人均种好一亩果，被称为"121"工程。利用人畜粪便下池产生的沼气做燃料和照明，利用沼渣和沼液种果、养鱼、喂猪、种菜，从而多层次利用和开发自然资源，提高了经济效益，改善了生态环境，增加了农民收入。

2. 循环农业

循环农业是在生态农业基础之上，更加注重循环利用资源和获取更好的经济效益。循环农业发展模式遵循 5R 原则：资源利用的减量化（Reduce）原则，即在生产的投入端尽可能少地输入自然资源；产品的再使用（Reuse）原则，即尽可能延长产品的使用周期，并在多种场合使用；废弃物的再循环（Recycle）原则，即最大限度地减少废弃物排放，力争做到排放的无害化，实现资源再循环；再回收原则（Recovery），即要求将人类生产、生活产生的废弃物再分类进行回收利用；再制造原则（Remanufacture），即采用先进技术和产业化手段修复和改造报废产品。循环农业最理想的模式就是物质的闭环流动和能量的梯次利用。

三、现代农业生产体系的支撑机制

（一）完善农业生产要素整合机制

现代农业生产体系的构建离不开对土地、资本和劳动力在内的农业生产要素的整合。由于生产要素的趋利性，致使具有弱质性和弱势性的农业产业所需的生产要素供给严重不足。为构建现代农业生产体系聚集生产要素，是摆在我们面前的一个迫切需要研究的重大课题。

1. 农业生产要素配置状况

土地。改革开放以来，家庭承包经营体制极大地解放了农村生产力，但当初把"按人分配"和"分级切块"分别作为数量和质量分配的最优原则，在体现了公平原则的同时，也导致了土地的零碎化和经营的过度分散。目前，我国人均耕地为 1.47 亩，如果按第六次全国人口普查的平均每个家庭人口为 3.1 人计算，以家庭为经营单位的土地规模只有 4.56 亩，且这些耕地根据土地质量，远近搭配、肥瘦搭配，同一种植区域内甚至同一块田内种植不同的农作物品种，属典型的小农经营。土地规模的细碎化，使劳动投入回报率低，严重阻碍了农业生产机械化、现代化，难以实现土地经营规模效益，而且也严重阻碍了农业现代化的进程。此外，近几年虽然土地产权关系不断得到调整优化，但产权关系并没有根本理顺，土地所有权主体虚置，农户土地承包经营权经常被调整、极不稳定，产权体系划分不清，权能不完整，产权管理、登记等缺乏规范，导致农村土地流动性不足，土地交易成本过高。

劳动力。我国家庭联产承包责任制的推广与实施，对农业生产中劳动力的配置注入新的活力，家庭内部成员成为了农村劳动力资源配置的主要方式。但是，随着各项改革的逐步深入，一方面农村劳动力生产率逐渐提高，家庭联产承包制下农村剩余劳动力逐渐增多，迫切需要寻找新的就业途径；另一方面农村劳动力参与非农业的意愿逐步增强，更多的农村劳动力离开农村。2015 年，全国农民工总量 2.77 亿人，其中，外出农民工 1.69 亿人，占比 61%。此外，外出农民工多为青壮年劳动力，待在农村的多为妇女、儿童和老人。他们不仅要承担承包土地的经营种植任务，而且繁重的家庭重任导致他们没有时间也没有能力利用农业新技术、新设备提高农业劳动生产率，也只有维持最基本的农业生产活动。即使有些青壮年劳动力留在了农业生产中，但由于土地经营规模较小，难以实施机械设备从事农业生产活动，造成了农业产出率较低。虽然近几年越来越多的"新农人"进入农业领域从事农业生产、流通和服务，但并没有改变农村劳动力配置的基本格局。

资本。农业发展所需的资本主要包括三个部分：农户家庭、政府和金融机构。首先，农户家庭是农业生产性资本投入的主体，但投资积极性不高。我国经历了相当长时间的"以农补工"阶段，农民收入水平一直较低，且收入中的大部分还是用于日常生活消费开支。虽然近几年农户外出务工收入增加致使家庭总收入大幅度提高，且收入增长的幅度日渐超过城市居民，但由于农户经营土地碎片化和农户家庭劳动投入的影响，农户购置机械设备等生产性资本的意愿较低。其次，各级政府逐渐加大对各项农业生产资本的投入力度，但与实际需求还有很大差距。2015 年，中央财政投入农机购置补贴资金 237.55 亿元，但是我国农业生产机械化水平还比较低，不同区域、不同作物、不同农业生产环节的机械化水平还极其不平衡，这与现代农业发展对农业机械等生产资本的需求还有较大的差距。加之农户收入低、购买积极性不高等原因，更加大了对财政补贴资金的需求。最后，农村金融信贷资金非农化严重，现有的金融机构和政策难以满足现代农业发展的资金需求。一方面大部分的金融机构都是从农村农业"抽血"，"输血"的较少。金融机构主要的服务对象——新型农业经营主体很难获得金融信贷；另一方面农业保险发展滞后，农业保险机构及业务呈萎缩趋势，农业保险投入远远不能满足农村经济发展的需要。

2. 完善农业生产要素整合方式

（1）加大土地流转，促进土地资本化

随着土地所有权、承包权和经营权的逐渐明晰以及农业生产经营主体的不断壮大，直接形成两个明显的效果：

首先，我国土地流转速度逐渐加快。当前，我国土地流转率已经达到30%以上，其中主要是农民之间的流转；工商资本流转的土地大约占到10%。这样的流转速度和比例在发展中国家，几乎是最高的。在土地流转过程中，一方面要防止强制农民流转，另一方面要防止片面追求大规模，特别是超大规模。目前我国有些地方的土地流转规模达到5000亩甚至上万亩，但在日本、韩国、中国台湾是很难看到上万亩农场的。此外还要防止和纠正土地流转的非农化、非粮化，要对农地的流转实行一定管制。

其次，为土地资本化奠定了基础。长期以来，由于缺乏合理流动性，农村土地只是作为自然资源而存在，土地价值更多地表现为实际经营价值，转让价值不高，难以资本化。同时，传统农业产业链条较短，局限于初级农产品生产，产业利润率较低，限制了土地的经济价值。近年来，农业功能形态和产业链条不断拓展，特别是设施农业、休闲农业等附加值高、投资回报快的产业加快发展，提高了农业综合利润，带动了耕地经营价值和土地需求的增长，土地向新型经营主体集中，分散的土地价值得以整合，土地的可交易性更强，土地抵押价值得到提高，为金融要素的进入提供了价值载体。针对土地分散、抵押价值低、金融机构不愿提供信贷业务等问

题，不少地区在农村土地确权颁证的基础上，对新型农业经营主体土地经营权进行确权，办理土地承包经营权证和他项物权证（即土地上投资建设的设施等），新型农业经营主体直接用土地经营权证和他项物权证到农信社即可进行抵押融资，这种模式得以运转，在于土地的预期收益以及经营权集中处置的便利性。例如，截至2014 年底，浙江嘉兴市发放土地流转经营权证 204 张，发证面积4.17 万亩，专项贷款余额达到 3.1 亿元。为了更好地推进农村土地资本化进程，除了亟需完善《农村土地承包法》、《物权法》、《担保法》等相关法律法规、推进农村地籍调查和农村土地确权颁证、制定统一的土地价值评估指导标准、完善农村土地承包经营权抵押相关配套政策，还应该加快农村土地证券化、宅基地抵押贷款等探索试点。只有大胆尝试，在试点中凝聚共识、发现问题、找出路子，才能真正把农村土地改革这篇大文章做实做好。

（2）推动农业剩余劳动力转移，实现优秀人才回归农业

现代农业的快速发展离不开"懂技术、懂经营、会管理"的高素质农业人才，如何创造条件让农业中过剩的劳动力转移，将优秀的农业人才引进来是一个非常重要的现代农业发展命题。一直以来，我国农村劳动力转移的主要途径有四个方面：一是乡镇企业吸纳大量农村剩余劳动力就业；二是农民向城镇转移；三是农村异地转移和跨区域流动；四是农业产业化拓展农业就业空间。但近几年也出现很多流转出来的农业劳动力又回到农村的现象。这主要是由于一方面流转到城市的农业劳动力在子女入学、税收、购买住房等方面无法享受与城市居民同等待遇；另一方面流转出来的农业人口

在农村还有土地，农闲时到城市打工，农忙时回到农村种植农作物，从而成为"钟摆人口"。所以如果要让不想从事农业生产的劳动力在城市"进得来、留得住"，不仅需要完善城市户籍制度，让他们能够享受到与城市居民同等的福利待遇，而且需要加快农村土地流转，把土地真正流转到那些"懂技术、懂经营、会管理"的农业大户手中。此外，要进一步延长农业产业链条，增加农业附加值，从而吸引更多的优秀人才留在农村、进入农业。

（3）加速资本进入农业，变"输血"为"造血"

现代农业的发展离不开资本的注入。但政府加大农业生产性资本的投入受到政府财力的影响，农户家庭加大农业生产性资本的投入又受到农户家庭实力和意愿的影响。基于此，为了更好地促进现代农业的发展，在加大政府资本和农户家庭资本投入力度的同时，应该更加注重工商资本和金融资本对现代农业的投入。

2007年以来，工商资本加快向农业领域投入的速度，目前，已有近万亿的社会资本涌入农业领域。一方面，农业巨头经过多年的产业深耕逐渐建立起覆盖全产业链的战略性资源布局；另一方面，来自IT、互联网、金融服务以及房地产的资金或技术密集型企业也高调进入农业。可以说，在发展良种种苗繁育、高标准设施农业、规模化养殖等适合企业化经营的现代种养业方面，工商资本和农业企业具有一定的优势。在一些普通农户、家庭农场干不了或不好干的领域，农业服务业、农产品精深加工业、农产品流通业，工商资本和农业企业具有不可替代的作用。但是在发展过程中也存在一些问题，比如工商资本大多投到风险小、成本低、短期效益凸

显的领域，如设施农业、规模种养殖业、农产品加工业、休闲观光
农业等，但在农业科技创新与成果转化、现代农业社会化服务体系
建设、农产品流通与贸易等领域，工商资本投资农业的动力明显不
足。甚至部分工商企业偏离投资农业的初衷，借农业旅游开发、综
合体建设"跑马圈地"，待价而沽。此外，工商资本在投入农业的
方式上，大多也是强强联合，很少与农户、家庭农场和农民专业合
作社等主体联合投资，或产生股权关系。所以在工商资本投入农业
的过程中，一方面要加大政府的引导作用，防止非农化倾向，多向
农业全产业链中的薄弱环节进行投资；另一方面要建立工商资本与
农户、家庭农场和农民专业合作社等主体的利益联结关系，通过探
索"企业+农户"、"企业+村集体+农户"、"企业+合作社+农户"
等不同发展模式，使农民得到企业发展壮大的"红利"。

　　现代农业的发展离不开金融的支持，但受农业的弱质性和资本
的逐利性制约，金融机构出于成本和风险的考虑，不愿意进入农业
领域；而绝大多数新型农业经营主体缺乏有利于流通的抵押品，在
传统金融机制下得到资金支持的可能性微乎其微。鉴于此，首先应
积极探索支持现代农业发展的金融资本投入方式，如资金互助、合
作银行、特色农业保险、品牌农业的品牌质押等；其次应加快实施
相关配套措施，如农业经营主体的征信平台建设；最后应加强财政
资金对金融的引导，实现两者的协同效应。在农业支持保护政策体
系中，财政和金融具有显著的协同效应，财政支农政策通过金融杠
杆实现效应放大，才能满足现代农业发展的资金需要；金融在农业
领域只有得到财政支持，才能实现风险有效控制和成本合理弥补，

才能转化为支持农业发展的现实资金力量。可以说，农村金融离不开财政支持，这是由于我国农村的实际和农业的特点决定的。近年来，各地通过不断探索形成了财政资金撬动金融支农的几种模式：一是担保补助。通过扶持或者直接设立担保机构，编织农业信用担保网络，对符合条件的农业信贷需求予以担保，主要帮助解决农民"贷款难"问题。二是贷款贴息。通过财政对符合条件的农业贷款利息予以补贴，主要解决"贷款贵"的问题。三是农业保险。由财政对自然灾害、疫病等农业保险予以保费补贴，主要解决农业"高风险"的问题。四是费用奖补。通过财税政策弥补金融机构农业信贷部分业务成本和给予一定的风险补偿，主要解决"不愿贷"问题。五是投资基金。由财政参与出资设立基金，采取股权投资的方式，引导社会资本投向符合现代农业发展方向的企业，主要解决农业企业投资"实力弱"的问题。

（4）以主导产业为载体，整合各类农业生产要素

由于各地区资源禀赋的不同，各地区的农业产业发展方向不同，各地区农业产业的主导产业亦不同。具体而言，要以各地资源禀赋为基础，以发展优势主导产业为载体，加快土地向农业大户、家庭农场、农民专业合作社等流转，变土地经营细碎化为规模化。加大对农业大户、家庭农场、农民专业合作社的农业生产性资本投入力度，特别是农业机械购置，提高农业生产的机械化水平。同时，也要加快推动主导产业专业技术和各项资本向农业大户、家庭农场、农民专业合作社集聚，形成土地、劳动和资本的有机整合，进而实现土地规模效益，农业劳动生产率和资本的投入产出效益等

共赢的局面。此外，主导产业的选择除了依据现有的自然地理条件外，还应以新兴的绿色农业和生态农业为龙头，采取生物高科技手段，大力发展设施农业、高效农业，逐步形成具有区域优势的农业产业。

（二）确立农业发展与环境保护的协调机制

1. 农业发展与环境保护的协调方式

区域经济学家缪尔达尔和赫希曼认为，要改变区域差距扩大，仅靠市场机制不行，还要靠政府干预。世界各国区域经济发展的实践表明，市场机制这只"看不见的手"与政府干预这只"看得见的手"，其功能都不是尽善尽美；前者可能出现"市场失灵"，而后者容易出现"政府失灵"。此外由于农业生态系统具自我调节功能，单纯只依靠市场机制或者政府调控都是不可行的，需要发挥市场、政府和农业生态系统的协同调节作用。

在政府方面，要从环境保护角度根据农业发展实践、资源禀赋以及产业的未来发展趋势，对农业发展进行全面规划。通过建立环境保护认证体系、转变农资补贴和贷款优惠等方式推进农业发展与环境保护协调发展。比如近几年国家虽然大幅减少了对农用化肥生产企业的补贴，但对农民的农资直补却仍在增加。在经济利益的驱使下，部分农民不可能从可持续发展的角度完全理解农业产量增加与环境保护之间的关系，甚至有些农民已经形成了一种固化的思维模式，即认为化肥、农药和农膜使用得越多，农业产量越大。他们反而会利用补贴施用更多的农用化肥。所以国家可以转变农资补贴方式,将中国耕地的 5%— 10%培育成告别化肥、农药、添加剂、除草剂的有机农业。

在市场方面,各区域政府应加强沟通和合作,打破行政界线、消除行政"壁垒"和市场障碍,共同培育和发展区域统一、开放、有序的环境保护的市场体系。在区域内制定统一的标准、方法和标识等,实现规则统一、统监统测、互认互通,让各方利益均能得到有效保障的前提下协调发展,进而促进区域、区际农业协调、健康、持续地发展。

在农业生态系统方面,即在农业发展过程中通过自调节是可以实现环境保护的。如在人类收获粮食的同时,快速将稻秆收集、处理并储藏起来,为食草动物储备"粮食";将动物粪便中的能量通过沼气池,提取出来供应农户需要,减少农户与工业和城市争夺化石能源;将沼渣、沼液作为优质肥料还田,替代中国至少一半的化肥以减少温室气体排放。此外,大力发展秸秆畜牧业,增加有机肥、开辟乡村新能源,减少化肥使用。

2. 农业发展与环境保护的协调技术

现代农业生产的大量技术或产品对环境造成负面影响,而那些对环境无害,或者能够在现有技术上减少环境损害的技术就可称之为环境友好型农业技术。从技术被用于农业生产的环节来看,主要包括预防型和末端治理型两大类。预防型技术主要从提高农资使用效率、减少无谓流失入手,主要包括节肥、节水、节药、节能等技术以及各类生物技术。在节肥技术领域目前较为成熟的有化肥深施技术、缓控释肥技术、测土配方施肥技术等。在节水及水肥一体化技术领域，我国已在西部干旱地区积极借鉴以色列、荷兰等国家的成功经验。在农药技术领域，农药缓释技术已经较大规模地进入生产领域，在棉花种植上使用缩节胺已经成为一项常规技术。在畜禽养殖领域，"生物发酵舍零排放养猪技术"已经进入大面积推广阶段。末端治理技术则基本脱离农户的生产行为，而是在排放的末端通过生物修复、化学处理等方法减少污染物的排放，例如农村生活垃圾填埋、农村生活污水处理、土壤重金属污染修复等技术已经被列入国家"水体污染控制与治理科技重大专项"的研发任务。

（三）构建农业生产科技合作创新机制

现代农业生产体系离不开现代科技的支撑，不同国家及地区之间及同一国家或地区不同区域之间的农业科技合作是必然趋势。构建农业生产体系科技合作创新机制，主要包括几个方面：

农业科技合作协商机制。可以通过组建农业科技交流协会、农业科技服务团等组织及设立组织之间的沟通、磋商机制，或者举办农业科技合作论坛等活动的方式，促进农业科技合作。

农业科技信息共享机制。通过建设农业科技信息共享平台，优化农业科技信息共享的法律、网络、文化环境建设，利用信息技术和网络技术的优势，打破不必要的机构和层级，实现农业科技信息的共享。

农业科技合作转移机制。可以将一个地区已丧失比较优势的农业产业转移到另一个地区，在后者农业和农村实现现代化的同时，顺利实现前者自身农业结构的升级调整。也可以从农业资源分布与农产品布局角度入手，对不同地区进行整体区域规划，开展不同地区间的大农业分工与合作，发挥其辐射带动作用。

农业科技合作产业化开发机制。主要包括：不同区域农产品品种引进与交流的机制，品种的试验示范与创新推广机制，品种引进后的产业化开发机制等。

农业科技合作配套机制。不断完善政策体系，改善投资环境，在税收、用地、资金投入等方面实行更加优惠的政策等。

第 三 章

构建现代农业产业体系

构建现代农业产业体系是转变农业发展方式、发展现代农业的关键环节。农业现代化进程表明,有效的农业产业体系的建立对于加快传统农业向现代农业的转变起着决定性的作用,完善而发达的农业产业体系是发达国家农业现代化的重要特征之一。发展现代农业,推进农业发展方式转变,必须按照高产、优质、高效、生态、安全的要求,加快一二三产业融合发展,建立健全农业产业体系。

一、现代农业产业体系的内涵及要素

所谓现代农业产业体系,是指由关联效应较强的各种农产品的生产、经营、市场、科技、教育、服务等主体,通过必要的利益联结机制将农业产业相关环节紧密相连,构成一体化的、涵盖其价值的形成和分配的经济系统。它经过历史演化和市场竞争,是农业产业化的高端形式。

一般而言,现代农业产业体系包括生产要素、市场需求、产业组织、相关支持产业等四个方面主要的因素。生产要素是指农业产业所用到的各种资源；市场需求是国内外对该项农产品的需求状况；产业组织则是该产业内部各利益主体分工协调的表现；相关支持产业主要指上下游产业和关联产业。农业产业体系各要素之间相互作用、紧密联系，其中任何一项要素的效果必然影响到另一项要素的状态。只有当所有这些要素交错运用并形成自我强化的优势，才能够构筑有竞争力的农业产业体系。

（一）生产要素

从生产要素角度来看，可划分为初级生产要素和高级生产要素，前者主要包括天气资源、气候、地理位置、耕地、初级劳动力等，后者主要包括熟练劳动力、科学技术和现代化的基础设施等。现代农业产业体系首先应高效利用初级生产要素。在各产业中，农业产业对本地资源的依赖型相对较强，尤其是耕地、气候等资源在空间上不可移动和不可复制。现代农业产业体系正是通过对本地各种资源进行整体优化配置，形成符合本地情况的特色产业，提升本地农业产业的竞争力。在自然资源方面，我国农业人口多、耕地资源少、水资源紧缺，传统农业消耗了大量的水资源和原生态资源，造成广大的农作物地区水位不断下降、化肥污染、水土流失和土地质量下降。我国不可能照搬美国、加拿大等大规模经营、大机械作业的模式，而必须突出劳动力密集型产业、土地节约型产业和水资源节约型产业，只有这样，才能够充分发挥我国的比较优势，并通过农产品进出口获取贸易剩余。但我国不同地区农业自然资源禀赋差异较大，现代农业产业体系的要求也有所区别。在东部地区，非农产业发展迅速，农业劳动力大量转移，农业规模化经营已具备了一定的现实基础；在中西部地区，农民对土地的依赖程度还相当高，传统农业的特征还很明显。因此，不同地区农业产业体系的选择应体现出不同的特色。

现代农业是依靠现代生产技术要素支撑的科学化农业，以高级要素的合理利用为其重要特征。随着农业产业不断升级以及产业链的不断延伸，现代农业的整体效益不仅与自然生产要素相关，更主要的是取决于科技、信息等高级要素的投入。这就要彻底改变我国传统农业生产要素配置不合理、资本投入不足、生产效能低下的弊端，强化现代信息、现代科技、现代管理制度、新型人才以及社会资本等生产要素与自然要素的高度集成，以支撑现代农业的发展。

（二）市场需求

从市场角度来看，现代农业产业体系的一个重要特征是能够及时对市场需求作出反应，为消费者提供符合需要的农产品。这里的市场需求，包括国内需求和国外需求两个方面。市场需求既为构筑现代农业产业体系提供了必要的条件，也在一定程度上决定着它的成败；从市场规模来看，庞大的市场有助于整个产业获得规模经济并降低产品成本，能够鼓励更多的企业和农户同时进入同一个产业，维持产业内部良好的竞争状态；从市场成长性来看，快速成长的市场可以鼓励企业扩大投资、果断地引进和更新设备，推动产业的技术进步。发达国家的实践证明，能够对市场需求做出及时的、正确的反应，是现代农业产业体系的一个重要特征。也正因为如此，农产品营销在现代农业产业体系中占有非常重要的位置。在美国食品产业体系的产值构成中，农业生产占 25%、加工占 33%，而农产品营销所占比重则达到 42%，现代农业产业体系的运作围绕大型的销售商而展开。

在满足市场需求方面，现代农业产业体系首先要满足数量上的需求。其中，居民对粮食的需求是最基础性的，在不能大规模进口的前提下，从数量上予以保证应放在第一位。此外，随着收入的提高，居民对初级农产品的消费比重在下降，对精深加工后的农产品需求在增加，现代农业产业体系必须对此作出及时的反应。另外，消费者还在文化、环境等方面对农产品提出了新的更高要求，这为农业发挥多功能性、以此为基础发育各类适合社会需要的产业体系创造了广阔的发展空间。其次，要满足质量上的需求。当前，消费者对农产品的需求发生重大变化，对农产品质量提出了更高的要求，要求吃得营养、安全、健康、新鲜。与此相适应，现代农业产业体系的一个重要特征是能够构筑起从田间到餐桌的全过程的农产品质量保证体系，它通过适当的利益联结机制，协调农户、龙头企业、农民专业合作社等有关主体，把产前、产中、产后各环节都纳入到统一的农产品质量保障体系。

（三）产业组织

从产业组织角度来看，现代农业产业体系的一个重要特征是各环节分工细密、联系紧密。在竞争激烈的市场经济中，各个经济主体发展战略的核心是竞争力，而培育竞争力的核心是专业化分工，没有专业化就没有真正意义上的现代农业产业体系。专业化使得各种类型的农业生产经营主体通过专事一业或某一环节，逐步建立自己的专业优势，在此基础上产生合作的需求和意愿，并建立各种类型经济组织，同时，向产业链前后进一步延伸、逐步走向一体化。以美国为例，农场的专业化程度很高，棉花农场专业化的比例为76.9%，大田作物农场为81.1%，果树农场为96.3%，牛肉农场为87.9%，奶牛农场为84.2%。美国的很多优势农场的成长壮大，都是紧紧围绕着其核心竞争力展开的。

专业化分工意味着对服务的需求。供应商的进入，包括专业化的运销服务体系，它使得农产品销售从生产中分离出来，提高了生产与销售的效率。而在专业化的运销队伍中又有更细的分工，比如不同的经销商或物流企业只负责不同区域的销售和运输，不同经销商负责不同品种的销售，一些只专注从较远的基地或农户收购产品运到市场销售等。而且专业化的生产资料供应产业有助于生产资料的技术升级，比如种苗的升级和多样化的品种、农用设施的升级以及根据当地生产特点的技术改造等。专业化极大地节约了各主体外出购买的交通成本、信息成本等交易成本，极大地提升了现代农业产业体系的竞争力。在高度专业化分工的同时，是对分工的有效协调。从西方发达国家经验看，农业产业体系的运营形式大体可分为两大类型：纵向协调和市场协调。纵向协调按照公司和农户之间紧密程度或利益关系的不同，可分为合同农业和公司农业，前者是指各有关主体通过签订合同进行协调，后者指各有关主体统一到公司名下，由公司进行统一协调。虽然近几年农业领域中的纵向协调总体上在增加，但市场协调不论现在还是将来都是现代农业产业体系运行的重要形式。市场协调是指农产品的生产、加工、销售等通过各种类型的专业批发市场、期货市场、集贸市场和超级市场等市场交换来完成的，它需要以高度发达的多层次的市场体系或网络为支撑。究竟采取何种形式的产业化经营形式，是由农产品本身的特点和所处的市场结构决定的。但无论采取何种方式，都必须做到合作协调，以实现合作各方的冲突较少、履约率较高、产供销各环节衔接得较好、产业波动很小。高效率的协调已经成为了现代农业产业体系的一个重要特征。

（四）产业支持与互动

从相关支持产业角度来看，现代农业产业体系的一个重要特征是各产业之间相互支持，能够实现对农业产业化的升级。农业产业化主要是从微观和中观的角度，着眼于在一个产业内部如何实现产、供、销等各个环节整合，沿着单一链条进行延伸和重组，仍是一种单维、线性的联结和组织模式，缺乏整体统筹和协调的考虑。经济全球化使市场竞争的局势更加严峻，我国这样一个以小规模、分散的农业生产方式为主的国家，仅仅依靠纵向产业链的联结和整合是难以实现高度专业化分工的。

相比较而言，农业产业体系主要是从宏观的角度，着眼于一国如何培育整个产业的竞争力，它除了包括如何在一个产业内部的整合问题之外，强调建立配套的支持产业以及服务体系，并对相关产业进行整合。发达的支持产业是现代农业产业体系区别于农业产业化的一个重要标志。以美国加利福尼亚州葡萄酒产业体系为例，它不仅包括 680 个葡萄酒厂和几千个独立的葡萄栽培者，还包括制造葡萄储存设备、灌溉设备、采摘设备、桶、瓶、瓶盖和软木塞、标签等多种相关产品的企业、专业化的公共关系和广告商，以及针对商贸读者的与葡萄酒相关的众多出版商。该产业体系除了企业间的相互联系、相互作用，政府、金融部门、中介机构、研究机构等支撑机构为产业提供配套服务，实际已经成为一个经济、社会、文化等多层面的区域复合体。正是因为有了配套的产业支持，现代农业产业体系建设能够在一定程度上克服农业产业化的不足，有可能促进有关政策的升级换代。农业产业化是单维线性的，对农业企业的要求是产供销一体化式的经营；而农业产业体系是多维的、网络型的和立体的，强调各环节的专业化分工与合作。在农业产业化的建设中，企业处于整个产业的核心，产业链条是靠企业组织连接起来的，对企业的经济实力和管理能力提出了很高的要求，一般一个企业组织一条产业链，各条产业链之间缺乏联系、缺乏统筹安排和相互协调。企业的成败将决定整个产业链条的兴衰，产业的抗风险能力比较弱。而农业产业体系包含了多条通过不同组织形式连接起来的产业链条，而且各链条之间是相互支持的，并通过各产业链条上经济主体之间的产业价值链与非产业价值链的联系、正式与非正式联系以及双边与多边联系整合起来，形成了一个有机的产业网络体系，拥有较强的抗风险能力，一两个企业或经营者的失败不会带来毁灭性的影响。

二、构建农业产业体系的主要内容

从各地的实践和国外发达国家农业发展的规律来看，农产品加工、现代流通方式、金融服务、农业国际化是构建农业产业体系的主要内容。

（一）发展农产品加工业

我国农产品加工行业的企业规模普遍偏小，仍以初级加工品为主，产业链条短，副产物的综合利用率较低，加工增值能力尚有待提高。这一问题在粮食加工产业表现得更为明显。随着国内农产品加工行业的产能过剩、原料成本高企等问题逐年积累，国家开始采取降息、减税、清费、农产品价格改革、补贴等政策措施，对农产品加工企业节本增效产生积极作用，扶持农产品加工行业。

1. 发展高科技加工业，助力农产品企业去库存

在全球经济一体化的情况下，粮食加工企业生产的产品，其竞争领域已拓展至全球范围。然而，国内外粮食存在价差，单靠企业通过技术进步、节能减排降低成本，不足以弥补原料上涨增加的成本。粮食加工企业要不断进行技术创新，增加产品品种，延长产业链条，发展精深加工，提高粮食附加值，从而提高企业对原料价格波动影响的控制能力。2015 年粮食加工行业整体营业收入较 2014 年增长 4.4%，增速略低于农产品加工行业，但在粮食价格下跌的影响下，生产经营情况较 2014 年有所好转。同时我国粮食加工行

业也面临产能过剩、价格倒挂、开机率偏低等问题，后期在发展中仍需要国家政策方面、企业技术升级和创新方面共同努力，改善行业整体经营水平。从粮食加工行业来看，要加大去库存的力度，就要提高粮食转化能力。以玉米为例，我国一年的玉米加工量接近5000万吨，以玉米为原料能够做成的产品全世界大概能加工4000多种，我国现在能够加工1000种左右，基本上以低端的、大宗的为主，如赖氨酸，全世界加工量大约300万吨，需求量200万吨，我国赖氨酸加工量200万吨，产能严重过剩。目前玉米消化的途径少，玉米供求失衡，供大于需，库存积压也就成自然了。在WTO框架下，2015年玉米酒糟（DDGS）进口超过1000万吨，玉米酒糟是美国生产燃料乙醇的副产品，是一种高蛋白的饲料；燃料乙醇是净进口，一季度进口燃料乙醇近12万吨。我国粮食加工业普遍存在成品率低、食用率低、利用率低、效益低、产业链条短的"四低一短"问题，粮食资源并未得到充分利用。必须用科技创新抢占粮油加工制高点，提高粮食利用效率，培育新的产业经济增长点。

2. 发展循环产业，推进绿色农产品产业发展

我国过度加工造成的浪费现象触目惊心。据测算，小麦过度加工每年损失粮食约50亿斤，稻谷过度加工每年损失粮食70亿斤以上。谷物50%以上的营养附着在皮层和胚芽上，过度加工造成谷物营养严重流失。倡导适度精准加工，发展全谷物加工、保全谷物天然营养成分正成为一种趋势。2016年5月，国家卫计委发布《中国居民膳食指南（2016）》，倡导居民每天摄入谷薯类食物250

克至 400 克。这是我国第一次把全谷物写入国家膳食指南，有助于全谷物口粮工程的顺利推进。目前全谷物食品加工还处于起步阶段，粮食加工业面临很多技术难题。要加强技术研发，建立全谷物食品品质评价和品质改良体系，注重新技术在全谷物食品开发方面的应用，从营养和健康的角度研究谷物的适度加工。

我国每年可生成 9 亿多吨秸秆，大量秸秆被弃置田间地头甚至烧掉。随着科技研发水平的提升，发展"秸秆经济"，利用秸秆做肥料、饲料，生产人造板材、生物燃料、木质纤维素，可以提高秸秆附加值，保护生态环境，实现经济效益和社会效益的"双赢"。以各种农作物秸秆为原料生产的无甲醛生态环保板材，可以满足装修、家具、地板、吸音板、写字板等生产需要，该技术已实现产业化。一些企业尝试利用稻壳、秸秆等做原料生产生物质燃气，代替煤、石油、天然气等传统能源。纤维素燃料乙醇是我国近年来力推的生物质能源利用项目。秸秆中就含有大量的纤维素、木质素和半纤维素等天然高分子物质。中粮集团 2014 年研发成功的 5 万吨级的全套纤维素制乙醇技术，可将农作物秸秆中的五碳糖、六碳糖全部发酵转化，还开创了燃料乙醇、生物电的醇电联产模式，在生产燃料乙醇的同时，将很难利用的木质素用来发电，使秸秆得到充分利用。在推进纤维素乙醇产业化的同时，公司还在开发木质纤维素生产有机酸、氨基酸的技术，进一步提升秸秆附加值。

3. 大力发展精深加工，拓展市场空间

发展粮食精深加工，延长粮食产业链条，从供给侧进行结构性改革，是提高粮食资源利用率的又一重要途径。以玉米为例，采用玉米淀粉为主要原料生产可生物降解塑料，制作出的一次性纸杯、餐具等产品在使用后可堆肥降解，采用淀粉改性技术生产，年产6万吨生物基材料，生产的生物材料可替代普通石化塑料而广泛应用于工业、医药、化妆、餐饮具等领域。目前国内粮食加工多停留在葡萄糖、氨基酸等附加值低的传统工业上，向新型环保材料等高附加值产业发展是未来的趋势，这样才能提高粮食附加值，带动企业增效和农民增收。生物技术的飞速发展，给玉米深加工带来无限发展空间。用玉米加工成淀粉、酒精、果葡糖浆等初级产品可提高附加值1至2倍；加工成柠檬酸、赖氨酸等中级产品可提高附加值3至10倍；加工成酶制剂、苹果酸等高级产品可提高附加值10至20倍；加工成威兰胶、谷氨酸、黄原胶等更高级产品可提高附加值20倍以上。

（二）完善农产品流通体系

经过多年的改革与发展，我国农产品流通体系已初步建立。一是已初步形成了以集贸市场为基础，以批发市场为中心，期货市场为引导，以农民经纪人、运销商贩、中介组织、加工企业为主体农产品流通格局。截至2015年6月，我国共有农产品批发市场4469家，其中年交易额亿元以上1790家，成交额2.5万亿元，其中专业性市场1101家，年交易总额占农产品流通总量的67.3%。二是多元化市场主体逐步发育。我国农产品市场已初步形成了多元化主体竞争的基本格局。截至2015年年底，我国农产品经纪人已发展到600万左右，农民专业合作社发展到153.1万家。三是流通方式不断创新，农村电子商务逐步兴起，农超对接、农校对接等多种形式的农产品"产销对接"不断探索推进。但总的来看，目前与发达国家仍有较大差距，主要存在以下几个问题：一是市场体系不健全，市场对生产缺乏导向作用；二是市场主体发育程度低、交易成本高；三是农产品流通的信息化程度较低。构建我国现代农产品流通体系必须顺应全球化国际竞争趋势、适应我国农业产业化生产经营发展要求，用现代交易方式，围绕提高农产品的市场竞争力、提高农民收入和消费者的利益、提高农业比较效益等目标来进行。

1. 加强农产品市场体系建设

市场是农产品流通的载体，在农业一体化的发展过程中，市场体系的建设应按照市场经济的要求，建设全国统一、有序的大市场和流通体系，把千家万户与千变万化的市场紧密联系起来。目前我国农产品流通的主要形式有：零售网点、贸易市场、批发市场、专业市场、期货市场及电子商务等。当前重点应抓好农产品批发市场和农村市场的建设。

农产品批发市场集商流、物流、信息流于一体，充分发挥农产品批发市场集货、交易、信息、价格形成和结算五大功能，将有力推动农业经济的发展进程并对整个国民经济起着拉动作用。因此，应加快现有的批发市场改造和提升，加快批发市场由初级市场向中高级市场转变。并以批发市场为中心，根据商品流向、交通、仓储设施等条件，合理布局，形成中央批发市场、地方市场、城乡农贸市场相互依存、相互配合的市场体系，做到科学规划、合理布局、优化结构。

在农产品产量大、交易集中的乡镇，应加快建立农产品专业市场。着重引导城市连锁和超市向农村伸展，逐步形成以主城区或县城为批发配送中心，中心镇为配送结点，乡镇和村社为销售终端的农村现代流通经营网络。通过建立新型农村市场流通网络、改善广大农村消费环境，保障农民方便消费、放心消费，分享现代消费的便利。同时，农民通过便利的流通网络卖出自己生产的产品，加快农村市场化进程，实现城乡市场一体化。

2. 实施农产品现代冷链物流管理

近年来，随着农业结构调整和居民消费水平的提高，农产品的产量和流通量逐年增加，全社会对生鲜农产品的安全和品质提出了更高的要求。而当前我国鲜活农产品通过冷链流通的比例偏低，且农产品在流通环节损耗严重，物流成本居高不下。我国果蔬损耗率高达 25%—30%，直接损失每年高达 1000 亿元。而美国的农产品全产业链都以冷链物流为支撑，损耗仅 1%—2%。鉴于我国目前冷链物流的设备和手段还比较落后，冷链设施更新速度慢，冷藏技术水平低，因此，要加大科技开发和投入，推进冷藏设备的完善和提高，加快技术的引进和革新。

在硬件设备上，要配备使用先进的冷藏运输设备，大规模改造和更新现有的设备。目前，国际上广泛采用机冷式冷藏集装箱，促进了冷藏运输的发展。针对当前国际冷链物流发展趋势，我国应着力发展小批量、多品种的小编组机冷藏车，以满足市场对多品种、小批量货源运送的需要；同时还要注重发展机械冷板冷藏车和冷藏集装箱，以满足不同路径的货运需要。对于低温冷库的建设，应根据冷藏产品对温度和湿度的不同要求，分类分期进行更新和改造。在软件设备上，主要是对冷链技术的规划和使用，运用先进技术改造提升现有冷藏运输设备和冷库装备，引入信息系统，从微观上说可以充分利用现有的设施，降低物流成本，从宏观上说可以保证冷链食品和流通方向的准确可靠，提供可溯源性信息支持。另外，通过引进先进技术可以做到上下游企业信息共享，采用计算机管理信息系统（GIS与GPS）和电子交换系统（EDI），通过信息平台对信息的处理和传递，对各种冷藏车和冷库进行全面的动态监控，及时掌握冷链运输动态和库存产品的保质期与库龄，确定冷藏产品的数量和位置，确保冷链产品的质量与安全，简化手续，提高作业管理效率，实现供应链的一体化。

3. 推进农产品电子商务发展

根据中国电子商务研究中心发布的《2015年中国网络零售市场数据监测报告》，2015年农村网购市场规模达3530亿元，同比增长94.3%。2016年年末全国农村网购市场规模将到4675亿元，成为零售电商市场新增长点。随着电商渠道的进一步"下沉"，城市网购与农村网购的距离将逐年减小。目前，我国有涉农交易类零售电商近4000家，形成了"两超—多强—小众"的群雄混战行业格局，所谓"两超"就是阿里系、京东系农产品电商。"多强"是指具有较强竞争力的农产品电商。"小众"是指具有成长性的特色农产品电商。

表 3-1　生鲜农产品电商一览表

淘宝网	沱沱工社	多利农庄
天猫"喵鲜生"	本来生活网	青年菜君
苏宁"苏鲜生"	龙宝溯源商城	15 分绿色生活
京东商城生鲜频道	中国地理标志产品商城	鲜码头
1 号店	爱鲜蜂	淘常州
顺丰优选+嘿客	社区 001	甫田网
电子菜箱	新疆"维吉达尼"	芒果网

资料来源:《2014—2015 年我国农产品电子商务发展报告》。

　　据统计,2010 年至今,阿里平台农产品销售额的年均增速为 112.15%,农产品销售额从 2010 年的 37 亿元左右,至 2014 年突破 800 亿元。2013 年,淘宝网生鲜产品(包括水产、肉类和水果)的增速高达 194.58%,在所有品类中排名首位。生鲜电商被称为电商领域的新"蓝海",也是电商的皇冠上的皇冠(农产品电商是电商皇冠,生鲜农产品电商是皇冠的皇冠)。

　　农产品网络零售网站包括阿里系列(淘宝、天猫、1688 等)、京东、我买网、沱沱工社、顺丰优选、本来生活网、淘常州、甫田网、龙宝溯源商城、中国地理标志产品商城、青年菜君、电子菜箱、新疆"维吉达尼"等。沱沱工社 2014 年日交易超过 1 万单,我买网、本来生活生鲜农产品交易额双双超过 3 亿元,中国地理标志产品商城探索特色农产品网站,龙宝溯源商城打造我国第一安全食品网站。区域性的小众电商淘常州平台通过"一车"(即"小黄蜂"物流)、"三网"(即互联网、移动互联网、广电网)、"五屏"(即电脑屏、手机屏、PAD 屏、电视屏、触摸屏)的融合,为消费者提供农产品买卖的网上超市等平台服务。新疆丰富的特色农产品长期受制于落后的流通体系，电子商务为农牧民增收提供一条新途径。新疆"维吉达尼"农产品网站依托喀什地区的村民互助小组和合作社，已与 2000 多家农户建立了联系，在线销售当地特产，其中销量最好的一位农户通过网络售出了价值 4.8 万元的杏干。龙宝溯源商城是我国第一家安全可信食品网站，具有"先溯源后购买、先购买后溯源"的功能，2014 年先后与北京新发地农产品批发市场、河北农经商会、全国人员诚信信息查询平台、吉林和龙市政府等建立了战略合作关系。中国地理标志产品商城是我国第一家地理标志产品的网站，2014 年与北京新发地农产品批发市场建立了合作关系，并且做了网上网下相结合，建立了第一家中国地理标产品博物馆。

此外，农资领域的电商也在不断发展。据测算，目前国内农资市场容量超过了 2 万亿元人民币，其中种子、化肥、农药、农机四类农资产品的市场空间分别约为 3500 亿元、7500 亿元、3800 亿元和 6000 亿元。农资领域的电商企业众多，阿里巴巴、云农场、田田圈、农一网、农信商城都在农资领域进行了布局。

4. 供销合作社在促进农村流通体系建设方面的探索

农产品流通是农业产业链中不可或缺的重要环节，是决定产品价值、质量和竞争力的关键因素。2007 年以来，供销合作社大力实施"新农村现代流通网络建设"，着力构建农资、农产品、日用消费品、再生资源四大网络。目前已发展连锁经营服务网点 99.5 万个，覆盖全国 80% 以上的乡镇和 50% 以上的行政村，初步形成

了县、乡、村三级连锁经营网络。供销社发展现代农村物流体系具
有较好的物流基础。从供销社经营情况来看，自 2009 年国务院发
布《关于加快供销合作社改革发展的若干意见》后，供销社系统
销售额明显加快，2015 年全国供销社系统销售额突破 4 万亿元。

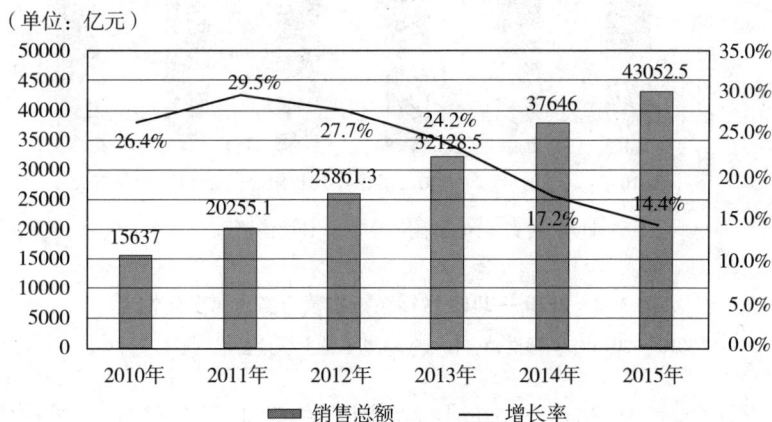

图 3-1　2010—2015 年供销系统度销售总额

资料来源：《2010—2015 年全国供销合作社系统基本情况统计公报》

销售结构方面，随着化肥专营权的放开，日用消费品销售取代
农业生产资料占据主导，2013 年日用消费品销售额占比为
28.77%，占比呈现逐年提高的态势，而农业生产资料占比逐年
下降。

（1）积极探索流通现代化

"十二五"期间供销合作社农村流通得到了快速发展，截至
2015 年末，全系统实现销售总额突破 4.3 万亿元，同比增加
5406.5 亿元；农业生产资料销售额 7274.4 亿元，同比增长 4.8%，
化肥市场占有率达到 70% 以上；主要农副产品销售总额 7205.1 亿

（单位：%）

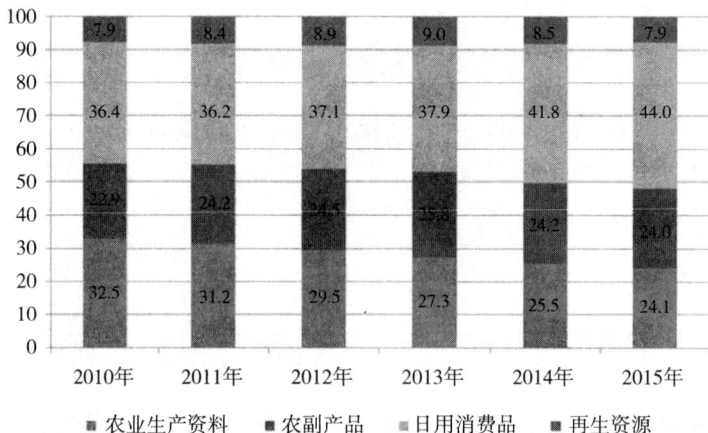

图 3-2 2010—2015 供销系统主营业务占比变化情况

资料来源：《2010—2015 年全国供销合作社系统基本情况统计公报》。

元，同比增长 9.3%；日用消费品销售总额 1.3 万亿元，同比增长 16.2%；再生资源销售额 2369.1 亿元，同比增长 3.0%。

供销社探索流通现代化体现在以下几方面：

第一，发展第三方物流和共同配送模式。随着新型城镇化持续推进，农村市场消费不断扩大和升级，农村物流运营主体不足与农村物流市场需求日益增长之间的矛盾愈加突出，这就迫切要求农村物流改变传统的直接配送模式，发展第三方物流和共同配送模式，提升物流运营的专业化和规范化水平，提高物流资源的利用效率，降低物流成本。

山东省供销合作社与京东共同成立合资公司，借助全省供销系统的经营网络和京东的统采分销体系，有效拓宽货源渠道、降低采购成本，降低企业库存并提高资金周转效益。合资公司通过承接运营京东商城"山东特色馆"，借助京东 1.4 亿的重点客户资源，依托全省供销社系统 1 万多家农民专业合作社领办的优质农产品基地，将山东全省丰富的优质农产品资源汇集起来，建立冷链物流体系和农产品质量安全追溯体系，培育"鲁供"等优质农产品品牌，从而打通山东省优质农产品走向全国乃至世界的通道，搭建了现代化的农资、日用消费品统采分销平台，农产品电商平台和仓储物流平台。

第二，建立双向流通的物流体系。相比城市物流，农村物流是个双向流通的体系，既要解决如何将农业生产资料和日用消费品输入农村，又要负责将农产品输出农村和对农村废弃物进行回收。因此，发展农村物流必须建设双向流通的物流体系，提高既有物流基础设施设备的利用率，与城市物流有效对接。河北省、市、区三级供销社共同投资建设衡水新合作农副产品物流园，集农产品、农副产品交易、加工、仓储、物流配送、电子商务等功能于一体，是河北省五大公益性农产品批发市场之一。该项目一期主要包括干货、水产、蔬菜、果品、粮油等七大类市场，检验检测加工和仓储、冷链物流配送、恒温保鲜、会展中心，信息咨询和其他服务等主要功能建筑以及辅助设施和公用设施，总建筑面积 20 万平方米，已成为衡水市区及周边各县农产品的加工质量检测、对接京津高端冷链物流基地，全市农产品物流枢纽建设中心，对增强农产品配送能力，提高农产品商品率，促进农超对接起到重要作用。

第三，推进电商物流、冷链物流和农村废弃物回收物流体系建设。随着电子商务、网络消费等新兴业态的快速发展和渠道不断向农村下沉，电商物流服务需求快速增长。推进农业现代化要求建立大宗农产品物流和鲜活农产品冷链物流体系。湖南网上供销合作社是全国首家网上供销社，是淘宝网"特色中国·湖南馆"营运唯一承载企业和"数字湖南"农村信息化建设重点实施主体。2014年全年交易额突破10亿元，已连续两年实现盈利。依托供销合作社县级惠农服务公司及其物流配送基础，通过特许经营和自建、合作建设相结合，建立连接县、乡、村的物流节点；利用信息技术和物联网技术，将物流节点联结起来，建立起乡村物流信息系统；通过引入顺丰、圆通、申通等第三方物流和农村零散的物流资源，使之与供销合作社自有的物流配送系统实现有效对接，实现以县域为中心覆盖全县所有乡镇和重点行政村的供销合作社物流配送网络。重庆市农产品集团借助"互联网+"，打造了区域性网上农产品交易中心。该集团合资创立重庆市土特产品交易中心，2015年正式上线运营，建成了中国土特产品交易网及大宗商品、电子商务和E现货交易系统；并拿到了托管服务器的接口规范，用以支持实时和批量发送仓库信息；梳理了融资增信业务的标准流程，集成了手机承销商系统、B2B2C系统功能在微信平台，已实现微信支付。

（2）稳步发展农村电子商务

电子商务已经成为供销系统增长最快的业务板块。供销社系统开展电子商务主要有以下几个特点：

一是已整体搭建"全国—地方"联动的电子商务体系。各级供销合作社和系统内龙头企业基于自身电子商务基础、产品资源特色等实际条件，积极搭建不同类型的电商平台，努力构建起具有供销合作社特色的全国平台和区域性、专业型平台相互支持的电子商务发展新格局。自建或正在建设各类电子商务平台近 300 个。

全国平台建设方面，中国供销集团注册成中国供销电子商务股份有限公司，全面负责全国供销电子商务平台建设和运营工作，2015 年 10 月上线的"供销 e 家"平台旨在打造集交易、金融、信息和技术服务于一体的综合服务平台，该平台包含 B2B、B2C、C2C、O2O 等板块，业务覆盖 B2B 批发交易、B2C 商品销售、C2C 零售交易和 O2O 在线业务。该平台与地方供销社电子商务平台互联互通，主要为各地供销社电子商务平台提供软件支持、信息数据、培训咨询、理财交易等服务，目前正在积极争取第三方支付牌照，为未来的互联网金融业务做准备。

区域平台建设方面，河北"农交汇"、江苏"农产品市场信息平台"、湖北"裕农网"等一批省级区域性平台正逐步发展壮大。浙江省供销合作社搭建一体化全省电子商务总平台——"浙江省网上供销社"门户网站，横向联结浙江农产品网销平台、"智慧农资"服务平台等"五大实体电商子平台"，纵向链接市县供销社电商网站，主要发挥导航、引流、推广、宣传等方面的门户作用。陕西省供销合作社提出打造供销特色的、受农民信任的、集交易、金融、信息和技术服务于一体、与全国总社平台互联互通的陕西"供销在线"综合服务平台。专业平台建设方面，中农控股打造的"农惠网"平台，运用互联网、移动互联网等先进技术，有效整合农资产品、基层仓储、运输物流、金融服务、农化服务等线下资源，实现了线上、线下资源的充分融合。山东肥城市供销社围绕城市再生资源回收体系建设"易回收"再生资源回收服务平台，结合实体回收市场、社区站点，开发无线终端"易回收"APP应用和PC端回收平台，实现了再生资源的在线回收。

二是已初步构建县域电子商务经营服务体系。在示范活动的带动下，各级供销合作社加大了县域电子商务工作的推动力度，依托县到村的商品经营和物流配送网络，抓住制约农村电子商务发展的"最后一公里"配送这一突出问题，加快构建县域电子商务经营服务体系，形成了不同类型的具有供销合作社特色的县域电子商务发展新形式。第一种是承担政府委托的公益类电商运营服务中心。在广东阳山、湖南攸县、陕西武功等多地，县政府发文明确当地电商工作由供销社牵头负责，县级社成为推动当地电子商务工作的主导力量。陕西武功县社在当地政府的支持下，建立县域电子商务运营服务中心，健全组织服务体系，不到两年时间，成为具有全国知名度电子商务发展强县。第二种是线上线下对接融合，打造基层电商服务窗口和平台。浙江衢江区供销合作社发展"乡村淘"，利用原有农村连锁经营网络，发展农村电子商务服务站，为农民提供日用品代购、农特产品代销等综合服务，辅以农村政务、金融服务等服务功能，有效解决了农村电商"最后一公里"问题。杭州市西湖区供销合作社致力"供销电商进村社"项目，通过租用、新建、提升改造等形式将社区便利店纳入"悠无限"平台，探索建立"1+N+互联网"的供销电商综合服务新模式。

三是打造供销社为农综合服务"互联网+"平台，创新云支付等服务功能。湖南网上供销社探索云端设备服务云端设备，既降低了供销合作社农村网点开展电子商务的成本，又有效促进农村电子商务的快速发展和农业农村信息化水平的提升。同时，云端设备能够与手机"云支付"APP 间实现实时互动，克服了定制手机单向发布信息的限制，具有定位、溯源等强大功能。湖南网上供销社云端设备自 2014 年 7 月起已经开始在湖南衡阳、株洲、浏阳等县、乡、镇、村布点。目前，经安装调试 1000 余台，计划 3 年内免费布放 10 万台以上的设备于湖南省乡（镇）、村的各个供销合作社实体网点，以降低发展农村电子商务的成本。

四是和系统外形成合作，优势互补。2015 年年初成立的蚌埠新供销聚超网络科技有限公司，既没有选择自建线下网点，也没有选择网上开店，而是创新出了一种 P2R 与 O2O 相结合的新型商业模式，所谓 P2R，具体是指厂店双方一体化运营的模式——生产企业或一级代理商的商品通过聚超网直接对接到各个零售店面，哪怕是再小的零售商都能通过聚超网平台采购到一级代理商的价格，甚至是出厂价格，在保证 100%正品的同时还能享受到聚超网为其免费提供的电子商务网络建设、后台进销管理系统、网络订单管理系统、网络收银系统、财务管理系统及物流配送系统等多重服务。所谓 O2O，是指消费者通过聚超网的线上平台可以在所处位置周围迅速搜索出周边有哪些小店在售自己所需商品，通过比价、挑选之后下单，即可享受 30 分钟内送货上门的服务体验。根据测算，通过这一新型商业模式，聚超网至少能够为社区店节约 15%的进货成本。相比以前供销合作社自建超市和网点至少需要百万级的资本才能覆盖一个县的村级网络建设的传统做法，蚌埠聚超网通过搭建社区店与供货商的对接平台，只需投入技术研发和维护成本以及物流运输成本就能轻松实现。

（三）积极推进一二三产业融合发展

进入 21 世纪后，随着我国城镇化和工业化的快速推进，农业农村基础设施不断完善，信息化技术快速应用，全国各地开始出现了一二三产业融合发展的倾向。例如，在城镇郊区发展观光农业、休闲农业、都市农业等；在发达地区发展信息农业、设施农业、工厂化农业；在农产品主产区，发展高端增值农业，建立农产品加工基地，设立农产品直销地等。目前我国一二三产业融合发展有四种形式。

一是农业内部产业重组型融合，比如种植与养殖业相结合。这种融合是一些新型农业经营主体，以农业优势资源为依托，将种植业、养殖业的某些环节甚至整个环节联接在一起，形成农业内部紧密协作、循环利用、一体化发展的经营方式。

二是农业产业链延伸型融合，即一些涉农经营组织以农业为中心向前向后延伸，将种子、农药、肥料供应与农业生产连接起来，或将农产品加工、销售与农产品生产连接起来，或者组建农业产供销一条龙。

三是农业与其他产业交叉型融合，比如农业与文化、观光旅游业的融合。农业与生态、文化、旅游等元素结合，大大拓展了农业原有功能，使农业从过去只卖产品转化到还卖风景、观赏，卖感受、参与，卖绿色、健康。由此，农业价值得以有效提升。据不完全统计，目前我国各类休闲观光旅游农业经营主体有 180 多万家，接待游客年均增长保持在 15% 以上，2014 年接待人数达 9 亿人次。

四是先进要素技术对农业的渗透型融合，比如在"互联网+"作用下，农业实现在线化、数据化，农业生产经营的网络在线监控管理，农产品线上预定、结算，线下交易、销售。信息技术的快速推广应用，既模糊了农业与二三产业间的边界，也大大缩短了供求双方之间的距离，使得网络营销、在线租赁托管等都成为可能。据统计，2014 年我国涉农类电商企业达到 3.1 万家，其中涉农交易类电商企业 4000 家，农产品电子商务交易额超过 1000 亿元。但是，当前我国农村一二三产业融合还处于初级发展阶段，一是农业与二三产业融合程度低、层次浅，主要是农业与二三产业融合程度不紧密，链条短，附加值不高。二是新型农业经营组织发育迟缓，对产业融合的带动能力不强，主要表现在有带动能力的新型经营主体较少，一些新型经营主体有名无实，还有一些新型主体成长慢、创新能力较差，不具备开发新业态、新产品、新模式和新产业的能力。三是利益联结机制松散，合作方式简单。目前农村地区产业融合多采取订单式农业、流转承包农业，真正采取股份制或股份合作制，将农民利益与新型农业经营主体利益紧密连接在一起的，所占比例并不高。四是先进技术要素扩散渗透力不强，由于农业存在着自然和市场双重风险，加之盈利比较，许多社会资本和先进成熟的技术生产要素向农业农村扩散渗透进程缓慢，同时还由于农民的技能素质低下，农村产业融合型人才缺乏，也抑制了先进技术要素的融合渗透。五是基础设施建设滞后，涉农公共服务供给不足。农村产业融合发展，需要互联互通的基础设施和高效的公共服务。目前，我国许多农村地区供水、供电、供气条件差，道路、网络通讯、仓储物流设施落后，导致农村内部以及农村与城镇间互联互通水平低下，这对农村产业融合发展带来了严重影响。

在新形势下，原有体制和政策已经难以满足农村产业深度融合发展的需要，需要有新的体制和政策安排。

一是建设高标准农产品示范基地。以互联网与传统农业深度融合为途径，以发展精准农业和农产品电子商务为重点，科学确定示范基地建设地点和发展方向，全力推进"互联网+农业"高标准示范基地建设。选取基础条件好，示范带动效应强的基地进行重点打造。

二是深化农村管理体制改革，提高对农业实施一体化管理服务水平。积极推进农村产权制度改革，重点做好土地"三权分置"工作的落实和集体资产权能改革。继续深化农村金融体制改革，在确保政策性金融供给的同时，积极开展金融制度创新，提高村镇银行的覆盖面，拓展商业银行对农村信贷业务范围，支持新型农村合作金融组织健康发展。

三是培育多元化产业融合主体。加快培育新型农业经营组织的发展，鼓励和支持家庭农场、专业合作社、协会、龙头企业、农业社会化服务组织以及工商企业，开展多种形式的农村产业融合发展。鼓励新型经营主体探索融合模式，创新商业模式，培育知名品牌。在工商登记、土地利用、品牌认证、融资租赁、税费政策等方面给予优惠待遇。

四是大力支持发展多种类型的新产业新业态。推动互联网、物联网、云计算、大数据与现代农业结合，构建依托互联网的新型农业生产经营体系，促进智能化农业、精准农业的发展。引入历史、文化、民族以及现代元素，对传统农业种养殖方式、村庄生活设施面貌等进行特色化的改造，鼓励发展多种形式的创意农业、景观农业、休闲农业、农业文化主题公园、农家乐、特色旅游村镇。利用生物技术、农业设施装备技术与信息技术相融合的特点，发展现代生物农业、设施农业、工厂化农业。支持发展农村电子商务，鼓励新型经营主体利用互联网、物联网技术，在农产品、生产生活资料以及工业品下乡等产购销活动中，开展O2O、APP等，打造集生态园区、农产品加工、休闲旅游等多功能为一体的三产融合综合体。

（四）开展各种形式的农村金融服务

1. 土地金融的尝试

2009年，成都市在全国率先开始了农村土地使用权抵押融资制度改革。

一是探索开展土地经营权、农业设施、花木仓单抵质押和合作社资金互助等试点，激发生产要素活力，有效破解农业发展资金"瓶颈"问题。温江区万春镇幸福村通过集体建设用地抵押融资得到了幸福田园项目的建设启动资金。参与农户入股组建幸福田园投资发展有限公司，由公司将入股农户手中的宅基地"小证"整体打包，换成农村集体建设用地"大证"，以集体建设用地使用权作抵押向成都农商银行融资。崇州市是开展抵押试点的地区之一。2015 年邮储银行为崇州桤泉镇建华葡萄园提供全省首宗金额 400 万元的林木权抵押贷款授信。截至 2015 年 6 月底，成都市金融机构和小额贷款公司累计发放农村集体建设用地使用权、农村房屋、农村土地经营权和林权抵押融资 2857 笔，金额 120.6 亿元。

二是成都市通过财政资金引入，撬动社会资金共同参与农业现代化。崇州市白头镇红观音村和老虎寨村的村民们自愿以土地入股、自主实施的土地综合整治节约的集体建设用地指标入股，引进社会资本合作开发，先后成立土地股份合作社、资产管理公司和项目运营公司，建设标准化厂房出租，并建立起"产权入股、民主管理、公司运作、按股分红"的农企利益联结机制。

三是现代农业与大资本、大项目紧密融合发展。成都现代农业的蓬勃发展吸引了资本的高度关注，早在 2013 年，联想集团旗下的佳沃集团与蒲江县、双流县分别签订"中国猕猴桃之都"、"联想蓝莓"两个现代农业项目投资协议。佳沃在蒲江建立了中国规模最大的高端猕猴桃种植基地，在双流发展蓝莓种植基地，两项投资总额超过 10 亿元。2015 年年底在成都蒲江举行的"创业天府菁蓉汇·农业"专场活动吸引了中信投资、联想之星、赛伯乐投资、新希望六和投资等 40 余家投资机构参加，8 个路演农业项目共计吸金 3.29 亿元。资本的注入为成都农业进一步实现现代化提供强劲动力。

2. 农村互联网金融

农村互联网金融产生于农村金融发展缺失的大背景之下，这里对资金的需求旺盛，却面临供给不足；对发展渴望强烈，却出现了经济"空心化"，金融作为实体经济的血管，对农村地区的供血明显不足。对农村金融的需求贯穿于农业生产全过程，目前社会上大致形成了四类农村互联网金融服务提供商，包括以村村乐、大北农、新希望、云农场为代表的"三农"服务商，以惠农网、京东、淘宝为代表的电子商务企业，以宜信、蚂蚁金服、开鑫贷、翼龙贷为代表的互联网金融企业，以农村信用社、农业银行、邮政储蓄银行等为代表的传统银行服务机构的互联网金融部门。

3. 供销社积极开展农村金融

农村金融是活跃农村经济、解决"三农"发展瓶颈的关键因素。我国农村金融需求巨大，但目前农村家庭及各类生产经营主体对金融服务的需求远大于供给。为深化供销合作社综合改革，中发2015〔11〕号文件对供销社开展农村合作金融提出了明确要求，拓展供销合作社经营服务领域，更好履行为农服务职责。稳步开展农村合作金融服务。近年来，供销合作社积极开展农村金融服务的探索和实践，不少地区供销合作社在政府和金融监管部门的支持下，创办了多种形式的金融服务机构和组织，如组建小额贷款公司、成立担保公司、参与农村商业银行或村镇银行、参与农信社改革、设立资金互助组织等，在发展普惠金融、完善农村金融体系方面起到了积极作用。

首先，稳步发展资金互助。2015年全系统资金互助合作组织502家，比2014年增长47.2%，分布在全国16个省级社系统。其中资金互助社（含银监会及地方政府批准设立的农民合作社内部信用互助）133 家，股金总额 33.17 亿元，贷款余额 51.84 亿元。具体情况如下：从业务范围看：80% 在乡镇村开展业务。从拥有社员情况看：总体规模较小，超过六成（62%）互助社的社员是 200以下；200 人（户）以上的只有 192 家，占比 38%。从股金规模情况看：将近一半（47%）的互助社股金规模是 200 万元以下；200至 1000 万元的占比 37%；1000 万元以上只有 16%。供销社系统开展资金互助合作大致来讲主要有两种方式：一是成立农村资金互助社，需要银监会批准，目前全国有 49 家，供销合作社占 6 家；二是在合作社（或基层供销社）内部资金互助，如贵州黔东南州的社员股金服务部、浙江省社的"三位一体"和山东的合作社内部信用合作。近年来进行了几类业务创新：一是"粮食银行"。针对目前不少农民缺乏用药、施肥等技术的情况，"粮食银行"还免费派专业技术人员进行实地指导。"粮食银行"软件系统可精确记录农户存粮日期、数量等信息、粮食质量信息等，可以直接接入联合社信用合作业务系统，避免了收粮时的现金交易，并且依托各项数据积累，便于合作社分析农户种粮情况。二是"合作金融+电子商务+互联网金融"。通过手机 APP 软件的开发，目前合作社社员可以在手机上体验"电子商务＋互联网金融＋合作金融"多项服务。全国供销总社社属企业中合联公司开发的用户界面上，社员可以实时查看自己的互助金使用情况、收益情况，可统一运作、包装农产品品牌，委托网站统一销售农产品，同时参与网上下单、农产品众筹、网络理财业务。社员还可参与互联网化的资产证券化业务。社员凭股金证（额度）或合作社给社员的授信可享受京东商城"白条"服务。三是基层"三位一体"综合体。一些基层供销社依托已有的基层经营网点，积极拓展服务范围，从传统只从事销售业务的农资门店向生产合作、供销合作、信用合作"三位一体"的综合服务体转型，农村服务综合体的各项业务均围绕农民的生产生活展开。

另外，供销社还积极参与商业性普惠金融业务。截至 2015 年底，供销社系统持股小额贷款公司 67 家、持股担保公司 59 家、典当公司 29 家、资产管理公司 101 家、租赁公司 11 家，另外还参与农村产权交易、农产品期货等，活跃了农村金融市场，提高了农村金融供给效率。

（五）积极利用国内国外"两个市场"，促进国际间合作

1. 我国农业国际化的现状

（1）我国农产品国际贸易情况

我国是农业大国，66%的人口生活在农村，其中，48%的劳动力依靠土地为生计，农产品国际贸易的变化直接影响到农民的增收、就业和农村经济发展。当前我国农产品贸易的发展有以下几个特点：

第一，农产品贸易一直是我国国际贸易的重要组成部分，但农产品贸易长期出现逆差。农产品及加工品出口额在全国出口总额中保持了 4%—5%的份额。据商务部外贸司发布的《中国进出口月度统计报告》显示，2016 年 1 月 9 日，中国农产品进出口金额为 1343.3 亿美元，同比下降 2.7%，占比 5.0%。其中：出口金额为 522.2 亿美元，同比增长 4.6%，占比 3.4%；进口金额为 821.2 亿

美元，同比下降 6.8%，占比 7.2%。贸易逆差为 299.0 亿美元。

第二，沿海、沿江和边境地区为中国农产品进出口贸易的主要地区，亚洲为我国农产品出口的主要地区。我国近十年来每年 5 亿美元以上的农产品出口大省基本集中在广东、山东、福建、浙江、上海、辽宁、江苏等沿海、沿江和边境地区，内陆地区还没有出口超过 5 亿美元的省市。我国农产品的主要出口市场为亚洲地区。2016 年 1—7 月，出口亚洲的份额占 64.98%、欧洲占 14.71%、北美洲占 11.37%。

第三，从我国农产品进出口品种上看，粮食、蔬菜、水果和水产品出口增较快长，大豆、油脂和棉花进口较多。2013 年我国累计出口粮食 22.4 万吨，粮食净出口 1615.9 万吨，这是我国历史上粮食出口最多的年份。同年，我国进口大豆 274.1 万吨、食用植物油 541.8 万吨、棉花 95.4 万吨，是我国大豆、食用植物油、棉花进口最多的年份。同时蔬菜、水果、水产品出口继续增长，分别达到 18.7%、33.8%和 17%。2016 年 1 月出口量最大的水产品价值 12.9 亿美元，同比下降 5.8%。

（2）我国农业对外合作情况

目前，我国已经和 140 多个国家及国际农业机构和金融组织机构建立了长期稳定的农业合作关系，与 50 多个国家成立了农业合作委员会和工作组，与世界 100 多个国家和主要的国际组织、区域组织以及国际农业研究机构建立了科技交流与合作关系。在境外投资、合作、上市的农业产业化龙头企业约有 40 家，投资金额达 153 亿美元，涉及亚洲、非洲、北美、欧洲、大洋洲的 30 多个国家和地区。近几年我国在菲律宾、柬埔寨、印度尼西亚、马来西亚等国建立了农业技术示范中心和农业示范基地；在 30 多个国家的专属经济区及太平洋、大西洋、印度洋等地公海陆续开发了大量海洋渔业资源，年捕捞量达 100 多万吨，年产值约 70 多亿元。通过实施农业"走出去"战略，有效地带动了我国相关农产品和农业生产资料的出口贸易，扩大了就业，增加了农民的收入，同时也进一步推动了我国农业企业对外投资和国际化进程。

2. 我国农业国际化存在的问题

（1）粮食的大量进口影响我国粮食产业生存与发展

粮食进口虽然可以在一定程度上缓解我国粮食供给紧张的局面，但进口过多粮食又必然影响国内粮食产业的生存与发展，从更长远的角度看，大量进口将直接影响到我国粮食安全战略。首先，从粮食市场的容量来看，粮食的大量进口虽然对国内原有市场容量的改变不会太大，但是进口粮食必然会抢占国内粮食的市场份额，使得我国的一些粮食生产经营者必须面对更加激烈的市场竞争，而且由于我国粮食生产的利润率普遍较低，过度的市场竞争将导致国内粮食生产经营组织的生产积极性受挫，进一步影响国内粮食持续生产。其次，从进口粮食的品质来看，国内农产品不具备优势。以大豆为例，我国从美国进口的大豆品种其出油率与价格普遍比国内大豆更有优势，粮食加工企业也更倾向于选择国外进口的大豆进行加工生产。

（2）当前我国农业"走出去"面临的制约因素

从企业自身来看。一是我国从事境外农业投资开发的企业大多为中小型企业，普遍存在实力相对弱小、融资能力弱、应对风险能力差等问题。并且由于这些企业银行抵押担保条件限制很难通过，资金不足严重制约了农业企业"走出去"的发展。二是这些企业缺乏完整的自主技术和推广体系，企业在技术应用上成本较高，适应能力差。三是复合型人才缺乏，企业缺乏适合国际化经营、熟悉国际经贸知识、通晓外语和专业技术知识、富有竞争意识和吃苦精神的综合性人才，影响了我国企业在境外的农业经济活动。

从国内服务政策来看。一是财政政策。目前只有财政部和商务部出台政策提供直接补助费用用于补助企业在海外的前期开发费用、资源回运费用、境外突发事件处置费用等，这些政策不仅支持的比例小、范围窄，而且要求非常严格，很多中小型企业很难申请。二是金融政策。当前我国对"走出去"企业仅有贷款贴息政策，缺乏专门针对"走出去"企业的融资支持政策，导致我国农业对外开发项目投资规模小、发展速度慢。如果资金短缺，必将放缓企业发展速度而痛失开发海外农业资源的大好时机。三是服务政策。现有的法律法规体系对促进农业"走出去"的信用担保制度、海外农业直接投资法律法规体系、法律援助制度等方面还没有明确的规定，对农业技术转让、物种资源保护等规定难以适应并且对于投资项目审批手续繁、环节多、耗时长，在出现突发事件时很难及时有效应对。四是关税政策。我国对"海归"农产品回运关税配额管理的限制较严格，通关税费负担较重。目前我国对在国外返销国内的产品仍然征收关税和增值税，增加了这些产品的成本。而且当前我国还尚未与所有国家签订避免双重征税协定，在操作中仍存在涉外企业双重征税问题。五是保险政策。农业"走出去"直接参与国际经济竞争，要承担更多的风险和压力。目前我国仍缺乏相应且完善的政策保险制度，还没有针对非常风险（主要指因战争、内乱导致不能执行合同的政治性风险；企业经营者的对外投资被没收、征用造成的风险；东道国因外汇不足而限制外汇兑换、拖延付款以及限制进口造成的经济性风险）的农业对外投资保险险种，这使我国农业涉外企业缺少了一道风险防范屏障。此外农产品出口保险范围过窄，仅对那些由于外部因素导致的农产品出口受阻部分和出口环节进行赔偿，而对生产环节中造成的损失不予受理，难以最大限度帮助企业规避风险。

从规划层面来看。首先国家的总体规划缺失。当前我国的农业企业"走出去"更多地体现为企业的自发行为，国家政策层面支撑不足，没有包括国别投资规划、产业投资规划和重点投资项目规划等在内的国家层面的总体规划和相应的预警系统，当中国涉外企业与东道国发生摩擦时，也很难做出迅速反应。其次国家的宏观指导不到位。从目前各地登记在册的农业境外投资企业来看，各级政府的农业主管部门基本上不知道在当地有境外投资企业，也无人管理，而这些企业在省经贸厅登记后，基本上没有追踪指导服务。

3. 我国农业国际化的趋势

（1）国内粮食自给的基础上，合理安排进口

我国要解决国内粮食结构性缺口的问题，必须要合理地利用国际粮食市场。但与此同时，作为粮食消费大国，我国的粮食生产必须要满足国内的基本需求，不能仅仅期望从国际粮食市场进口粮食

来保障我国的粮食供给。这是因为：我国是世界上粮食消费最大的国家，我国的粮食年消费量占世界粮食消费总量的 25%，粮食的国际贸易市场根本无法为我国提供根本性保障。而且，如果我国进口过多的粮食，其国际市场价格也必将大幅飙升，除自身的粮食成本增长以外，也会对低收入的粮食进口国带来严重影响。一旦我国发生了较大规模的粮食供给危机，国际粮食贸易市场无法在短时间内弥补我国的粮食需求缺口。粮食是一种多属性的农产品，不仅可以作为食物与食品加工原料使用，同时也能够作为能源原料、金融产品及政治博弈工具使用。近几年来，一些国家通过实行粮食出口禁令，并结合国际资本的投机哄抬粮食价格，不仅造成了国际粮价的大幅波动，更对一些粮食高度依赖进口国家的经济造成严重破坏。此外，我国仍是一个农民人口众多的国家，即使城市化率不断提升，仍有数以亿计的人口生活在农村，依靠种粮为生，保障国内的粮食自给，也是为种粮农民提供有效的生活保障。未来比较长的一段时间，我国的粮食进口仍然是解决我国粮食问题的主要手段之一，根据我国粮食市场的短缺情况适当地增加粮食的进口，符合我国的粮食国情与粮食安全战略。粮食需求中很大一部分为刚性需求，我国的耕地与水资源都比较稀缺，而粮食的刚性需求又不断增长，在现阶段过分地强调粮食自给自足，是不现实的，也是不科学的。过分要求粮食产出，必然会对自然资源造成过度开发，导致环境进一步恶化，从长远看不仅不会增加农民的收入，还会损害农民的利益，并且对非农产业的发展产生阻碍。所以，在面对粮食供给压力时，可以通过国际粮食贸易市场，有条件地扩大一些粮食的进口规模，这有利于我国国内的农业资源的整合与农业生态环境的保护。此外，适度有针对性地增加一些粮食的进口量，也有利于我们在国际粮食贸易市场中培育影响力，参与国际的粮食生产、开发及合作，为我国的粮食安全提供了长期发展的路径。与此同时，从全球范围内的土地资源情况来看，目前世界范围内仍有超过14亿公顷耕地尚未开发，而这些耕地当中，绝大多数土地都适合生长我国主要消费的粮食产品，世界范围内的农业发展潜力巨大。如果我国能够通过国际投资与国际合作的方式帮助开发这些被限制的耕地资源，可以有效地增加世界范围内的粮食供给，不仅可以稳定世界粮食价格，还可以通过技术输出与资本输出的方式改善一些发展中国家的农业生产水平，提高世界粮食的总产量。我国积极参与到国际粮食贸易市场的同时，还可以帮助一些国家，改善农业技术，提高粮食产量，保证国际粮食市场的充足供应，进一步保障国际粮食市场的多极化发展，从而为我国的粮食安全提供保障。

（2）完善补贴制度

我国应该以保障种粮农民的基本收益，调动更多农民的种粮积极性为目的，有针对性地对粮食产品提供健全的价格补贴政策，保证我国粮食生产的活力，保障国内粮食供应的稳定。目前来看，我国的粮食生产组织规模都还比较小，粮食生产的经济效益相对其他类别农产品处于较低水平。因此，当在粮食市场面临更多国际竞争的同时，必须要建立起一套以粮食目标价格为基准的粮食补贴制度，才能保证我国粮食生产的持续发展。此外，从国际范围看，世界各国对粮食生产基本上都实施了目标价格补贴政策。这一方法保证了诸如美国、澳大利亚、加拿大等国各自国家的粮食生产水平与粮食产品的国际竞争力。我国可以根据国际通行做法，在分析农业生产成本的基础上，按照保障农民种粮的基本收益原则，在 WTO 规则框架内，制定科学的粮食目标价格。当粮食的市场价格低于目标价格时，启动补贴政策，通过多元化渠道为种粮农民提供生产补贴；而当粮食市场价格高于目标价格时，努力提供新技术应用，促进粮食生产，更加有效地保障农民收益，提高我国的粮食生产水平。

（3）建立海外粮食生产基地

我国应该通过政策导向鼓励与支持我国的粮食生产者与农产品经营企业在农地资源丰富的国家建设海外粮食生产基地，在帮助这些国家实现农业技术发展的同时，还可以通过国际贸易的方式来补充国内市场的粮食缺口，实现我国粮食的全球生产。与此同时，通过支持我国粮食企业去国外设立粮食生产基地，还可以培育一批有国际化管理经验、适应国际合作的人才，在日益自由化的国际贸易中为我国的粮食企业充分参与国际竞争，参与建设与管理国际粮食供应链提供了有力的管理经验与人才支持。

（4）构建促进我国粮食国际合作体系

我国应该在国际粮食合作中充分利用竞争环境，针对不同国家需求，实行有差别的粮食进口策略。首先，从资金安排上，我国应该建立专项的粮食国际合作发展基金，对于在海外设立粮食生产基地、物流转运中心、粮食海运码头的企业进行专项资金支持，提高我国在粮食生产基础设施建设上的国际竞争优势；其次，将粮食问题纳入到更广泛的国际合作中去。近年来我国在成套设备、基础设施建设及资本供给上越来越多地参与到国际竞争中，可以利用这一波外向发展的优势，通过技术与设备出口在海外市场与粮食进口相挂钩，利用技术优势与资金优势在抢占发展中国家粮食生产市场上发挥作用；最后，利用"一带一路"与"亚投行"的发展契机，在对广大的亚洲发展中国家进行帮助与支持的过程中，实现更加紧密的粮食合作，通过基础设施的带动，加强粮食贸易的连接，促进亚洲特别是东南亚各国的粮食生产积极性，为我国的粮食安全提供地区性保障。

（5）加强同"一带一路"沿线国家农业战略合作

一是实施"土地进口"战略，以海外"高科技绿色农业园区"建设为桥头堡，全面促进"一带一路"国家农业资源开发合作。鼓励企业海外土地租赁、承包、联合开发，实现"土地进口"。我国农产品需求量大，大豆、棉花、玉米、小麦、水稻、食糖等大宗"土地密集型"农产品进口量持续增加，而我国人均耕地资源不足，完全依靠国内土地自产，资源消耗大、效率低，太过依靠进口又难以保障粮食安全。而俄罗斯、蒙古、中亚五国具有丰富的土地资源，且其国内既缺乏农业人力资源，又缺乏充足的农业开发资金和技术装备。因此，联合开发这些国家过剩的土地资源，大力发展境外大农业合作，具有双赢需求和广阔前景。一方面，可通过土地入股、土地租赁、种植养殖协议等多元模式，建立政府间、企业间的合作机制，合作开发境外土地资源，通过"土地进口"战略，实现海外农业开发，大力发展粮食种植、农畜饲养等产业。另一方面，鼓励和协助中国企业并购海外农庄、农业企业、农产品贸易公司、农产品加工企业，扶持跨国农业开发合作项目，积极促进海外农业资源的联合开发投资，为缓解我国耕地压力、保障农业安全打开广阔前景。

二是重点布局、建设海外高科技绿色农业园区。集中资金、人才、产业、装备、信息等优势，在俄罗斯、蒙古、中亚五国、巴基斯坦、泰国、缅甸、马来西亚等国家，重点布局、建设一批以高科技为支持、以绿色有机为特色的农业园区。积极促进形成双边合作建设机制，由中方提供投资和科技支撑，由合作国给予财税、土地、开发经营权等政策支持和保障。依托高科技绿色农业园区，开展农业研发合作、农业科技成果转化、绿色农业推广、农业产业规模化经营等业务。一方面通过开展高科技育种、生物多样性研究、生物医药、高效绿色肥料、无土栽培、基因技术等研发科研活动，为当地农业发展提供科技支撑和服务；另一方面促进产学研结合，孵化符合当地农业发展需求的经济实体。全面发挥高科技绿色农业园区的科技引领和产业示范、辐射作用，全面引领和推动我国同"一带一路"国家的农业合作。

三是加强"丝路"国家农产品深加工合作。中亚五国、蒙古等国家大量出口农业初级产品，但受限于资金、技术、产业基础等方面的弱势，其在农产品深加工、中高端保健品、医药产品等领域还未形成完善的产业体系，具有很大开发空间。我国农业经过多年发展，在农产品加工、生物医药等方面具有相对较为成熟和先进的技术和产业体系。未来加强农产品加工领域的合作，具有广阔前景。

四是配合推进"丝路"国家农业金融合作。"一带一路"沿线发展中国家数量较多，在农业融资、投入方面存在较大困难，导致虽然农业资源丰富，但开发利用效率低下。当前，各国都对农业投资给予了较大的政策扶持和财税优惠，希望积极吸引外资投资农业发展。我国借助亚投行、国内政策性银行等金融机构，可以引导资金注入沿线国家的农业开发领域，通过贷款、资金援助等金融输出，换取需要的农产品、土地开发权、农业企业股份、园区经营权等，共同参与沿线国家的农业发展。因此，积极开展农业领域的金融合作，对我国和沿线国家都具有双赢的意义。

五是可成立"'一带一路'国家绿色农业国际合作发展联盟"，加强多边协同合作，制定并落实"一带一路"国家农业科技、装备、信息、人才多领域集成合作战略规划，依托"一带一路"国家丰富的农业资源、良好的农业生态环境，借助亚洲开发银行、国开行等金融机构和国际平台的融资支持，重点针对农业设施、装备、技术、材料以及研发落后、资金不足等实际发展困境，提出并建立"'一带一路'国家绿色农业国际合作发展联盟"，通过搭建互联互通的信息、科技、人才合作平台网络，全面加强中国与"一带一路"沿线国家在农业科技研发、农业生态保护与治理、有机农产品培育、农机装备购买与租赁、农产品精深加工、生物医药等多领域的广泛、深入合作，带动"一带一路"国家农业的绿色、可持续发展。

六是积极创新农业合作模式。（1）自由贸易区模式。通过谈判，仿照中国—东盟自贸区等模式，逐步建立中蒙俄自由贸易区、中国—中亚自由贸易区，通过农牧业专项互惠协议等方式，降低中蒙俄、中国—中亚之间的农牧业产品交易成本，提高交易、通关效率，推进农、牧业产品贸易区域一体化进程。（2）农业高科技园区模式。以重点突破、辐射全局为战略步骤，集中资金、技术、人才优势，通过在合作国建立农业高科技园区的方式，逐步发挥示范、辐射、带动效应，引领双边合作，促进区域农业实现跨越式发展。具体模式上可根据合作需求不同，采用海外园区专题和"两国双园"模式。海外园区模式，即是在合作国优选适合区位，由两国共同建设农业高科技开发园区。具体以所在国提供政策和土地支持，我国提供资金、技术输出等方式，共同建设发展。"两国双园"模式则是在我国与合作国分别建立对口园区，中方园区成为合作国对华投资和贸易提供优惠政策和综合服务的平台。"走出去"的中资企业，可以优先落户在"两国双园"体系下对方国家的对应园区内，在该园区能够获得我国园区同等的待遇，包括获得稳定的主权担保、公共服务、社会保障等。

七是建设一批示范性、保障性重点项目。（1）高科技绿色农业园区建设项目。以政府间合作为支撑，合作国提供土地、财税优惠等政策支持，我国提供资金、技术等输出，率先在俄罗斯、蒙古、中亚五国、巴基斯坦、白俄罗斯、马来西亚等国建立高科技农业园区。引导中方企业入驻，重点对接俄、蒙的水产品、畜产品资源发展科技养殖业；对接俄、中亚五国土地资源，发展粮食、棉花等土地密集型大宗农产品种植业；对接巴基斯坦、马来西亚特色水果、棕榈油等资源，发展特色产品种植业。通过先进农业技术的推广，建立海外优质生态农产品生产、加工基地，示范、带动双边农业合作不断加深。（2）建立"政府—协会—企业"三位一体的农业合作平台。通过双边谈判，建立政府间部级以上农业合作专项协调和联席工作机制，加强政策沟通，完善主权担保、政策互惠等政策支撑体系；推动由我国主导的多边国际农业合作行业协会的建立，完善行业标准、规范，加强双边企业间的劳务合作、成果展销、信息共享、项目对接等商业交流，形成畅通、便利的民间合作平台和官方渠道，鼓励企业间的跨国农业合作。（3）建设跨境农业合作项目综合服务体系。由政府设立并不断完善跨境农业合作综合服务中心，对跨境农业合作项目给予法律咨询、技能培训、保险担保、文化交流等综合服务体系，确保"走出去"企业的实际利益，确保多边农业合作的安全性、便捷性和长期稳定性。

第 四 章

构建现代农业经营体系

　　构建现代农业经营体系是转变我国农业发展方式、发展现代农业的必然要求。党的十八届五中全会通过的国家"十三五"规划纲要指出，以发展多种形式适度规模经营为引领，创新农业经营组织方式，构建以农户家庭经营为基础、合作与联合为纽带、社会化服务为支撑的现代农业经营体系，提高农业综合效益。构建现代农业经营体系有两个关键要素，一个是扶持发展种养大户和家庭农场，引导和促进农民合作社规范发展，培育壮大农业产业化龙头企业，大力培养新型职业农民，打造高素质现代农业生产经营者队伍；一个是健全农业社会化服务体系，培育壮大经营性服务组织，支持多种类型的新型农业服务主体开展专业化、规模化服务，积极推广合作式、托管式、订单式等服务形式，创新农业社会化服务机制。

一、培育各类新型农业经营主体

　　自实施家庭承包经营制度建立以来，中央一直都强调农户的市场主体地位，并把集体经济组织、专业合作经济组织、工商企业等作为"统"的层次，强调这些组织对农户的服务功能。党的十八大提出，将传统农户与新型农业经营主体一起作为一个完整的经营体系，农村集体经济组织、农民专业合作组织、工商企业等的功能定位由提供社会化服务向农业经营主体转变。新型农业经营主体同农户一起构成了新型农业经营体系，其作用和功能也由参与社会化服务扩展到农产品生产、加工、流通的全部领域。构建新型农业经营体系，重点是加快培育新型农业经营主体这支骨干力量，发挥各类主体的比较优势以及对小规模农户的带动作用。

近年来，我国农地流转呈现快速增长态势，土地流转面积明显增加。截至 2015 年年底，全国家庭承包耕地流转总面积达到 4.47 亿亩，占家庭承包经营耕地面积的 33.3%，比 2010 年提高 18.7 个百分点，农业生产经营的规模在上升。新型农业经营主体日益成为土地流转的流入主体。2015 年，在全部流转耕地中，流入农户的比例占 58.6%，农民专业合作社占 21.8%，企业占 9.5%，其他主体占 10.1%，与 2010 年相比，流入农户的土地比例下降了 11.3 个百分点，流入农民专业合作社的土地比例上升了 10 个百分点，流入企业的土地比例上升了 1.6 个百分点，流入其他主体的土地比例降低了 0.5 个百分点。总的来看，在经营主体中，农户虽然仍然占据主导地位，但近年来其经营的面积与比例都在下降，新型经营主体经营的面积与比例在快速上升，农地经营正在从农户单一主体向农户与专业合作社、企业等多主体共营转变①。

（一）培育现代新型职业农民

新型职业农民，是指以从事农业生产经营和管理为主要职业和生活来源，有文化、懂技术、会经营、善管理、能创业的新型农民。与传统农民相比较，职业农民具有职业选择自主化、生产经营规模化、科学性和创造性等特点。职业农民是能够主动适应现代农业产业化、市场化、规模化、标准化要求的职业人员，享有与其他行业劳动者同等的职业保障和权益。2005 年农业部在《关于实施农村实用人才培养"百万中专生计划"的意见》中首次提出培育职业农民。之后，随着新农村建设战略的实施，国家层面的政策文件更多地使用"新型农民"的表述。2005 年党的十六届五中全会通过的《中共中央关于制定国民经济和社会发展第十一个五年规划的建议》指出，要"培育有文化、懂技术、会经营的新型农民"。2006 年中央一号文件和 2007 年党的十七大报告都沿用了"新型农民"这一术语。2012 年中央一号文件提出了"大力培育新型职业农民"的要求，"新型农民"被"新型职业农民"的表述替代。2014 年 4 月，教育部和农业部联合印发了《中等职业学校新型职业农民培养方案试行》，标志着新型职业农民的培养进入实施阶段。2016 年中央一号文件指出，要加快培育新型职业农民，将职业农民培育纳入国家教育培训发展规划，基本形成职业农民教育

---

① 国务院发展研究中心农村经济研究部、山东省供销合作社联合社编著：《服务规模化与农业现代化——山东省供销社探索的理论与实践》，中国发展出版社 2015 年版。

培训体系，把职业农民培养成建设现代农业的主导力量；办好农业职业教育，鼓励农民通过"半农半读"等方式就地就近接受职业教育，开展新型农业经营主体带头人培育行动，通过 5 年努力使他们基本得到培训，新型职业农民培育进入新的发展阶段。

但现实中，培育新型职业农民还面临着不少困难和问题，一是我国还没有制定关于职业农民队伍建设的国家层面制度，与农民教育相关的法律、法规不成熟，目前尚未制定有关农民教育的专门法律，农民教育得不到充分的法律和政策保障；没有建立规范的职业农民岗位标准和准入制度，缺乏相应的投入机制、补贴机制和激励机制等保障制度。

二是农民教育培训缺乏统一规划和专门的管理部门。虽然教育部、农业部、科技部、劳动部等都开展了农民培训，但部门之间缺少配合，没有长期的规划和统一的部署，在管理上各自为政，使农民教育工作很容易陷入盲目状态，在一定程度上造成资源的浪费。

三是经费投入不足。地方政府对农民培训不够重视，更多的农村劳动力选择外出务工，真正从事农业的农民并不多，且老龄、女性农民占据较高的比重，普遍认为对这部分农民进行培训已没有必要。虽然我国的职业教育经费投入总量在逐年增加，但是近年来职业教育经费支出在教育经费总支出中的比重却呈下降趋势。这是因为地方政府对农民培训不够重视，普遍认为在农村留守的老龄农民女性农民无接受培训的必要。

四是农民接受职业培训的比例普遍较低。据农业普查有关资料显示，目前我国农业劳动力中每年能够接受系统培训的只有 1000

万人左右，而"阳光工程"每年只能培训 300 万人。

针对上述问题，加强新型职业农民的培育，应做好如下几方面的工作。

一是强化教育培训制度设计。职业农民教育作为一种公共产品，由于政府公共服务的长期缺位，其发展规模、质量、效益远不及基础教育、职业教育，职业农民教育地位相对弱势。因此，大力发展农民教育，政府应该发挥主导作用，加快制定农民教育的法律、法规，加强农民教育的法制建设，健全各级、各部门农民教育管理的制度和政策。

二是构建多元教育培训体系。国际经验表明，职业农民培育的主体应该力求多元，形成农业院校、农业科学院、农业技术推广中心、农业培训企业和农民合作组织等多主体、多形式、多层次的灵活有效体系和机制，建立和完善高、中、初职业农民培养体系。加强分类指导，分层次培训，探索和建立"培训—扶持—创业—联营"相结合的实用性职业农民教育新形式。

三是鼓励大学生群体加入职业农民队伍。目前，我国已通过大学生村官、科技特派员等政策，培养了一批职业农民，取得了良好的效果。未来，大学毕业生将成为我国新型职业农民中的精英分子，这一群体拥有较扎实的农业理论基础，也拥有一定的农业经营管理经验，对新技术拥有较强的接受能力，对新市场拥有较强的分析能力，将对我国现代农业发展起到良好的引导和带动作用。国家应进一步完善支持大学毕业生到农村就业创业的政策措施，为大学毕业生到农村就业创业提供相应的社会保障和资金奖励，在贷款、融资、利息、技术和成果使用等方面给予优惠政策，鼓励大学毕业生投身农业成为新型职业农民。

四是逐步建立职业准入制度。农业职业准入制度在发达国家职业农民培养体系中已很普遍，而我国尚没有开展职业农民相关的认定工作。农业职业准入制度的建立一方面能够进一步完善职业农民教育培养体系；另一方面可以强化职业农民扶持政策的瞄准机制，使优惠政策真正被从事农业生产，拥有农业技能的新型职业农民获得，增强优惠政策的使用效果。

五是制定针对性的补贴措施。职业农民补贴保障制度应该包括农民培训补贴制度和对农业生产经营补贴制度两个方面。推动初中等农民职业教育需要进一步完善职业农民培训补贴制度，增加资金投入，对参与培训的农民不收费或少收费并提高补贴标准，提高农民参与职业教育的积极性。农业生产经营补贴制度要进一步加大对具备资格的职业农民从事农业生产的补贴力度和金融支持。

（二）鼓励发展适度规模化经营的家庭农场

不同于传统意义上的家庭农业，家庭农场是以家庭经营为基础，融合科技、信息、农业机械、金融等现代生产因素和现代经营理念，实行专业化生产、社会化协作和规模化经营的新型微观经济组织。中央鼓励和引导农民发展适度规模经营可以追溯到1984年，当年提出"鼓励土地逐步向种田能手集中"。20 世纪 80 年代，随着家庭承包经营的普遍推行，不少地区开始探索发展家庭农场。20世纪 80 年代中后期开始，国务院先后在山东平度、贵州湄潭、广东南海、江苏无锡、浙江温州等地进行"两田制"(在坚持土地集体所有和家庭承包经营的前提下，将集体的土地划分为口粮田和责任田两部分)、股份合作制、"规模经营"以及中西部地区"四荒"(荒山、荒沟、荒丘、荒滩)使用权拍卖试点。90年代初期就有一些地区种田能手通过承包、代耕、托管和租赁土地等多种形式，从事农业专业化生产和规模化经营，初步具备了现代家庭农场的基本特征，形成了现代家庭农场的雏形。但因这一时期家庭经营制度变迁与整体环境并不相容，导致家庭农场形成与发展步履维艰。2003年浙江宁波农村率先出现一批农地适度规模经营大户，这些种养业经营大户在政府引导下，通过工商注册登记后获得法律保护和参与市场竞争的机会，形成了我国最早的家庭农场模式。随后，上海松江、安徽郎溪、湖北武汉、江苏无锡、山东济南等地在当地政府扶持下，家庭农场迅速遍及全国各地。2013年中央果断提出，"鼓励和支持承包土地向专业大户、家庭农场、农民合作社流转，发展多种形式的适度规模经营"。

1. 我国家庭农场发展现状

2013年以前，家庭农场的发展处于自主探索阶段。各地家庭农场发展定位有所不同。有的地区，如黑龙江省海伦市、浙江省嘉兴市和吉林省延边州强调家庭农场的"家庭经营"和"经济组织"特征；上海市松江区强调经营者的"自耕农"身份，并主要推动粮食家庭农场的发展；江苏省赣榆县要求家庭农场具有科技示范性，将其认定为"现代农业发展示范点"。2013年以后，为了推进家庭农场统计监测工作，农业部首先明确了家庭农场的概念。家庭经营、经济组织是家庭农场的两个主体特征，而规模化、集约化、商品化是其主要经营特征，并对收入构成作出要求，为登记管理制度与扶持政策的制定奠定了基础。截至 2014 年年底，全国已经有安徽、浙江等 9 个省、55 个市（县、区）出台了扶持家庭农场发展的文件，通过政策扶持、示范引导、完善服务等方式，积极稳妥地加以推进。山东、天津等 9 个省（区、市）出台了家庭农场工商注册登记办法。

总体上看，家庭农场表现出较高的专业化和规模化水平。一是数量已初具规模。截至 2015 年年底，全国 30 个省（区、市，不含西藏）共有家庭农场 34.3 万个，经营土地面积达到 5191.4 万亩，其中，耕地面积 4310.9 万亩。家庭成员劳动力 147.7 万人，平均每个家庭农场有劳动力 4.3 人，常年雇工 76.8 万人。二是生产经营规模较大。家庭农场平均经营规模达到 151.5 亩，是全国承包农户平均经营耕地面积 7.5 亩的近 20 倍。其中，经营规模 50—200 亩的有 9.1 万个，占 63.1%；200—500 亩的有 4 万个，占 28.0%；500—1000 亩的有 9316 个，占 6.5%；1000 亩以上的有 3405 个，占 2.4%。2015 年全国家庭农场经营总收入为 1260 亿元，平均每个家庭农场为 36.8 万元。可以看出，我国家庭农场并不像北美那样搞大规模经营，而是适度规模经营，大部分家庭农场经营规模在 100 亩以下，这种规模一方面便于精耕细作、提高产量，另一方面可以减少雇佣劳力、降低成本。三是以种养业为主。在全部家庭农场中，从事种植业的有 21.2 万个，占 61.9%；从事养殖业的有 6.6 万个，占 19.3%；从事渔业养殖的 2 万个，占 5.9%；从事种养结合的有 3.1 万个，占 9.0%；从事其他行业的有 1.4 万个，占 3.9%。四是注重扶持家庭农场发展。2015 年，全国各类扶持家庭农场发展资金总额达到 2.27 亿元。

2. 家庭农场发展中存在的问题

一是农地产权制度不完整。家庭农场需要一定的土地规模，而这一规模需要现有农地资源的重新配置，即需要通过农地流转来使一部分农户的经营规模扩大，发展成为家庭农场。尽管近期中央文件对农村土地所有权、承包权和经营权的分置进行明晰，并作出了制度性安排。我国农地的产权不完整、不充分，最集中的体现就是农地产权的排他性较弱，使土地利用者不敢对土地追加投资，严重影响了土地效益的发挥，使农民在城市化、工业化的过程中难以同商业集团和个人开展理性交易，造成了农民的长期利益受损。

二是新型家庭农场经营主体缺失。随着工业化、城镇化的加速推进，全国农村有 1.5 亿青壮年劳动力外出就业，农村适用人才和新型农民大量短缺，原来村里留守的是老人、妇女和孩子，现在有知识、有头脑的女性，甚至部分青壮年妇女都去城里发展、打工，村里只剩下老人和孩子，大量的农业生产活动靠老人打理，他们的决策能力、市场拓展能力、信息采集能力、管理能力及风险承受能力明显不足，有知识、懂技术、会经营的新型家庭农场经营主体少之又少，成为我国发展家庭农场的严峻挑战。

三是农业社会化服务体系建设滞后。当前我国农业社会化服务体系总体水平偏低，体系建设滞后，公共服务能力薄弱，服务内容与家庭农场需求差距较大，这些问题已经成为家庭农场的快速发展的"瓶颈"。

四是资金普遍短缺。完善与家庭农场相匹配的基础设施需要大量资金投入，近年来土地租金、人工费用大幅度上涨，化肥、农药、农膜等农资投入大幅度增加，规模化、机械化运营均需要大量的资金投入，家庭农场发展过程中普遍存在资金短缺问题。

五是农业科技应用水平不高。在很多地区，家庭农场的生产手段还是传统的耕作方式，现代的机械化、电气化、自动化、数字化、集约化的耕作手段应用十分有限。

3. 发展家庭农场的措施

家庭农场是在土地流转、农业经营体制机制创新基础上发展起来的新型农业经营主体。家庭农场兼具家庭经营和企业经营的优势，同时又在很大程度上克服了两者的缺陷，能够在发展现代农业过程中发挥积极的作用。从长期来看，在小规模经营农户为主的家庭经营体制不改变的情况下，土地流转基础上形成的以家庭农场为主的新型农业经营主体，将在我国现代农业发展过程中发挥越来越大的作用，为适应这一现实，需要进一步解决家庭农场的发展障碍，优化其外部发展环境。

一是加快制度创新推进农地流转。推进土地流转向家庭农场倾斜、加强土地流转服务等方面的制度创新。如安徽、上海等省市规定，本村集体经济组织成员建立的家庭农场，同等条件下可以享有土地流转后的优先承包经营权；鼓励有条件的地方整合相关项目资金，按照农业发展规划建设连片成方、旱涝保收的优质农田，优先流转给示范性家庭农场；上海市鼓励通过建立老年农民养老补贴机制等，引导农民将土地承包经营权委托村委会统一流转；浙江省规定有条件的地区对长期流出土地农民以灵活就业人员参加社会保险的可给予适当的保费补贴。同时，应加快健全土地流转服务体系，如河北、山东、安徽、浙江等省规定，要建立市、县、乡、村土地流转服务机构，为家庭农场提供法律咨询、供求登记、信息发布、中介协调、指导签证、代理服务、纠纷调处等服务。

二是提供与家庭农场相匹配的社会化服务。针对我国当前新型农业社会化服务体系建设滞后问题，应出台相应政策，提高新型农业社会化服务的水平，为家庭农场的农业生产活动提供产前、产中、产后优质的服务。特别是应总结我国土地托管的社会化服务经验，成立农业社会化服务机构，利用现代物质装备提供规模化、机械化作业，确保家庭农场的生产经营活动顺利开展。

三是培育家庭农场的新型经营主体。可设立新型家庭农场主培育专项基金，由省（市）级政府出资委托农业高校、科研院所、职业技术学校对当前种田能手等进行文化知识和农业生产技能教育与培训，使其尽快掌握农业生产的新知识、新技能，并转化成现实的农业生产力，增强经营主体在农业生产经营过程中抵御自然风险和市场风险的能力。支持和引导农业高校、科研院所、职业技术学校增设家庭农场发展所需专业，积极培养有文化、懂技术、会经营的大学生，并引导他们到农村去创业，为家庭农场的持续发展提供合格人才。

四是创新金融扶持手段解决发展资金问题。调整农业补贴投入方式，将农业补贴资金向家庭农场倾斜，严格规定使用方向，或者将农业补贴资金打捆使用，直接投入农业基础设施建设，节约家庭农场的生产经营成本。借鉴美国等发达国家经验，由政府责成有关金融机构对家庭农场进行低息甚至免息贷款，减免家庭农场生产经营活动的相关税收，增强其持续发展能力。

（三）规范有序发展各类农民专业合作社

《农民专业合作社法》提出，农民专业合作社是在农村家庭承包经营基础上，同类农产品的生产经营者或者同类农业生产经营服务的提供者、利用者，自愿联合、民主管理的互助性经济组织。农民专业合作社是带动农户进入市场的基本主体，是发展农村集体经济的新型实体，是创新农村社会管理的有效载体。作为联结农户与市场的纽带，创新了农业经营体制与机制，在实现规模经济、降低交易费用等方面发挥了重要作用，是现代农业产业链条中重要的新型经营主体。从土地流转流入的主体看，农民专业合作社流转的土地面积占到总流转面积的 21.84%，超过 1/5，在各类新型农业经营主体中位列第一。

1. 农民专业合作社发展现状

自 2007 年 7 月 1 日《农民专业合作社法》正式实行以来，我国农民专业合作社发展迅猛，每年平均新增农民专业合作社 30 万家以上，到 2015 年年底，全国登记注册的农民专业合作社达 153.1 万家，实际入社农户 10090 万户，约占农户总数的 42%。

一是出资总额不断增长。截至 2015 年年底，农民专业合作社出资总额突破 3 万亿元。从 2011 年到 2014 年，农民专业合作社出资总额平均增长率为 57.26%，不断上升的户均出资额表明农民专业合作社的经营能力不断增强。

二是成员数量逐年增长。2010 年到 2015 年，农民专业合作社成员总数处于上升趋势。2015 年年底，实际入社农户达到 10090 万户，平均每个农民专业合作社有 65.9 户成员，农民专业合作社的组织作用和带动作用不断增强。

三是地域分布差异性较大。31 个省（区、市）中，农民专业合作社数量最多的前 10 个地区从高到低依次是山东、河南、河北、江苏、山西、黑龙江、内蒙古、浙江、吉林、安徽。数量最多的是山东，为 13.16 万户；数量最少的是西藏，为 2937 户。从经济区域分布来看，东、中、西、东北 4 个地区占比分别是 33%、33%、21% 和 13%。

2. 农民专业合作社的优势和作用

与其他经营主体相比，农民专业合作社有诸多优势。

一是与农民利益联结紧密。合作社是"民有、民管、民受益"的经济组织，通过农民之间的合作，改变单个农户在市场谈判中的弱势地位。与此同时，农民独立的经营者地位在合作组织中依然存在，特别是"一人一票"的制度安排使每个成员有公平的投票权，防止了权力的过分集中，这又符合农业分散独立经营的基本要求。合作社按交易额返利而不是按股分配利润，保证了成员参与合作社的积极性。

二是农民"主人的地位"得到体现。与投资者所有的企业不同，合作社实行民主管理，成员地位平等，入社成员不论入股多少，土地经营规模大小，都拥有一票表决权，凡是涉及社员切身利益的大事，都必须由成员（代表）大会讨论决定，任何个人和组织都不能强加干预。合作社的这些本质特征决定了其可以有效保障农民成员在合作社中的财产权利和民主权利，充分体现了农民是合作社的"主人"。

三是农民的利益得到有效保障。农民专业合作社在不改变农户独立经营地位的情况下，通过联合生产、规模经营，可以有效地将分散的资金、劳动力、土地、市场组织起来，摆脱对其他经营主体的单向依附，有效解决"小农户和大市场"的对接和适应问题，提升农民社员的市场谈判地位，提高农副产品的附加值，促进农民收入的增加。此外，合作社的盈余基本上按照交易量（额）返还，这在制度设计上保障了农民的利益不能被其他个体或组织侵占。

农民专业合作社在促进农业生产经营中的作用突出。随着农村改革的深化和经济的发展，小农户与大市场之间的矛盾凸显，农业生产分散、规模化程度低、农民进入市场的成本高成为农业综合效益下降的主要原因。解决农业问题关键在于通过标准化生产、品牌化经营、产业化运作，提高农产品市场竞争力。农民专业合作社在不改变家庭承包经营的基础上，通过发展农民的劳动联合和资本联合，解决了目前集体经营在组织建设上比较薄弱的问题，真正做到了有统有分、统分结合。同时，农民专业合作社加快了农村土地使用权的合理流转和土地适应规模经营，向农民提供信息、技术、加工和营销等方面的服务，及时指导农民按照市场需求进行经营，可以改变盲目跟风的现象和粗放经营方式。农民专业合作社的发展还有利于"一村一品、一乡一业"的农业专业化、规模化、品牌化生产格局的形成，进而促进农业发展方式的转变，提高农产品的市场竞争力，推动农村经济发展，促进农业增效和农民增收。

3. 农民专业合作社发展中存在的问题

农民专业合作社在推动农民组织化、提升农民谈判地位、联结生产与流通、延伸产业链条等方面起到了重要作用。但是，我国的农民专业合作社在发展过程中也存在一些不容忽视的问题。

一是总体规模偏小，制约着合作社作用的发挥。我国农民专业合作社总体上已初具规模，但规模偏小，仅从平均成员数上看，平均每个农民专业合作社有66户成员。专业合作社之间缺乏必要的再联合，参与市场竞争和抵御市场风险的能力较弱，多数停留在种植、养殖等环节，合作层次不高，合作社的作用难以有效发挥。

二是财务管理不规范，普通成员权益缺乏保障。按照《农民专业合作社法》的规定，合作社每年至少要召开一次成员（代表）大会，讨论生产经营、人事调整、技术服务、利润分配等重大事项，但一些合作社正常开会讨论很少，基本都是理事长说了算。有的合作社筹集的资金不入账，有的合作社现金管理和使用随意性较大，存在权利寻租空间。

三是缺乏有效的内外部监督。目前多数农民专业合作社的治理机构不够完善，缺乏对合作社理事长、经营管理人员的内部监督。同时，目前没有对合作社进行外部监督的法规、制度要求，包括外部审计、工商年检、主管部门的检查等，外部监督缺失。

四是过度依赖于政府的扶持和支持，自我发展能力有待加强。

对于国家、地方有关部门鼓励和扶持农民专业合作社发展的政策，绝大多数合作社负责人都持肯定态度，但与此同时，也表现出对国家和地方政府优惠、扶持政策的过度依赖。

五是专业人才缺乏，科技水平低。许多专业合作社带头人虽然都是多年的种植养殖户，有一定的实践经验，但缺少专业人才，现代经营管理意识相对缺乏，难以对合作社和产品进行科学定位，合作社产品缺乏核心竞争力，难以适应现代农业规模化生产的需要。

4. 规范农民专业合作社发展的思路与举措

一是完善法律法规，规范合作社发展。规范农民合作社的发展，需要进一步完善现有的法律法规制度，加大扶持力度，鼓励农民兴办专业合作和股份合作等多元化、多类型合作社，扩大农村土地整理、农业综合开发、农田水利建设、农技推广等涉农项目由合作社承担的规模；深入推进示范社建设行动，建立示范社评定机制，分级发布示范社名录，把示范社作为政策扶持重点，促进合作社规范化建设；完善合作社税收优惠政策，规范合作社开展信用合作，创新适合合作社生产经营特点的保险产品和服务；建立合作社人才库和培训基地，着力打造合作社领军人才队伍和辅导员队伍。

二是建立和完善监督制度，充分保障普通成员权益。在内部监督上，应强化监事会（监事）在合作社治理中的作用，进一步规范合作社审计结果报告制度，保障成员对经营情况的知情权。同时，针对内部人控制的现象，监事会中至少有一位或一定比例普通成员出任监事，从制度和机制上保证普通社员对合作社经营的知情权和监督权。在外部监督上，应考虑加入外部审计的强制性条款，对合作社的外部审计和具体实施方法进行明确的规定。应当引入竞争机制，及时淘汰那些不合法、不规范、无生命力的合作社，让国家的优惠政策和扶持资金更多地倾斜于那些发展规范、潜力较大的合作社，做大做强发展规范的合作社。

三是探索多种资金融通渠道，解决合作社发展中的"瓶颈"。积极探索多种资金融通的渠道，突破资金缺乏的"瓶颈"。一方面，要加强自身组织建设，充分挖掘和发挥合作社聚集人力、资金等资源的潜力，提升合作社自身的经济实力，符合商业银行发放贷款的抵押、质押的要求，以便获得商业银行贷款的支持。另一方面，可以在农民专业合作社内部开展融资、信贷的试点或探索，在制度上和功能上更好地满足其在发展中对资金的需求。除此之外，金融机构根据农业领域经营组织形式的转变，重点满足农民专业合作社的金融需求，制定专门的信贷政策，更好地扶持合作社的发展。

四是加强合作社教育，提高合作社的从业素质。借鉴合作社事业发展比较成功的国家的经验，对我国现有的各种农业教育培训资源进行详细调研和论证，充分利用和整合现有的农业教育资源，进行统一布局，形成符合我国实际和合作社发展规律的合作社教育发展规划，构建包含学历教育、职业教育和培训、农村基础教育等多层次、广泛覆盖农村地区的教育体系，形成完整的合作社教育体系，推动我国合作社事业的大发展。

五是重点培育营销能力，提高合作社自身竞争力。在我国农民专业合作社未来的发展中，应通过扶持和支持合作社开展自身的营销活动、建立自己的营销网络、塑造有影响的品牌，重点提升合作社的营销能力，提高在市场中的竞争力。强化对农民专业合作社经营管理人员营销知识、技巧的培训，更多地开展和推广各种产销对接，组织合作社产品推介会、展销会等活动，帮助其更好更快地适应市场，在市场竞争中站稳脚跟、发展壮大。

（四）支持农业龙头企业发展

农业企业是指从事农、林、牧、副、渔业等生产经营活动，具有较高的商品率，实行自主经营、独立经济核算，具有法人资格的营利性经济组织。其生产方式方法是资本雇佣劳动，即物质资本主体掌握企业最终控制权和剩余索取权。随着农业产业化的发展，我国涉农龙头企业队伍不断壮大，现在已成为推动现代农业建设和带动农民就业增收的重要主体，也成为影响农村经济发展的重要力量。

1. 我国农业龙头企业的现状

据农业部统计，截至 2015 年底，全国有各类龙头企业 12.9 万家，销售收入突破 9.2 万亿元，提供的农产品及加工制品占农产品市场供应量的 1/3，占主要城市"菜篮子"产品供给的 2/3 以上，出口创汇额占全国农产品出口额的 80% 以上。龙头企业经济实力稳步增强，带农增收作用明显提升。

一是行业集中度不断提高。农业产业化龙头企业以资本运营和优势品牌为纽带，采取兼并、重组、参股、收购等方式，加强联合与合作，组建大型企业集团，涌现出一批销售收入过百亿元的龙头企业航母。蒙牛集团、雨润集团、新希望集团等成为行业发展的领军企业。一些地方充分利用资源和区位优势，引导龙头企业向优势产区集中，推进龙头企业集群集聚，发展相关配套产业，形成了一批企业分工协作良好、组织化程度较高、辐射带动效果显著的产业集聚区。

二是发展具有典型的地域性。从区域分布来看，农业龙头企业在各地区分布不均衡，主要分布在东南沿海地区，中部及西部地区龙头企业数量较少，规模相对较小，具有明显的地区不均衡性。龙头企业的主导产业往往是以当地的农副产品加工为主，发展的基础基本上是立足于本地，然后再逐渐向外扩展。东部发达地区的一些龙头企业利用自身的经济实力，大力开展有关业务，将经营触角扩展到中西部地区。

三是获得了相关政策支持。近年来，随着国家"强农、惠农、富农"政策体系的不断完善，对农业产业化龙头企业的支持力度不断加大，各地的农业龙头企业普遍享受到财政税收和金融支持政策。2012 年 3 月，国务院《关于支持农业产业化龙头企业发展的意见》出台，明确了农业产业化和龙头企业在发展现代农业中的战略地位，提出了扶持龙头企业发展的政策措施。

2. 农业龙头企业参与农业生产经营的主要模式①

龙头企业参与农业生产经营是以龙头企业为主体，围绕一项或多项产品，形成"公司+农户"、"公司+基地+农户"、"公司+合作社+农户"、"公司+批发市场+农户"等农产品产、加、销一体化

---

① 此部分应主要分析"公司+农户"、"公司+基地+农户"、"公司+合作社+农户"、"公司+批发市场+农户"等模式，中介组织带动不属于此。

的经营组织形式。这种模式也有多种表现形式，常见的形式有合同制或契约型，即"订单农业"。在这种模式下，农业企业可以利用其资金、技术、信息、管理、市场等优势，带动一大批农户进行标准化生产，推动农业产业化的发展。通过规范化的购销合同，农户与企业建立利益相对稳定的购销关系，农户和公司形成了一定的利润共享和风险分担机制。无论具体形式如何，龙头企业带动型模式要求企业成为带动农业产业化发展的策动力，龙头企业在整个产业链条中处于优势和支配地位。

一些地方探索了合作社成立企业参与农业生产经营的一体化模式。该模式是合作社发展壮大后成立企业实体来销售、加工合作社内部成员（和外部成员）生产的农产品，从而实现农业生产的产、加、销和贸、工、农一体化经营。这种模式对合作社的投资能力要求较高。同时，企业在产权上归属合作社，合作社既是企业的股东也是公司的管理者，在很大程度上保证了企业与合作社利益的一致性。

3. 我国农业龙头企业发展中存在的问题

一是龙头企业规模小，辐射带动能力不足。我国的农业产业化起步较晚，发展过程较短，因而无法形成数量众多、实力雄厚的农业产业化龙头企业。现有龙头企业中，年销售收入上亿元企业仅占龙头企业总数的4.3%，实力弱小的中小企业居多。无论同发达国家相比，还是同国内其他产业的龙头企业相比，农业产业化龙头企业都存在数量少、规模小、加工深度不够、产品档次不高、科技创新能力不足、农产品附加值比较低等问题。我国农业产业化龙头企业的辐射带动能力远没有得以实现，应变能力和竞争能力差，对推动传统农业向现代农业转移所起的作用也不是很大。

二是土地规模生产的效率受到限制。农业企业进入种植业领域往往占用大量土地，当土地规模达到一定程度后往往会出现报酬递减的现象，企业大规模种植，土地的生产效率会相对降低，换言之，其粮食总产出会在一定程度上下降，这与由国情决定的我国农业理应追求的土地生产率和劳动生产率双高的目标相背离。例如，100 亩的土地产出率比 5 亩的要高，但 1 万亩的土地产出率并不一定比 100 亩的要高，这主要是因为 1 万亩土地的经营更多的是粗放式的，其产出率要低于集约式经营。

三是土地流转成本快速上涨。在现行土地制度下，短期的、小范围的和不改变土地用途的流转合同较多，因为流转双方的预期比较稳定，政策环境变化也不大，绝大多数企业流转合同的时间都比较长，一般是以二轮承包期为限。企业面临的直接问题是土地流转费，尽管合同内关于流转费用有约定，但是近年来一直在上涨。这在一定程度上保证了转出农户的稳定收入，但企业备感压力，特别是 2013 年之后，东中部许多地区一亩耕地年流转费用达到 1000 元甚至更高，在小麦、玉米等大宗粮食价格下跌的情况下，许多企业陷入了亏损，违约甚至跑路现象不断发生。

四是利益连接机制不完善，妨碍了农业产业链的延伸。我国多数中小龙头企业与基地、农户的联结还停留在以产品买卖为基础的低层次产销合作上，公司独立经营，农户分散生产，双方都存在一定的随意性和违约行为。对资源利用的低效率反过来也会阻碍农业产业化龙头企业的发展和合作机制的形成。由于对发展中存在问题的认识不够，致使农产品加工龙头企业及其他企业的发展存在一定隐患，妨碍了合作的进一步发展，给龙头企业的发展带来不良影响。

4. 推动涉农企业发展的思路与举措

一是推动企业兼并重组，向集团化发展。从我国实际来看，一些龙头企业朝着大规模、集团化、现代化方向发展，形成企业集团，市场竞争力和带动农户增收的能力得到明显提升。因此，各地政府应当在大力培育龙头企业基础上，引导和推动优势龙头企业兼并重组，整合生产、加工和贸易等关联环节，形成完整的产业链。以优势产区为基础建立生产基地，以优势产业为依托发展农产品加工业，以优势企业为核心聚合生产要素，引领关联企业联合与合作，促进农业产业化、规模化、集群化发展。

二是推动龙头企业与专业合作社等主体深度融合。随着农业发展形态的变化和农业市场化程度的加深，农业生产经营方式发生了深刻变化，农业生产领域加快向产前、产后延伸，为了从产业链上游提升产品质量，优化产业结构，应当以农业产业化龙头企业为龙头，以专业合作社为龙身，以广大农户为龙尾，将初级松散型的"公司+农户"组织模式，发展为紧密型的"公司+专业合作社+农户"模式，使龙头企业与农户的利益关系更加紧密。农业产业化龙头企业将农户生产作为"第一车间"，通过建设规模化、集约化、标准化生产基地，辐射带动农民专业合作社、专业大户、家庭农场发展生产、进入市场。

二、大力推动农业规模化服务

农业社会化服务，一直被视为解决分散经营下"统"的功能不足的重要手段。1984 年中央一号文件就提出，加强社会服务，促进农村商品生产的发展。1986 年中央一号文件进一步指出，农村商品生产的发展，要求生产服务社会化。1991 年国务院专门下发了加强农业社会化服务体系建设的通知，在体系建设、政策扶持等方面作出了具体安排。党的十七届三中全会提出加快构建以公共服务机构为依托、合作经济组织为基础、龙头企业为骨干、其他社会力量为补充、公益性服务和经营性服务相结合、专项服务和综合服务相协调的新型农业社会化服务体系，并对各类主体的培育及功能发挥做了具体安排。党的十八届五中全会通过的"十三五"规划纲要指出，实施农业社会化服务支撑工程，培育壮大经营性服务组织。支持科研机构、行业协会、龙头企业和具有资质的经营性服务组织从事农业公益性服务，支持多种类型的新型农业服务主体开展专业化、规模化服务。推进农业生产全程社会化服务创新试点，积极推广合作式、托管式、订单式等服务形式。加强农产品流通设施和市场建设，完善农村配送和综合服务网络，鼓励发展农村电商，实施特色农产品产区预冷工程和"快递下乡"工程。深化供销合作社综合改革，创新农业社会化服务机制。2015 年《国务院办公厅关于推进农村一二三产业融合发展的指导意见》指出，推动供销合作社与新型农业经营主体有效对接，培育大型农产品加工、流通企业。健全供销合作社经营网络，支持流通方式和业态创新，搭建全国性和区域性电子商务平台。拓展供销合作社经营领域，由主要从事流通服务向全程农业社会化服务延伸、向全方位城乡社区服务拓展，在农资供应、农产品流通、农村服务等重点领域和环节为农民提供便利实惠、安全优质的服务。

（一）我国农业社会化服务体系呈现大而全、散而弱的特征

现阶段，开展农业社会化服务的主体主要有政府涉农部门、供销合作社、产业服务组织、专业合作社、龙头企业、农民经纪人等。农业社会化服务组织主要分为以下几大类。

1. 公益性的农业技术推广组织

农技推广工作是科技成果转化为现实生产力的关键，特别是基层农技推广机构承担的公益性职能是其他组织不能替代的，是农业社会化服务的重要环节。新中国的农业技术推广体系，随着农村经营制度的变化而变化，经历了曲折的发展历程，大致可分为三个阶段：一是从新中国建立到20世纪70年代末，是农技推广体系初步形成阶段。这一阶段，农产品供给短缺，农业发展的首要目标是提高产量。20世纪50年代，以县级示范繁殖农场为中心，农业技术员为骨干的农技推广网络有了一定发展。20世纪60、70年代，从建立县级农技推广站入手，逐步形成以县级为中心并向下延伸的农科网络，县办农科所、公社办农科站、大队办农科队等，适应了人民公社体制的需要，也奠定了农技推广机构体系建设的基础，但农技推广工作所能发挥的作用是有限的。二是20世纪80年代至世纪

末，是农技推广体系运行机制艰苦探索阶段。这一阶段，适应农村家庭承包责任制需要，国家整合农技推广机构资源，加强体系建设，农技推广由单一服务向综合服务转变。国家推广机构由财政拨部分经费，允许其兴办经营性实体，开展技术承包，"技物结合，开方卖药"，从事经营性服务创造收入。这种运行机制，在许多地方出现资金保障不力问题，"有钱养兵、无钱打仗"问题凸现。1992年召开的党的十四大明确提出，要紧紧依靠科技进步和提高劳动者素质，加速发展农业和农村经济。按照党中央的要求，为解决农技推广工作面临的问题，第八届全国人大常务委员会第二次会议于1993年7月审议通过了农业技术推广法，确立了农技推广体系在农村经济发展中的地位，规定了各级政府对农技推广体系建设、推广工作经费、推广条件等的保障和管理职责，明确了对农技推广人员与农业生产者合法权益的保护，农业技术推广工作开始走上有法可依轨道。三是21世纪初是农技推广体系改革调整阶段。针对农技推广工作出现的诸多问题，2002年，中共中央、国务院提出要推进农业科技推广体系改革。2003年，国家农技推广体系改革试点全面展开，改革涉及机构性质、管理体制、机构设置、投入保障、队伍建设、扶持多元化服务主体等内容，并提出了逐步建立分别承担公益性职责和经营性服务的农业技术推广体系的要求，经过十余年的试点，基本形成了符合当前农业生产特点、农村基本经营体制及适应绝大多数地区实际的农技推广体系。

2. 土地托管服务组织

在为农户提供农业生产服务方面，土地托管模式方兴未艾。土地托管服务，就是在"农户加入自愿、退出自由、服务自选"原则下，不改变集体土地所有制的性质、不改变土地承包关系及土地用途，由托管服务组织为农户提供从种到管、从技术服务到物资供应的全程服务。土地托管组织近几年在山东、安徽、四川、河北等地陆续出现。由于土地托管使得农户可以自主选择"全托"还是"半托"，给予农户相当程度的自由选择空间，因而其托管农户的数量扩展都要快于给农户长期租金、由承租人完全经营的土地租赁模式。由于土地托管不涉及改变土地承包关系的具体实现形式，因此也比以土地承包经营权入股的农地股份合作制方式的转换成本低。现有政策对从事土地托管的经营主体的身份并没有特别的限制，从种粮大户、农资经营者、农机手到各类专业合作社都可以从事。因此，随着农户经营服务相关政策的完善，土地托管组织还会加快发展。

3. 农户购销合作组织

集农资、生活资料购买和农产品销售于一身。单个农户的生产和生活资料购买和农产品销售只能被动接受市场价格，但是如果农户组成合作社成为社员，或者成为具有合作制色彩的会员制购销组织的会员，他就可以在相当程度上获得市场议价权，从而降低生产和生活成本、提高农产品销售利润。现阶段，各类以农户身份入股或某类农产品种植面积或数量入股的合作社，在合作购销上发挥重要作用，对农户提供着基本服务。同时值得注意的是，一些由企业投资的农村超市开始以发行会员卡方式吸收农户入股，农户可以股金分红方式分享农资和生活资料销售利润和农产品销售利润。社员制的农户合作社和会员制的农村超市,都可以对农户提供购销服务,其服务利润如能为农户分享,将极大提高农户参与的积极性,并提高其服务。

4. 农村金融服务组织

对于以小农户占多数的农户群体,其金融服务需求具有自身特点,即量小、多样、分散。对其金融服务需求的满足,一个可行的做法是发展合作金融组织。当前发展农民合作金融组织,有两种组织形式值得重视:一是农村资金互助社,二是农民专业合作社中的资金互助部或信用互助部。农村资金互助社是指经银行业监督管理机构批准,由乡(镇)、行政村农民和农村小企业自愿入股组成,为社员提供存款、贷款、结算等业务的社区互助性银行业金融机构。中央对发展农村合作金融提出了社员制、封闭性原则,不对外吸储放贷、不支付固定回报等原则,其核心可以概括为对内不对外。对内不对外,可以理解为只吸收资金互助社成员或合作社社员入股,只对资金互助社成员或合作社社员放贷,只对资金互助社成员或合作社社员分红。

5. 粮食收储组织

在分田到户改革之初,一些地方的粮食收储企业或加工企业为满足农户需求,代农储存粮食、代农加工粮食和把原粮兑换成商品粮及其他商品,即"两代一换"。"两代一换"内容逐步丰富和规范,就演变为"粮食银行"。粮食银行的一般做法是:储粮户(农民、粮食经营者、粮食加工企业、消费者、粮食储备商等)将暂时闲置的粮食存放于"粮食银行",拥有粮食的所有权,而将其使用权以定期、活期等形式交付"粮食银行",让后者经营(借贷或直接投资),如加工、贸易等,从而盘活粮食资源,在粮食的流动和周转中获得粮食的增值效益,这部分效益即为"粮食银行"的利润和储粮户的利息。粮食银行既可以由粮食加工企业和粮食储备商发起兴办,也可以由农户发起兴办。粮食银行主要服务农户(包含一般种植农户、种粮大户、家庭农场主),也同时为农民专业合作社、农民股份合作社、粮食经纪人和粮食加工企业等经营性实体提供服务。

客观上,这种多种服务组织共同发展、共同服务的局面,适应了不同地区、不同类型生产经营主体的需求,对农业现代化起到了积极作用。以重庆市奉节县为例,一是全县30个乡镇依托农业原有管理、技术部门组建了农业服务中心,开展公益性服务,每个乡镇中心约20人,经费纳入财政预算;二是政府通过购买服务的方式开展专业化服务,围绕特色产业,如脐橙产业发展,县建有产业发展中心,12个乡有产业站,在161个村聘了161名农民技术人员开展专业服务,在烟叶、蚕茧等产业上类似地采取了由专业服务队伍开展服务的方式;三是供销合作社依托农资店、庄稼医院、综合服务社、农产品市场,以经营性与公益性相结合的方式,开展技术、信息、购销等服务;四是龙头企业或专业合作社根据自身需要,按照市场化运作模式,通过自建农技队伍、聘请专家或技术人员等方式开展服务。

但是,在实践中也出现了一些不容忽视的问题,一是这些经营服务组织大多作为单体存在,单打独斗,分散弱小,功能单一,一般在区域范围内形不成规模和体系，难以为农民提供综合性的、产业链全程的服务。二是各级扶持农业社会化服务的资金以及社会资源，被零碎地分割在各个组织之中，没有形成聚合效应。三是涉农公益性服务由于内在机制不活、人员知识老化，很难发挥相应的作用，而农民自发组织的专业合作社，虽然机制灵活、富有生命力，力量大大超过了孤立的农户，但与大市场相比，仍显得势单力薄，实力较弱。仅就公益性农业服务而言，重庆奉节县每个乡镇都建有农业服务中心，由农技、农机、植保、土肥等多个涉农部门在乡镇的机构改革整合而来，每个中心编制 20 多人，每个县 200—300 人，每人年支出 3 万—4 万元，全县为此每年支出 800 万—1000 万元。由于内在机制不活，知识老化，跟不上农业生产的实际需求，农业服务中心 2/3 的人员被乡镇党委政府抽调从事维稳、安全生产等工作。重庆市奉节县分管农业的副县长说："现代农业所需要的服务，完全靠政府不行，要有专业化的服务，市场化的运作。现在县里发展脐橙产业，政府在脐橙种植的 161 个村，从专业合作社和村里选聘了 161 名技术员，县财政每年补贴 100 万元左右就够了，效果很好。如果通过农业服务中心进行服务，他们的知识缺乏更新，人员缺乏动力，服务效果不如这样好。"

（二）农业服务规模化是发展我国现代农业的重要途径

1. 我国的国情农情决定了实现农业现代化不能单纯追求扩大农地经营规模

我国人多地少、农民众多、经营分散，这是我国的基本国情农情。户均土地规模不足半公顷，与欧美国家农业资源禀赋有很大的不同，如美国农户户均土地 200 公顷，我国的近邻日本农户户均土地也有 2 公顷，我们在世界上属于超小规模，土地规模过小、细碎化程度高，一直被认为是妨碍我国农业现代化的突出问题。在这样的基础上实现农业现代化，多数的观点认为，应在农地规模化上做文章。近年来随着我国农村人口向城市转移以及青壮年劳动力大量外出务工，土地流转呈快速增长态势，到目前，全国家庭承包耕地流转总面积达到 4.47 亿亩，占家庭承包经营耕地面积的 33.3%。土地流入的主体主要是农户、农民专业合作社、企业以及其他主体。

但伴随着土地流转，出现了土地生产率的下降，对流转形成了阻碍，根据国务院发展研究中心刘守英的研究，大规模户的土地单产远低于小规模户，2012 年大规模户的单产为 714 元/亩，而小规模户则达到 2614 元/亩，超过前者的三倍（见表 4-1）。另外一个影响土地流转的因素是，流转租金的增长和生产经营成本的攀升，以及粮食价格的下降，导致许多规模经营主体不但赚不了钱，甚至不少还出现了亏损，规模经营主体流转的积极性明显下降，流转速度明显放缓。据笔者在皖北等地的调查，流转土地租金在 800—1000 元，化肥、种子、农药每亩 500 多元，农机具、播种、追肥、除草、收割、人工等每亩 500 元，平均一亩地的投入超过 1800 元，种植小麦、玉米夏秋两季的收入合计 1464 元，一亩地的亏损超过了 360 元。

表 4-1　不同经营规模农户的土地生产率

规　模	平均值（元/亩）	标准差	户　数
小规模户	2614.42	40578.05	171697
大规模户	714.17	589.11	200648
平　均	1590.42	27574.58	372345

资料来源：国务院发展研究中心农村经济研究部、山东省供销合作社联合社编著：《服务规模化与农业现代化——山东省供销社探索的理论与实践》，中国发展出版社 2015 年版。

　　与此同时，我国人多地少，农民众多，即便随着城镇化建设，农村人口的转移，但这种态势的基本面不会改变。土地流转必然要更多的农民走出农村、脱离农业，落户城市并有稳定的收入来源。但是，由于长期存在的城乡二元体制和候鸟式的城镇化政策，导致进城农民无法落户城镇，部分农民工最后不得不返乡继续从事农业，大多数农民家庭不可能放弃对耕地的承包经营权。根据我国颁布的《国家新型城镇化规划》，2020 年我国常住人口城镇化率的目标为 60%，意味着仍有约 5.5 亿人口常住在农村。假定耕地总量保持在 20 亿亩不变，到 2020 年时，我国的农村人均耕地仍然维持在 3.5 亩左右。假定在 2020 年 2.6 亿农民工能全部融入城镇，且他们的土地能以市场化方式让渡，农村人均耕地规模也不到 5 亩。这种特殊的资源禀赋、产权制度和配置的偏好，一方面，使我国扩大农业规模经营、提高农业劳动生产率面临着比其他国家更为复杂的难题；另一方面，农户家庭经营仍然是我国农业经营的主要形式。在这种情况下，普遍实行土地流转也不大现实。因此，实现我国农业现代化，还应注重走家庭经营与社会服务规模化相结合的路子，实现生产环节的适度规模经营，以服务的规模化弥补生产环节的不足，通过规模服务直接地、间接地提升生产环节规模经营的水平，来促进农业发展方式的转变，推进农业现代化建设。

从另外一个角度来看，目前我国的农业适度规模经营主体主要是农民专业大户、家庭农场、农民专业合作社、农业企业，根据我国人均耕地面积以及大量农户存在的现实，即使是规模经营主体，它的经营耕地面积也不可能很大，无法与欧美国家的大农场相比。他们除了自我服务外，一些自身做不了、做起来不划算的服务，也需要社会化、专业化的服务组织来提供。从国际经验看，在美国，农业社会化的分工非常精细，农业服务业人口是农业人口的8—9倍，农业服务业的增加值也占到整个农业增加值的90%左右，也就是说，一个农民平均有8—9个人为其服务。在日本，经营3公顷以下土地的农户占绝大多数，其能够实现现代化，主要得益于农协围绕着农户的生产提供全方位、全过程的指导服务。

2. 农业服务规模化成为农业社会化服务的重要探索

从理论上讲，规模经济是指随着要素投入规模的增加，生产率水平也随之提高。从农业适度规模经营的本意去探索，除了土地适度规模经营之外，还有其他的方式也能够实现农业适度规模经营。农业适度规模经营的初衷和目的是提高农业的生产效率和规模效益，简单地说，就是用更低的投入获得更高的产出，或者单位产出所需的要素成本下降。从目前各地成功的案例来看，在不流转土地的条件下，通过为家庭经营农户提供某些环节或全程的规模化、专业化的服务，同样可以降低农民的生产经营成本，提高农业产出效益。服务规模化也可以达到农业适度规模经营的目的。因此，可以这样理解农业规模化服务，就是农业服务主体根据各类农业生产经营主体在农业生产各环节的服务需求，通过单环节或多环节的规模化服务，降低生产经营主体各环节的成本，提高农业的生产效率和经营效益，实现服务主体的规模报酬和盈利水平。

近年来，随着工业化和城镇化进程的推进，大量青壮年劳动力外出务工，留在农村的劳动力多是老人、妇女，"谁来种地、地怎么种"的问题日益突出。针对农村劳动力外流，农民外出打工顾不上种地、在家种地耽误打工赚钱等问题，山东汶上、郓城等的供销社探索从土地托管起步，由出外打工的农民将承包的土地以全托或半托方式委托给供销社经营和服务，被形象地称为"农民外出打工、供销社为农民打工"。其中，全托管是对耕、种、管、收、加、贮、销等所有环节提供"保姆式"服务，包括农资供应、农机耕作、农作物播种与收割、统防统治、测土配肥、良种推广、农产品烘干储藏、物流与销售等，半托管是对2个以上生产经营环节提供个性化、"菜单式"服务。从实施的方式看，主要是以基层供销社、供销社农资经营公司或组建专业化的农业社会化服务公司为龙头，整合农资、农机、农技等生产要素领办农机合作社，联合村"两委"组织农民成立种植合作社，把供销社的服务优势与村"两委"的组织优势、合作社的经营优势结合起来，共同组织开展农业社会化服务。从服务的对象看，既有一家一户分散经营的农户，也有种粮大户、家庭农场、农民专业合作社、农业企业等适度规模经营主体。从托管的作物品种看，已经从小麦、玉米等大田作物拓展到棉花、花生、土豆、瓜菜、果品等经济作物。山东省供销社目前托管面积已达到 1310 万亩，完成测土面积 1124 亩、智能配肥 1034 万亩、飞防作业 1110 万亩，化肥、农药使用量均减少 20% 左右。

近两年，山东省供销社在总结基层探索实践的基础上，以县供销社农资公司等企业为依托组建农业服务公司，联合乡镇农民专业合作社联合社实体性建设和运营"为农服务中心"，按照布局合理、规模适度、半径适宜、功能完备的原则，打造"三公里土地托管服务圈"，以粮食生产为主的"为农服务中心"服务半径 3 公里，辐射面积 3 万—5 万亩。这种模式提高了服务规模报酬，实现了服务提供者（供销社）的服务规模扩增和效益增加，以及被服务者（农户和其他经营主体）生产更加便利和成本降低、增产增效，正在走出一条以服务规模化为核心实现农业现代化的路子。山东土地托管的实践得到了省委省政府的充分肯定，支持供销社在全省开展土地托管服务，规划到 2020 年全省土地托管面积达到 2000 万亩。全国各地纷纷学习借鉴山东的创新探索，全国供销合作社系统大力推广山东供销社的做法，目前全国供销合作社系统开展土地托管面积超过 1 亿亩。

农业服务规模化作为农业社会化服务的重要探索，作用十分突出。根据山东省供销合作社提供的资料，与农户自种相比，土地托管有效降低了生产成本，提升了收入，经济效益显著增加。通过规模化的农资采购、机械深耕、配方施肥、良种良法、科学田间管理等，可减少 15%—20% 的化肥使用量，降低农药使用量 20%，节

约费用 40%，每亩粮食作物可增产 20%—30%，增效 400—800
元，经济作物可达千元以上。以小麦、玉米、水稻为例，实行托管
后每亩可分别为农民增加效益 490 元、442 元和 415 元，供销合作
社可以实现服务收入 100 元以上（见表 4-2）。土地托管还为农民
带来了其他方面的收益，比如，山东一对外出打工的夫妻，农忙时
节回家种收的往返路费和误工费在 6000 元左右，土地进行托管后，
这笔钱就可以省了下来。同时，村"两委"通过发动和组织农民，
取得服务规模化的部分收益，山东一些地方在协议中明确规定服务
规模化中新增加收益的 10% 归集体所有，2014 年山东参与共建的
村集体增收 1.7 亿元。

表 4-2 典型农作物农户种植和土地托管的成本对比

	小 麦		玉 米		花 生	
	农 户	托 管	农 户	托 管	农 户	托 管
总成本	960	620	880	603	1740	1325
总收入	1100	1250	1210	1375	2700	2790
净收益	140	630	330	772	960	1465

资料来源：国务院发展研究中心农村经济研究部、山东省供销合作社联合社编著：《服务规模化与
农业现代化——山东省供销社探索的理论与实践》，中国发展出版社 2015 年版。

实践证明，与单纯的土地流转模式相比，土地托管情况下，农
户仍然参与土地经营，供销合作社不需要付给农户土地租金，而是
根据所提供的服务收取服务费，不承担经营风险。客观来讲，针对
分散农户开展的土地托管服务，在扩大耕地面积、提高作物产量、
保护生态环境、推进农业现代化等方面的作用与土地流转没有多大

区别。但由于不改变土地承包经营关系，使土地托管在 3 个方面具有优势：一是农户依然是土地的经营主体、投资主体和收益主体，稳定了家庭承包经营。在我国，相当长的时期内无论农业经营体制怎么创新发展，主要的经营主体还是农户，家庭承包经营仍将是我国农业最主要的生产经营形式。土地托管把以小规模家庭承包经营为主转变到以土地适度规模经营为主，提供了可供选择的、平稳的过渡方式，具有"稳定器"作用。二是实行市场化运作，农民议价能力强，有效避免了土地权益纠纷案件的发生。土地托管是农民向供销合作社购买服务，是否购买取决于价格和服务质量，从而减少了权益纠纷。而我国已经流转的土地有79%采用了转包或出租方式，土地的承包权主体与经营权主体存在事实分离，容易产生围绕土地权益的纠纷。三是不需要并且没有改变土地的用途和种植的作物种类，克服了土地规模经营的"非农化"、"非粮化"现象。2014 年底，山东省供销合作社托管土地种植小麦、玉米、水稻的面积达到85%以上，而全国工商企业经营的土地有 85%用于非粮食生产。总之，通过土地托管实现服务规模化，是在我国坚持家庭承包责任制前提下推进农业适度规模经营的一种重要方式，是解决"谁来种地"、"地怎么种"问题的重要探索，也是推进我国农业现代化的有效途径。

（三）推进农业服务规模化的举措

一是提高思想认识，以服务规模化为主攻方向构建新型农业服务体系。政策制定者要在思想上认识到，在我国的国情和资源禀赋下实现农业现代化，现阶段不具备普遍地在土地生产规模上做文章的条件，要通过产前、产中、产后等服务规模的提升，以规模化的服务解决农民生产经营中的服务需求，进而实现农业增产增效、农民增收，同样达到了土地规模经营的目的。如果认同这一点，政策制订应以解决当前我国农业社会化服务组织分散、弱小等问题为着眼点，以推进服务规模化作为构建新型农业社会化服务体系的主攻方向。

二是注重培育发展规模化的服务主体。推进服务规模化，关键是培育规模化的服务主体，这个主体要有较强的服务实力，能为农民和新型农业经营主体提供规模化、专业化、产业链的服务，是市场化运作的经营性组织。这个服务主体可以是涉农龙头企业，可以是农民专业合作社，也可以是其他服务组织，因各地的情况而异。但从山东等地的成功实践看，目前从中央领导到社会各界越来越多的人把目光投向供销合作社，认为供销合作社最有条件成为这样的组织。供销合作社在上游的生产环节，有 17 万多家合作社和 2400 多家农业产业化龙头企业，直接联结着 1700 多万农户；在下游的流通环节，有 6700 多家连锁经营企业和 100 多万个经营网点，服务上亿城乡居民。同时，还发展了近 37 万多家便民实用的村级综合服务社，覆盖全国 80% 的乡镇和 65% 的行政村。供销合作社长期以来扎根农村、贴近农民，组织体系比较完整，经营网络比较健全，服务功能比较完备。发挥供销合作社现有的组织、网络和产业资源，对其加以积极改造，建立一个具有完善组织体系和服务规模优势、体现国家意志，为农民提供综合服务的合作经济组织，可以说，是实现农业服务规模化、促进农业现代化的一条比较现实和可行的途径，也是一条社会成本较低的途径。

三是要统筹整合涉农服务资源，形成整体合力和规模优势。各类涉农服务资源的整合优化，是推进服务规模化的另一个关键环节。在农业社会化服务领域，任何一个组织，即使实力再强，单打独斗都不行。既要统筹好供销社、农民专业合作社、涉农企业等经营性服务资源，也要发挥农业、农机、水利、科技等涉农部门服务资源，特别是乡镇一级涉农部门作为农业社会服务体系中最基层的组织体系，要推动"七站八所"等相关基层服务组织向企业化转型，创新体制机制，增强经营服务活力。同时，还要发挥村"两委"的独特优势，其作为农村基层社会管理实体和基本单元，与农民最贴近、最密切，具有组织服务农民的天然优势，要依托其来组织发动群众，组织发展合作社，推动农作物集中连片种植，这样服务规模化才能顺利推进。

四是加强基础服务设施建设。基础设施对生产性服务业的发展起着至关重要的基础性作用。尽管近年来，国家出台了很多政策和方案来支持农村基础设施建设，并且取得了较大成效，但是，我国农村地区的基础设施尤其是生产性服务基础设施条件水平普遍落后。具体来说，公路、铁路基础设施不足制约了农村交通运输业的发展，厂房、办公设施建设不足影响农村仓储业、农村商务服务业的发展，大型、专业机器设备投入不足阻碍了农机服务业、研究与试验发展业、农业技术服务业的发展，通信网、传媒网、互联网等基础设施建设落后限制了农村信息服务业、计算机服务业、金融保险业的发展。为此，一要加大基础设施建设投资力度，加快农业先进生产技术发明与推广服务体系、农产品供给需求信息提供服务体系、农产品质量评估服务体系、农产品运输销售加工服务体系、农业支持与风险防护体系等建设。二要加快粮食烘干、仓储、冷链、物流等服务基础设施建设，发展先进的冷藏运输设备，加强冷链信息网络建设；三要加强基层公共服务机构的办公基础设施建设。进一步加强基层农业技术推广、动植物疫病防控、农产品质量监管等公共服务机构和村级站点的办公场所建设，改善基层公共服务机构的条件和工作手段，并尝试建立综合性、一站式服务中心，提高服务效率。

五是加强农业社会化服务人才队伍建设。良好的人员素质是发展农业社会化服务的基础，人才队伍的建设对农业社会化服务建设至关重要。农业社会化服务，尤其是研发、农技推广、市场营销和品牌运作等大多是知识技术密集型服务，服务人员的知识储备、专业化水平对服务质量起着关键性作用。只有较高的从业人员素质，才有可能充分发挥技术装备的优势，选择最合适的经营管理方式，并迅速适应社会需求的变化。要鼓励企业家队伍参与农业社会化服务，面向农业社会化服务发展的需求，把鼓励企业家阶层的成长、培育鼓励企业家创新创业的环境和服务平台，作为农业社会化服务人才队伍建设的重要内容。要建立适合当地发展的乡土人才队伍，完善乡土人才培养机制，集中开展农业实用技术与技能培训，全面提高农村乡土人才的素质。采取有效措施，积极支持职业教育和培训体系的多层次、多元化和市场化发展，提高职业教育和培训体系对农业社会化服务人才需求的快速响应能力，造就一支规模宏大、结构合理、素质优良的农业社会化服务队伍。突出技术、信息、运输、储藏、加工、销售等生产性服务的重点内容，提高培训的针对性。

第 五 章

构建现代农业科技创新体系

农业科技创新是转变我国农业发展方式、发展现代农业的动力。科学技术是第一生产力，科技进步是推进农村改革发展的关键措施，解决十几亿人口吃饭问题要靠科学技术，在资源和环境的双重约束下，实现农业持续稳定发展、长期确保农产品有效供给，根本出路也在科技进步和创新。农业科技是确保国家粮食安全的基础支撑，加快构建现代农业科技创新体系，使科技创新成为加快农业发展方式转变的内生动力，是突破资源环境约束的必然选择，也是推动我国农业发展方式转变最关键、最基本的出路和措施。

一、农业科技创新与农业发展方式转变

农业既是一个古老的产业，也是一个引领未来决定着生物产业、新能源产业发展的现代产业，是一个随着科技进步而不断发生变化的战略性产业。当前，我国经济发展进入新常态，农业发展面临农产品价格"天花板"封顶、生产成本"地板"抬升、资源环

境"硬约束"加剧等新挑战，加大农业科技创新力度，以技术进步实现内生增长，以创新驱动实现转型发展，不断提高土地产出率、劳动生产率和资源利用率，是建设产出高效、产品安全、资源节约、环境友好的现代农业发展，实现农业可持续发展的有效途径，是农业发展方式的重大变革。

（一）农业科技创新为农业发展方式转变注入了强大动力

舒尔茨在《改造传统农业》一书中鲜明地提出，传统农业向现代农业转变的核心就是改变技术状况，人们一次又一次地通过采用并学会使用新生产要素而改造了传统农业。速水佑次郎和弗农·拉坦在《农业发展：国际前景》一书中分析了技术变革对农业发展的贡献以及技术变革在农业发展过程中的作用，并提出了著名的"诱导技术变革"理论。综观当今世界创新型国家科技发展历程和国际国内农业发展经验，关键都是要发挥科技创新的支撑引领作用，持续不断地为农业发展方式转变、提质增效提供强大动力。19世纪70年代的工业革命，使得农业机械化设备在农业领域得到广泛应用，推动了农业生产由依靠人畜力为主向机械动力为主的跃升，大大提高了劳动生产率，带来了传统农业向机械化农业发展的重大变革。1840年植物矿物质营养学说的提出和1865年孟德尔遗传定律的发现，推动了化学肥料和作物育种技术的快速发展，大大提高了土地产出率，带来了传统农业向生物农业发展的重大变革。1953年DNA双螺旋结构的解析和1973年DNA的成功重组，催生了植物转基因技术的蓬勃发展，引发了作物增产技术的重大变革，将农业生物技术推向了崭新的发展阶段。第二次世界大战以来，计算机和信息技术的迅猛发展，带来了农业互联网平台技术在农业生产中的广泛应用，大大提高了农业生产经营管理效率，推动了传统农业向智能农业发展的重大变革。

我国农业发展历程也清晰地展现了科技创新是推进农业发展的决定性力量。新中国成立以来，我国先后培育并推广应用了高产、优质粮棉油等农作物新品种 2 万余个，促进粮食亩产由 1949 年的 69 公斤提高到目前的 359 公斤，超级杂交水稻育种居世界领先水平，"互联网+"与农业的结合日益紧密，正在重塑和引领我国农业的发展。通过组织实施 973、863、科技支撑等科技计划重点项目和粮食丰产科技工程，"十二五"期间累计增产粮食 5600 多万吨，我国农业科技进步贡献率由 2010 年的 52% 提高到 2015 年的 56% 以上，品种对提高单产的贡献率达到 43%，单产提高对粮食增产的贡献率达到 80% 以上，粮食综合生产能力由 1949 年的 2300 亿斤提高到 12000 亿斤以上，有力保障了国家粮食安全和农业可持续发展。

（二）农业科技创新是推动农业发展方式转变的主要任务

随着工业化、城镇化的快速推进，农产品总量需求刚性增长，质量安全要求不断提高，保障国家粮食安全和主要农产品有效供给的任务越来越重。中国农业发展在近十多年取得了明显的成绩，但这种以资源要素投入的大量增加为支撑的农业发展方式已经难以为继，农业资源环境已经亮起"红灯"，农业面源污染、耕地质量下降、地下水超采等问题越来越突出。农业部数据显示，中国消耗了全球 35% 的化肥，生产了全球 21% 的粮食，农作物亩均化肥用量是美国的 2.6 倍，欧盟的 2.5 倍。为此，迫切需要加快农业科技创新步伐，强化农业科技的支撑作用，进一步提高土地产出率，大幅度提高资源利用率和劳动生产率。

随着农村青壮年劳动力大规模向城镇和非农产业转移，农村劳动力数量不断减少，素质呈结构性下降，难以满足现代农业发展需求。随着农业生产规模化、集约化程度的不断提高，新型种养殖大户、农民专业合作社和农业企业等逐步成为农业生产经营的新主体，对关键生产环节的技术服务产生巨大需求。为此，迫切需要加强基层农技推广体系建设，增强农业科技专业化、社会化服务能力，提高科技服务的质量和水平。

农产品市场的竞争根本在于技术的竞争，在农业科技创新领域，除了袁隆平的杂交水稻技术外，我国的农业生物技术、机械化技术、信息化技术等都要落后于发达国家和地区，从而导致大量资源堆积生产的农产品必然在国际市场上缺少竞争力，出现粮食价格"倒挂"现象。邓小平同志在 1990 年提出了我国农业改革与发展两次飞跃的伟大构思。第一个飞跃是废除人民公社，实行家庭联产承包为主的责任制，第二个飞跃是适应科学种田和生产社会化的需要，发展适度规模经营，发展集体经济。第一个飞跃从制度创新层面调动了广大农民群众的积极性，解决了我国的温饱问题。第二个飞跃的关键在于农业科技创新，提升我国农业竞争力。因此，必须补齐农业科技这一"短板"，大力推进农业科技创新与转变农业发展方式深度融合。2015 年 7 月，国务院办公厅印发了《关于加快转变农业发展方式的意见》，明确将农业科技创新列为七大重点任务之一，提出要强化农业科技创新，特别是在良种培育、农机装备、节水灌溉、信息技术等方面取得重大突破，不断提升科技装备水平和劳动者素质。

（三）农业科技创新的方向

从发达国家和地区农业发展方式来看，农业技术创新主要包括三类：一是美国、俄罗斯等人少地多的国家走劳动力节约的发展道路，大力发展以机械技术为依托的劳动力替代技术；二是日本、荷兰等人多地少的国家走资源节约的道路，大力发展资源替代技术，利用生物、化学技术弥补土地的不足；三是英国、德国等人地比例中等的国家走综合提高土地生产率和劳动生产率的道路，既用机械替代劳动力，也用生物、化学技术弥补土地的不足。当前，我国经济发展进入新常态，农业发展资源环境约束趋紧，实现农业现代化只能走产出高效、产品安全、资源节约、环境友好的道路。从目前农业技术创新的进展情况看，生物技术快速发展和广泛渗透，将为农业持续发展提供强大的动力源头；信息技术、遥感技术等的突破和应用，将深刻改变农业生产方式；可持续农业技术的全面兴起和普遍应用，将大幅提高资源利用率，缓解资源和生态压力。适应农业科技革命蓬勃兴起的形势，转变我国农业发展方式，必须把保障国家粮食安全作为首要任务，把提高土地产出率、资源利用率、劳动生产率作为主要目标，把增产增效并重、良种良法配套、农机农艺结合、生产生态协调作为基本要求，促进农业技术集成化、劳动过程机械化、生产经营信息化。为此，重点要在以下几个方面推进农业技术创新：

一是提升劳动生产率的农业机械技术创新。农业机械化作为一种现代化生产手段，是现代化农业的重要标志，是促进传统农业向现代农业转变的关键因素。现代农业发展的实践表明，我国农业发展每上一个新台阶，发展方式每实现一次重大变革，现代农业建设每向前推进一步，农业机械化都起到了至关重要的作用。加快节约劳动型技术创新，推动农业劳动过程机械化，是我国农业发展进入新阶段的必然要求。随着农业劳动力大量向外转移和农村生产生活方式的变化，对农业机械化的依赖程度就越高，农产品生产的某一环节或全过程迫切需要实现机械化。目前，我国农作物耕种收综合机械化水平已突破 60%，其中三大粮食作物耕种收综合机械化率均超过 75%，小麦生产基本实现全过程机械化。但是，与发达国家相比，我国农业机械化水平还相对较低，特别是随着城市化的快速推进，农村劳动力持续减少也需要提升农业机械化水平填补由于劳动力转移所导致的农业综合生产能力下降。

二是提高土地生产率的资源节约技术创新。人多地少水缺是我国基本国情，我国人均资源占有量处于劣势地位，耕地和水资源分别只有世界人均水平的 1/3 和 1/4，资源瓶颈问题将是对今后我国农业发展的严峻挑战。我国农业发展史上经历了向长江以南地区拓展和向东北地区拓展实现了农业两次快速增长，目前我国已经基本没有可以拓荒的土地。然而随着人民生活水平的提高，以及农村人口将继续向城镇转移，我国粮食总需求量预计到 2030 年将达到 6.5 亿—7 亿吨，在耕地面积维持在 18 亿亩的基础上，单产要增加 40%以上，才能实现粮食基本自给。因此，必须大力推进资源节约技术创新，选择更多替代土地资源以及水资源的技术路径，发展资源节约型农业，在现有的资源约束条件下保障粮食的有效供给。

三是降低资源浪费的环保技术创新。现代农业是资源节约、环境友好的农业。实现农业可持续发展，必须更加注重农业资源环境保护，而环保技术创新是农业科技创新的重要组成部分。经过长期的粗放式经营后，我国农业资源环境已经亮起"红灯"，农业生态环境受损严重、承载能力越来越接近极限，工业"三废"和城市生活等外源污染向农业农村扩散，镉、汞、砷等重金属不断向农产品产地环境渗透，全国土壤主要污染物点位超标率为 16.1%。农业种植生产过程中化肥、农药、农膜使用量逐年提升，重氮轻磷钾、重化肥轻有机肥、过量施用等问题比较突出，化肥利用率只有25%—30%，对土壤、地表水、地下水和农产品造成较大污染，农膜回收率不足 2/3，畜禽粪污有效处理率不到一半，秸秆焚烧现象严重。解决这些问题，必须注重推广节水、节肥、节药等节约型农业技术，注重生态农业、循环农业等技术模式不断集成创新，为农业可持续发展提供有力的技术支撑。

四是提升农业综合效益的信息技术创新。农业生产经营信息化是现代农业技术体系的核心。目前，信息技术已经渗透到农业产业链条的各个环节，成为组成生产力的新要素，这就要求农户在生产经营决策过程中广泛使用生产什么、如何生产、怎么管理、向谁销售、市场行情等生产经营信息。采集、处理和分析分散在各个环节的信息需要利用现代信息技术。虽然全国已经初步形成了市、县、乡（镇）三级信息服务体系，但农业信息化建设与发展现代农业的实际需要相比还有较大差距，仍然存在信息传递速度慢、服务手段落后、流通渠道不畅等诸多问题，特别是互联网技术的应用对传统农业形成了挑战和冲击，迫切需要更好地将互联网技术广泛运用到农业生产与流通中，利用互联网信息技术打通农业产前产中产后各环节。

二、构建我国现代农业科技创新体系的实践探索

（一）提升农业机械化水平

自我国实行改革开放以来，尤其是 20 世纪 90 年代初以后，随着工业的发展和城市化进程的加快，农村劳动力开始大规模跨区域外出务工，二三十岁的年轻人不会种也不愿种地，四五十岁的多在外地打工，剩下种地的都是 60 岁以上的老人，农村劳动人口老龄化、高龄化、妇女化、兼业化已是农业生产经营的普遍现象。"谁来种地"、"地怎么种"已经成为现代农业发展过程中必须面对和解决的重大现实问题。然而，我国的农业生产并没有受到影响，农作物播种面积稳步提升，农业生产总量也在不断增加，其中重要的原因是以农业机械技术为代表的农业劳动力替代型技术的大力推广和使用，在很大程度上防止了因劳动力流失导致农业生产滑坡，因

此，发展以机械化生产为主导的农业将是转变我国农业发展方式的重要内容。农业机械化是工业技术成果在农业生产过程中的应用，是现代农业的一项重要标志，不仅有助于解决农业劳动力结构性短缺，也有利于降低农业成本，有效提高农业产出。

当前，我国耕种收综合机械化水平年均增长 2 个百分点，每年能够替代 1000 万人左右的农业劳动力。2006—2015 年中国农业机械化总动力增长了 54.1%，耕种收综合机械化水平提高了 25 个百分点，而农业劳动力人数减少了 31.9%，第一产业从业人员占全社会从业人员的比重下降了 15.3 个百分点[①]。张宗毅（2014）等分析认为，农业机械化对各类粮食作物的劳动力替代贡献率（或者说产出贡献率）分别为：水稻 64.2%、小麦 61.1%、玉米 55.1%、其他谷物 2.5%、薯类 56.4%、豆类 70.4%。随着农民收入的增长和生活质量的不断提高，农民劳动观念已经转变，迫切希望降低劳动强度，现在农业生产上凡是劳动强度大、作业条件差，而又有适用的农业机械的，农民都希望使用机械化作业。并且，农机作业成本不断降低，也有助于提高农业收益。如水稻机插平均每亩节约人工成本 30 元，玉米、水稻、油菜机收每亩平均分别节约人工成本 20 元、40 元和 60 元（刘静明，2010）。农业耕种收综合机械化水平与农业劳动生产率的提高呈显著的正相关，机械化水平每增加一个百分点，带来劳均农业总产值增加 733 元（陈文胜，2014）。近年来，我国在提升农业机械化水平方面重点推进两方面的创新：

---

① 农业劳动力人数、第一产业从业人员与全社会从业人员比重由 2014 年数据计算所得。

1. 优化农机装备结构

提高农业机械化水平的关键就是要增加农机装备的总量，优化农机装备结构。自 2004 年颁布实施《农业机械化促进法》之后，国家对农业机械化发展实施了一系列优惠政策，包括农机补贴、农机金融扶持、农机服务税收优惠等。中央财政对农机购置补贴的资金投入累计超过 1200 亿元，充分调动农户购置和使用农机的内在驱动力，有力推动了我国农业机械化快速发展。截至 2015 年底，我国农机总动力达到 11.2 亿千瓦，同比增长 3.6%。拖拉机拥有量达 2310 万台，同比增长 0.5%。拖拉机配套农具达 4004 万部，同比增加 60 万部，拖拉机配套农具比由 2014 年的 1∶1.72 上升到 1∶1.73。重点作物和关键环节农机具保有量大幅增加，水稻插秧机达 67 万台，同比增长 10.8%；稻麦联合收割机达 122 万台，同比增长 7.9%；玉米联合收获机达 36 万台，同比增长 25.7%，其中，先进适用农机具增长较快，乘坐式水稻插秧机、自走式稻麦联合收获机、自走式玉米联合收获机分别达 22.9 万台、106.6 万台、25.5 万台，同比分别增长 8.4%、9.6%、33.1%；马铃薯、棉花、甜菜、蔬菜、茶叶、青饲料等作物收获环节农机具增长迅速，增幅均超过 10%。①

在农业机械装备水平大幅提高的同时，农机作业水平也有了大幅提升。2014 年我国主要农作物耕种收综合机械化水平达 61.6%，同比提高 2.1 个百分点，增幅连续 9 年保持 2 个百分点以上。机

---

① 此部分数据为 2014 年底数据。

耕、机播、机收水平分别达到 76.8%、48.8% 和 47.0%，比十年前分别提高了 30 个百分点、22 个百分点和 28 个百分点。大田作物生产机械化稳步推进，水稻机械种植和机收水平分别达 39.6%、84.6%，玉米机收进入快速推进阶段，机收水平达 57.8%，水稻机插秧、保护性耕作、机械化秸秆还田、机械烘干粮食分别达 1132 万公顷、862 万公顷、4316 万公顷、8936 万吨，同比分别增加 10.3%、11.5%、16.6%、18.7%。

2. 创新农机利用方式

长期以来，我国家庭经营规模过小，农业机械呈现出小型化的特征。在 20 世纪末，农户为了减少劳动强度，纷纷购置以小四轮为主的小型农机具，这在一定程度上提升了我国农业生产的机械化水平。但随着农业适度规模经营的发展，小型农机具越来越不能满足农户生产的需要。为了推进大农机具的应用，政府加大了对购置大型农机具的补贴力度，我国大型农机具数量呈现快速增长的态势，农业机械正在向功率更大、更先进的方向升级换代，手扶拖拉机、小四轮等小型和功能单一的农业机械正快速退出作业市场。据统计，农用大中型拖拉机数量从 2006 年的 172 万台增加到 2015 年的 607 万台，十年间增长了 2 倍多；小型拖拉机数量同期则从 1568 万台增加到 1703 万台，十年间仅增长 8.6%，大中型拖拉机数量与小型拖拉机数量的比例从 2005 年的 1∶9.1 增加到 2015 年的 1∶2.8。

除了大型农机具数量增长外，农业机械的利用方式也在发生转变，由过去的单个农机手个体经营向合作经营或公司化经营转变，农机利用效率更高。例如，在我国山东等地，由供销合作社主导的土地托管模式就是在农村劳动力大量外流的情况下，由农业企业购置大型农机具，为进城务工的农民提供耕、种、植保等生产环节的服务，走出了一条在不改变土地承包经营权的前提下，以农机规模化操作实现农业适度规模经营的路子。高密市供销合作社联合神泉山农产品公司、高密农资公司成立孚高为农服务公司，公司购置100多台（套）大型拖拉机、收割机等，整合社会上1000多台（套）农机具，组建农业机械作业队、农业技术服务队和农产品收储服务队，为进城打工的农民提供深耕、播种、起垄、覆膜、打药、收获等全托管服务或某一环节的半托管服务，实现了农业机械的综合化利用。目前，这种形式已在河南、湖北、安徽等平原地区广泛推广。

农机合作社已成为农业机械综合化利用的重要载体，在促进农业规模经营方面发挥着重要作用。成立于2009年10月的黑龙江省克山县河南乡仁发农机专业合作社，利用政府农机补贴资金1000多万元购置了大型农机具130台套，总动力3128.7千瓦，拥有一批200马力、300马力甚至400马力以上的现代大型农业机械。合作社吸引鼓励农户带地入社的方式，发挥了大型农机具统一使用的优势，实现了零散土地连片耕种，2015年规模种植玉米2.85万亩、马铃薯1.2万亩、大豆1万亩等。大型农机的使用能够使整地的松、翻、耙、旋相结合，不仅改善土壤耕层结构，还提高土壤通透性，使土地产出率明显提高。同时，大垄、良种、防病以及测土配方施肥等先进技术也得到广泛应用，实现从种植、管理、收获、储运到销售全程标准化，不仅能够缩短播期 5—9 天，而且每亩节省种子 1.5 公斤（以大豆为例），节约生产费用 2%—10%。近年来，农机专业合作社发展迅猛，截至 2015 年底，我国农机合作社数量已经达到 5.4 万个，入社成员数达到 190 万人（户），分别比 2008 年的 0.9 万个和 10.7 万人（户）增加了约 5 倍和 17 倍。农机合作社拥有农机具 317 万台（套），其中大中型拖拉机、联合收获机、插秧机、粮食烘干机分别达到 49.6 万台、35.4 万台、16.7 万台、1.6 万台，占社会保有量的四分之一。农机合作社作业服务总面积达到 7.12 亿亩，约占全国农机化作业总面积的 12%。

（二）推进资源节约型技术创新

由于农业资源的利用率比工业低，比较效益差，因而大量农业资源流向城市，农业资源的绝对量和相对量都显得不足。地少水少是我国农业的基本国情，依靠资源消耗的粮食增产道路很难持续。耕地作为农业生产最基本的生产资料和劳动对象，其数量、质量、空间分布格局及其受保护程度直接关系着地区的粮食生产。我国土地资源十分短缺，人均土地资源仅为 1.17 亩，和全球人均土地面积 3.75 亩的水平相差甚远，并且随着城市化的快速推进，大量农田和湿地被占用，导致耕地面积总量一直以较快的速度递减。据国土资源部统计，2009—2015 年 6 年间全国耕地面积从 30.31 亿亩减至 20.25 亿亩。并且，我国许多耕地处于干旱半干旱地区，优质耕地少，加之长期以来对土地资源是掠夺性开发利用，缺乏可持续开发利用战略，致使土地资源当中的大量元素消失和缺乏，水土流失和土地沙漠化严重，导致耕地质量快速下降，土地的生产能力受到了极大削弱。农田是用水大户，用水量大约占我国用水总量的60%，而我国是一个水资源严重短缺的国家，2015 年全国的水资源总量为 27962 亿立方米，约占全球水资源的 6%。从我国人均水资源占有量来看，2015 年我国人均水资源量只有 2039 立方米，约为世界人均水平的四分之一，是人均水资源比较贫乏的国家之一。从耕地亩均水资源占有量的平均水平来看，2015 年全国亩均水资源占有量为 1380.4 立方米，为世界平均水平的 50% 左右，目前农业缺水量约 300 亿立方米/年，受旱农田有 1333 万—2000 万公顷。随着我国粮食主产区持续向缺水和生态脆弱的北方地区转移，单位耕地面积上水资源的占有量还将进一步减少。

因此，人增地减、水资源短缺的现实情势严重制约着我国的粮食生产和农业发展，且随着工业化、城镇化的进一步推进，耕地资源和水资源对粮食生产的刚性约束将愈加凸显。面对如此严峻的现实，要从根本上保障粮食安全，克服资源环境瓶颈对农业经济发展制约的主要途径在于实现资源节约型的技术进步，选择更多的替代土地资源和水资源的技术，充分利用有限的资源获取最大产量。

1. 以生物育种技术为支撑缓解耕地资源约束

农业生物技术是推动现代农业科技创新的重要支撑，也是现代农业技术的一项重要内容，它是运用前沿尖端生物技术，改良动植物及微生物品种生产性状、培育动植物及微生物新品种、生产生物农药、兽药与疫苗的新技术。美国先后形成了 5 个生物谷，培育了 1400 多家生物技术企业，并把每年 4 月 21 —28 日作为生物技术周；英国政府推出到 2015 年的"发展生物技术"战略报告，目标是保持生物技术位于世界第二的位置；日本政府提出了"生物产业立国"口号；印度也谋求成为生物技术大国，并专门成立了"生物技术部"；新加坡政府计划用 5 年时间跻身生物技术领先行列，把新加坡建成"生命科学中心"。

生物育种是农业生物技术的重要内容，一切增产技术措施和高产指标的提出和实现，都要基于良种本身所具有的潜力。目前越来越多的国家已将推进生物育种作为转变农业发展方式、实现传统产业升级、培育新的经济增长点的国家战略和重要举措。农业发展的历史表明，自从人类社会进入农耕文明时代以来，就从未停止过对农作物的遗传改良。20 世纪六七十年代，墨西哥国际小麦研究中心选育出一批优良的小麦新品种，使墨西哥小麦产量从 40 公斤/亩猛增到 294 公斤/亩；印度引进新品种使本国小麦产量从 52 公斤/亩提高到 86.6 公斤/亩。美国从 1940 年代就开始推广玉米杂交种，1941 年单产 132 公斤/亩，到 1996 年单产提高到 531.7 公斤/亩，成为世界第一玉米生产大国，再加上大豆、小麦等作物品种改良，使美国谷物总产量猛增，成为世界上最大的农产品出口国，其中谷物出口量占世界出口总量的 50%以上，特别是玉米杂交种子几乎独霸世界种子市场。这些国家农业的迅速发展，良种起到了极其重要的作用，根据联合国粮农组织分析，近几十年来，在全球农作物单产提高中良种的贡献率达 25%。

1949 年以来我国共育成 40 多种作物万余个新品种，主要农作物生产用种已经进行了 5—6 次品种更换，每次更换一般增产

10%—20%，并使品质、抗性得到很大改善。特别是改革开放以来，杂交水稻、杂交玉米的大面积推广应用，从而促使我国粮食产量较之过去大幅增长，由此解决了我国这个人口大国吃饭难的问题。《国家中长期科学和技术发展规划纲要（2006—2020）》将生物技术作为五个战略重点之一，生物育种产业被列为七大国家战略性新兴产业之一。当前，我国农业生物育种技术已取得了重大突破，构建了水稻、小麦、玉米、棉花等种质资源"分子身份证"数据库，获得了一批抗虫、抗除草剂、优质和高产等具有自主知识产权及重要育种价值的关键基因，二倍体小麦基因组草图也已绘制完成，已建成包括水稻大型突变体库、生物芯片及转录组检测等功能基因组研究平台，在重要功能基因鉴定及生物技术育种改良等研究方面均取得了重要进展，2015 年我国农作物品种对提高单产的贡献率达 43%。

2. 发展节水农业技术解决水资源约束瓶颈

长期以来，我国农田灌溉方式落后，尤其是粮食主产区大部分地区仍通过干渠、支渠、斗渠、农渠、毛渠五级渠道输送到田间，采用地面沟灌、畦灌、自流漫灌等方式进行灌溉，农田灌溉水有效利用系数仅为 0.52，远低于 0.7—0.8 的世界先进水平，大量的水在灌溉过程中蒸发了，单位用水的粮食产量不足 2.4 斤/立方米，而世界先进水平为 4 斤/立方米左右。从农田灌溉耗水率看，全国农田灌溉耗水率为 63%，一些地区的农田灌溉耗水率甚至超过了70%。这些数据充分暴露出了我国农业节水发展相对滞后，农业用水方式粗放和水资源利用效率效益不高问题并存，在当前我国水资源短缺的情况下，这种农业用水方式已难以为继，迫切要求加快发展高效节水灌溉技术，发展节水农业，这也是转变农业发展方式、建设现代农业的重要内容。

纵观当今世界农业发展，以色列是发展农业节水技术的典范，在淡水资源严重缺乏的情况下，注重科研创新，发明了世界上最先进的节水灌溉方式——滴灌，并在农田和绿化灌溉上，水利用率高达95%，单位面积土地的耗水量下降了50%—70%。此外，以色列许多田间作物都使用处理后的废水灌溉，通过使用循环水，不仅节约了水资源，还有利于生态环境。

发展节水灌溉技术在我国农业发展上具有很大空间。比如黑龙江省大庆市积极发展玉米膜下滴灌技术，用水量是喷灌的1/2，漫灌的1/7，玉米每亩保苗比常规玉米多1000株以上，亩均增产800斤到1000斤，比常规玉米增加收入670多元以上，应用节水技术不但节约淡水资源，而且增加产量、提高效益、降低成本。再如山东省海阳县引进以色列技术，建成约500亩果园自动化控制微喷工程，采用微机控制，根据土壤吸水能力、苹果生产阶段和气候条件等因素，定时、定量、定位给果树供水，可节水50%—60%。

推进节水技术创新就是要以水资源高效利用为目标，加强工程节水、农艺节水和生物节水技术研发应用，兴建水窖、水池、塘坝等，广积雨水，加快喷灌、微灌关键设备的研发，积极推广喷灌、微灌、膜下滴灌等高效节水灌溉和水肥一体化技术。在水资源短缺地区严格限制种植高耗水农作物，鼓励种植耗水少、附加值高的农作物。大力推广深松整地、中耕除草、镇压耙糖、覆盖保墒、增施有机肥以及合理施用生物抗旱剂、土壤保水剂等技术，提高土壤吸纳和保持水分的能力。

（三）推进环境保护型技术创新

农业资源环境是农业生产的物质基础，也是农产品质量安全的源头保障。随着人口增长、膳食结构升级和城镇化不断推进，我国农产品需求持续刚性增长，对保护农业资源环境提出了更高要求。目前，我国农业资源环境遭受着外源性污染和内源性污染的双重压力，已成为制约农业健康发展的瓶颈约束。一方面，工业和城市污染向农业农村转移排放，农产品产地环境质量令人堪忧；另一方面，化肥、农药等农业投入品过量使用，畜禽粪便、农作物秸秆和农田残膜等农业废弃物不合理处置，导致农业面源污染日益严重，加剧了土壤和水体污染风险。良好的农业生态环境保障离不开农业环境科技的支撑和服务，必须提高农业环境科技支撑能力，为农业产业发展，为保障农产品质量安全服务。

1. 发展化肥、农药等农业投入品减量化使用技术

2015 年，农业部印发《到 2020 年化肥使用量零增长行动方案》和《到 2020 年农药使用量零增长行动方案》，各地积极探索农业投入品减量化使用技术创新，在节肥和节药方面取得了一些成绩。

在节肥技术方面，一些地方积极推广测土配方施肥技术，根据作物对土壤养分的需求规律、土壤养分的供应能力和肥料效应，在合理施用有机肥料的基础上，提出氮、磷、钾及中、微量元素肥料的施用量、施用时期和施用方法，从而调节和解决作物需肥与土壤

供肥之间的矛盾，截至 2015 年底，全国供销合作社系统开展测土配方施肥 2600 多万亩，平均每亩可节约化肥 1.5 公斤。还有一些地方通过化肥机械深施、种肥同播、适期施肥、水肥一体化等技术减少化肥施用，提高化肥利用率。安徽省积极推广玉米种肥同播技术，施用缓释肥，减少追肥，每亩减少追施氮肥 4.6 公斤。宁夏回族自治区加强水肥一体化技术示范推广和一次性施肥技术研究应用，2015 年在 8 个县（区）建立水肥一体化示范区 1 万亩，带动全区粮食作物水肥一体化技术推广面积突破 30 万亩，减少化肥用量 1 万吨。

在节药技术方面，一些地方采取精准用药技术，根据病虫害发生规律，以及对虫情和防治条件的准确预报，开展统防统治，减少农药用量。浙江省大力推进以整县、整乡、整村推进的整建制统防统治，建立 40 个试点示范区，涵盖面积近 95 万亩，辐射带动 300 多万亩，水稻每季减少用药 2 次左右，化学农药使用量下降 30% 以上。一些地方通过化学农药替代技术，减少农药使用量。辽宁省采用物理防治技术，在强化病虫预测预报基础上，以人工释放天敌昆虫赤眼蜂为核心，结合白僵菌生物制剂封垛、灯光诱杀、性诱剂诱杀等辅助措施，压低越冬化蛹基数、诱杀初夏羽化成虫、增加田间卵块天敌寄生率，有效降低危害程度。还有一些地方采用机械节药技术，利用先进的农药施用机械进行精准喷雾作业，避免施药过程中的"跑、冒、滴、漏"现象，提高农药利用率，如天津市推广集成精准、低剂量施药的高效植保机械，淘汰"跑冒滴漏"的落后植保机械，实现主要农作物农药利用率 40% 以上。

2. 发展农业产业间关联循环生产技术

农业产业间关联循环生产技术是将农作物生产体系—畜牧养殖体系—农产品加工体系紧密相连，研究开发农牧结合技术、农产品精深加工技术、可再生资源的能源化利用技术。河北省石家庄市灵寿县供销合作社全力打造现代农业、废弃物利用、生物质燃气和绿色发展"四位一体"的可盈利循环经济模式，形成了一个集种植、养殖、观光旅游于一体的循环农业产业链，即食用菌种植业废弃的菌棒（中药材废弃物）作为有机饲料添加成分供应给养殖业；养殖业中的粪便，进入沼气站，发酵后产生的沼气作为清洁能源使用，而沼气渣液又可作为有机肥料供应给蔬菜、水果等种植业；种植业中修剪下来的树枝和秸秆粉碎成木屑后，又拿回去做了菌棒，种植各种食用菌。

3. 发展耕地重金属污染修复技术

污水灌溉、涉重金属企业"三废"排放、汽车尾气排放、不合理的农药和肥料使用等，导致农田土壤健康大大下降。环保部数据显示，2014 年，我国耕地土壤点位超标率为 19.4%，其中轻微、轻度、中度和重度污染点位比例分别为 13.7%、2.8%、1.8% 和 1.1%。耕地重金属污染不仅引起土壤的组成、结构和功能的变化，还能抑制农作物根系生长和光合作用，致使作物减产甚至绝收。更严重的是，土壤对污染物具有富集作用，重金属还可能通过食物链迁移到动物和人体内，对动物、人体健康构成严重威胁，因此，农田土壤重金属污染已成为威胁我国粮食安全生产的一个严重环境问题。对已遭受污染土地的治理关键要靠农田重金属污染修复技术创新，可以采取植物修复技术，用于小面积受污染土壤的净化，如玉米抗镉能力强，马铃薯、甜菜等抗镍能力强等。有些蕨类植物对锌、镉等重金属能形成高浓度富集，也可以有效降解重金属污染。湖南茶陵县通过推广镉低积累水稻品种、优化水分管理、土壤深翻耕、施用生石灰和有机肥、种植绿肥、喷施叶面阻控剂以及增施土壤调理剂等积极推动重金属污染耕地修复治理。

（四）提升农业信息化技术水平

新中国成立后，党和政府十分重视农业发展，为农业发展提供了力度空前的信息支撑，并提出将信息化作为农业现代化的一个重要标志。党的十八大提出"促进工业化、信息化、城镇化、农业现代化同步发展"的战略部署，为全国上下加快推进农业信息化指明了方向，明确了目标任务。2016年中发一号文件明确提出，大力推进"互联网+"现代农业，应用物联网、云计算、大数据、移动互联等现代信息技术，推动农业全产业链改造升级。

现代信息技术与传统农业的全面深度融合，能够将产业链、价值链、供应链等现代经营管理理念融入农业，能够推动农业生产由以产品为中心转变为以市场为导向，以消费者为中心倒逼农业生产经营的标准化、智能化、集约化、产业化和组织化，进行优化农业生产布局和品种结构，发展高产、优质、高效、生态、安全农业，实现农业发展方式根本性转变。随着计算机技术、网络通信技术、数据库技术、多媒体技术、人工智能技术等现代信息技术逐渐向农业领域渗透，传统的农业生产经营方式正在发展改变，农业生产和经营管理更加精细化，使农业资源获得优化配置，农产品产出进一步提升。据测算，如果利用现代化的信息技术，农活用工量可从目前的 10 个/亩降至 2 个/亩，减少种子和化肥施用量 30% — 50%，产量可以提高 10% — 30%。互联网技术可以把单个农业从业者与大市场有效联结起来，有效促进产销衔接，降低流通成本，同时有利于稳定市场预期、减缓价格波动。当前，我国在提升农业信息化水平方面做了以下几个方面的探索。

1. 以物联网技术为支撑发展智慧农业

欧美农业现代化比较发达的国家最早将现代信息技术应用于农业生产管理，通过 3S 信息技术综合集成作物估产、动植物生长监测、气象和病虫害预报、精准施肥、灌溉等相关信息，一体化地为农业系统管理服务，实现农业精准作业。我国农业生产环节的信息化起步较晚，1994 年，农业部提出了"金农工程"，由此正式拉开了农业生产经营信息化的序幕。近年来，随着智能感知芯片、传感器、云计算系统、移动嵌入式系统等物联网技术在现代农业中的应用逐步拓宽，我国智慧农业也获得了快速发展。所谓智慧农业，就是通过各种无线传感器实时采集农业生产现场的温湿度、光照、二氧化碳浓度等参数，利用视频监控设备获取农作物的生长状况等信息，远程监控农业生产环境，同时将采集的参数和获取的信息进行数字化转换和汇总后，经传输网络实时上传到相关农业智能管理系统中，系统按照农作物生长的各项指标要求，精确地遥控农业设施自动开启或者关闭（如远程控制节水浇灌、节能增氧等），实现智能化的农业生产。通过使用无线传感器网络技术可以有效降低人力消耗和对农田环境的影响，获取精确的作物环境和作物信息，从而大量使用各种自动化、智能化、远程控制的生产设备，足不出户就可以监测到农田信息，实现科学监测、科学种植，有利于提高农产品的产量和品质，提高土地的产出率，也有利于节约农业劳动力，提高劳动生产率，促进现代农业发展方式的转变。

物联网技术正在改变农业传统的生产方式，通过便捷的网络通讯渠道将农业生产各类信息资源传输到农民手中，辅助农民进行科学的生产决策，有利于推动农场的信息化管理，实现工厂化的流程式运作，进一步提升经营效率。基于无线传感网络的滴灌自动控制系统在北京、上海、黑龙江、河南、山东、新疆等地开始试点性应用。一些猪场、奶牛场和禽场运用物联网技术进行养殖环境监控、疾病防控以及自动饲喂，一些大型奶牛场引进国外的基于物联网技术的先进挤奶机器人。江苏、山东、广东、上海、浙江、天津等省市的水产养殖企业开始利用最新的农业物联网技术，配置水产养殖实时远程监测系统，对水产养殖环境进行实时在线监测。例如江苏省宜兴市高塍镇素以养殖大闸蟹闻名，养殖水域超 5 万亩。2011年 3 月，由无锡移动、中国移动物联网研究院、宜兴市农林局、中国农业大学联手打造物联网水产养殖基地，采用先进的物联网技术、网络监控、传感设备帮助蟹农"智能养蟹"。由大量传感器节点组成的监控网络时时监测养殖塘内的溶氧量、温度、水质等指标参数，蟹农通过互联网、手机终端登录"水产养殖监控管理系统"，就可随时随地了解这些信息，一旦发现某区域溶氧指标预警，只需点击"开启增氧器"就可实现远程增氧；蟹农用手机发送短信指令到中心平台，可操控自动投喂机按预先设定的间隔时长、投喂量为塘区的水产动物投喂饲料；监控中心管理人员还可根据塘区的历史数据积累，判断可能发生的天气变化，通过平台向所有蟹农发送天气预警、水产物疾病预警等信息，提醒蟹农采取增氧、移植水草、清塘消毒等相应的防范措施。

在大田作物种植方面，新疆生产建设兵团充分发挥农业生产集约化、规模化、机械化程度高的优势，加快应用现代先进信息技术改造提升传统农业生产方式，逐步向数字化、智能化、实时指挥和控制的自动化精准农业过渡，其中在节水灌溉、精准施肥、病虫害防治以及防灾减灾等方面取得了明显成效。兵团引进开发的以农业高效用水信息控制渠系自动计量和膜下滴灌精准灌溉技术，研制的农田土壤水分数据采集和智能节水灌溉系统，能够实现每亩节水40%，节肥20%，棉花增产25%以上。兵团研发的微机决策平衡施肥系统利用 GIS 技术，以连队为单位采集土壤类型、肥力、作物品种、产量以及肥料使用等有关信息，进行动态监测，并针对不同情况，设定出作物所需氮、磷、钾及微量元素的最宜施用量、配比及施肥方法，使作物养分、土壤养分处于最佳动态平衡状态，大大提高了肥料利用率和施肥经济效益，实现了农业生产从经验施肥到精准施肥的跨越。

2. 以互联网技术为支撑创新农产品流通模式

互联网技术在农业领域的应用，在农产品流通领域最为成功，通过应用不断完善的网络技术，不仅在城市催生了很多生鲜电商，而且为广大农村带来了流通方式的创新发展，有效地改善农产品流通存在的环节过多、链条过长、流通效率偏低等问题，解决了农产品"卖难"问题。

利用互联网技术发展农产品电子商务。"互联网+农产品流通"是利用互联网、大数据、云计算等技术，改善农产品供求双方的信息获取能力、产品销售能力和对市场风险抵抗能力。农户能够借助农产品电子商务准确预知市场需求，突破市场局限，获得直接对接大市场通道的便利，甚至能够实现农产品预售和订单销售，降低了市场风险。大量的中间商和批发市场可以借助电子商务向上游延伸，打造一个完整的农产品流通产业链，同时向下游延伸，就会知道订单在哪里，订单有多少，这样可以根据需求进行保鲜时间的把握，包装也更有针对性。农产品销售商也能够借助电子商务直接与农场对接，打通了生产和销售的通道。不少互联网企业都把农村电商看作"蓝海"，阿里、京东等大型电商企业分别实施"千县万村"、"渠道下沉"战略，在农产品电子商务领域抢滩布局，中粮"我买网"、供销e家、顺丰优选、本来生活、一号店、苏宁"苏鲜生"等为代表的农产品电子商务网站丰富电子商务业务，实现了网上选购、物流配送、电子支付等全程服务。目前我国已初步形成了包括期货交易、大宗商品电子交易、农产品B2B电子商务网站，以及农产品网络零售平台等在内的多层次的农产品电子商务市场体系和网络体系。2015年以来，我国网上商品期货交易总额达136.47万亿元，其中农产品期货交易品种达21个，交易额达48.7万亿元，约占商品期货交易总量的36%。我国农产品大宗商品电子交易市场达到 402 家，约占全国大宗商品交易市场总量 1021 家的 25%，年交易额超过 20 万亿元。我国农产品网络零售交易额达1505 亿元，增幅超过 50%，农产品跨境交易额超过 200 亿元，其中农产品跨境电商交易额增幅超过 100%。

县域农产品电子商务异军突起，成为农产品电子商务的一大亮点，浙江遂昌、安徽宁国、陕西武功、甘肃陇南、贵州铜仁等地，农产品电商将良好的生态环境通过电子商务转化为经济价值。例如，浙江省遂昌县农产品电子商务起源于 2010 年 3 月，由遂昌团县委，县工商局、县经贸局、碧岩竹炭、维康竹炭、纵横遂昌网等多家机构发起成立的遂昌县网店协会，协会与投资者合作出资设立了遂昌遂网电子商务有限公司，公司搭建电子商务平台传递农产品供需信息，打通了农产品的流通链条。首先，公司制订相关标准指导监督农民专业合作社和农业企业等农产品供应商会员进行种植，在农产品收获前，公司就把产品相关信息提供给电商会员并在网上销售农产品；电商会员利用淘宝、京东等电商平台搜集消费者的需求信息并将信息反馈给公司，公司接到订单信息后对产品进行初加工、分拣和包装，然后派单给相关的物流企业送到消费者手中。到 2014 年，遂昌县以农林产品为主的电商交易规模已达5.3 亿元。

3. 利用互联网技术实现农产品质量可追溯

"互联网+农产品质量安全"是新一代信息技术与农业跨界融合的重要领域。利用互联网技术能够将基地生产的农产品生产过程及产品检测信息及时形成农产品质量安全电子档案数据库，并通过条码或二维码技术提供基于网络、短信、语音的可追溯农产品信息检索服务，消费者可以追溯到购买的农产品生产地块、生产者、产品品种、采收时间、检测结果等信息，实现农产品的来源查证、去向追溯与责任定位，提高农产品质量安全水平。例如，辽宁金社裕农供销集团牵头组建了河蟹、水稻、畜禽、果蔬等联合社，为每个联合社社员的优质农产品贴上二维码，等于给农产品办理了"身份证"，消费者通过扫描二维码可在线随时监测到基地的情况，并可查到产品的源头。

4. 利用互联网技术提升经营管理水平

随着互联网在的普及，众多农业企业开始认识到企业信息化建设的重要性，绝大部分的企业都接入了互联网。许多农资企业借助互联网技术正在由传统的卖农资向卖服务转变。由于我国农业生产以小户、散户为主，农资行业主要以代理分销模式为主。农资产品从出厂到送达农民手中，需要经过区域代理商、市县、乡镇、村等多层渠道商。这种代理分销模式，导致了农业生产中农资商品价格高且质量难以保障。为了改变这种现状，重庆农资集团立足自身优势打造农资物联网平台，实现农资采购、仓储、运输配送等各个环节的智能化，降低农资交易与物流成本，以及农资商品"生产有记录、信息可查询、去向可追踪、责任可追溯"，最大限度保护了农资生产者、经营者、消费者合法权益。此外，农民通过手机下载"网上庄稼医院"APP后，当季的土地该施什么肥，作物生病怎么办，拍张照片上传到"网上庄稼医院"，后台由市政府、科研院所、农资公司等权威单位的农技专家和区县农技员、种养殖能手等土专家智囊团便能及时给出解答，真正实现科学施肥灌溉、病虫害远程诊断等。农民专业合作社也开始重视信息化建设。例如自2009年开始，安徽省实施农民专业合作社信息化建设工程，全省1500家农民专业合作社加入"安徽农民专业合作社网"，实现了"生产在社、营销在网、业务交流、资源共享"。

（五）加快推进农业科技推广

我国农业科技推广经过几十年的发展，已经形成了以专业技术推广部门为主体、专群结合的多元化大系统（如图5-1所示）。"国家—省—市—县—乡"五级农技推广机构比较健全，推广人员多，是农业技术推广的主力军，其中，农业部下设农业技术推广中心，负责组织、管理和实施全国各级农业科技推广工作。县乡两级的农业技术推广部门，是推广体系的主体，是直接面向农民服务的。截至目前，全国有农技推广机构7.9万个，其中县乡7.6万个，实有农技人员58万人，全国基层农技推广体系年推广新品种27.8万个次、新技术18.1万个次，开展技术培训58万次，培训3.5亿人次。除此以外，科委、科协等机构也从事有关的农业科技推广工作，农业院校、科研单位、一些农业企业和农民专业合作社，为了推广新成果或推销产品、收购农产品，也开展一些农业技术推广。全国有近15万个专业技术协会，入会农户500多万，150多万家的农民专业合作社，实有入社农户1亿多户。

在实践中，基层农技推广组织紧紧围绕当地主导品种和主推技术，采取"县乡农业技术人员+村委会、村集体经济组织+农户"、

"县乡农技人员+基地或专业合作社+农户"等方式，通过试验示范，展示养殖名特优新品种，推广应用先进新技术，不断提高主导品种和主推技术进村入户率。

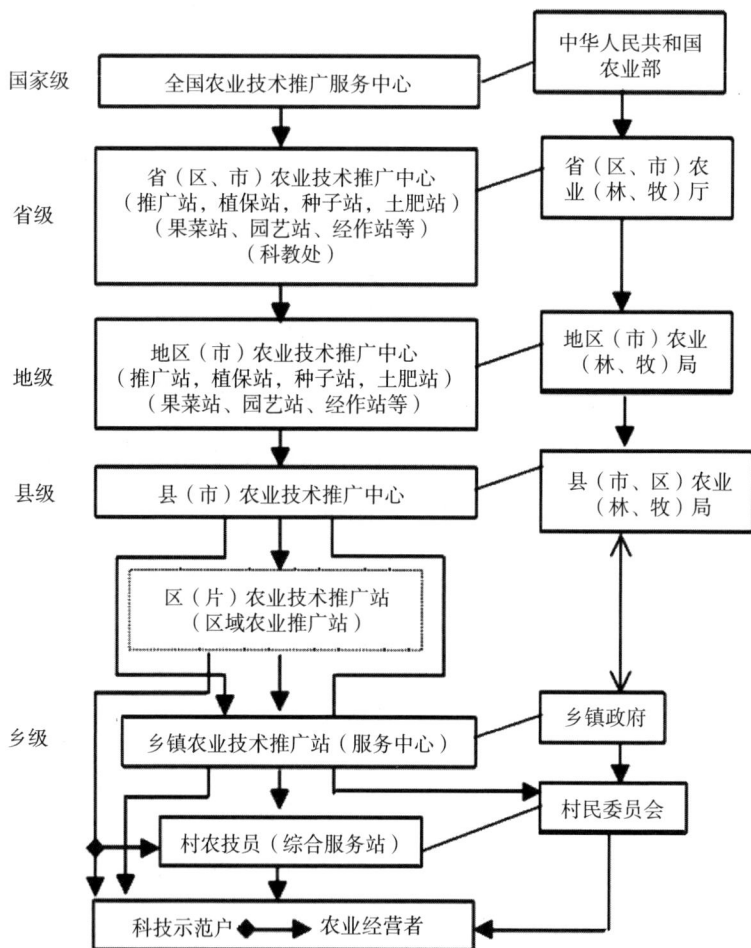

图5-1 我国农业科技推广体系结构图

三、构建现代农业科技创新体系存在的问题

（一）现代农业科技水平低

目前，我国农业科技创新呈现出"六低"的特征：农业科技进步贡献率低、机械化作业率低、土地产出率低、资源利用率低、劳动生产率低、信息化水平低，与世界先进水平相比有比较大的差距。我国农业科技进步贡献率为56%，比发达国家低近20个百分点；农作物综合机械化作业率只有63%，欧美日等发达国家综合农机作业率已达90%以上，比我国综合农机作业率高出近30个百分点，每千名农业劳动者拥有的拖拉机数量在550—1840台，农业劳均增加值在2万—4万美元，远高于我国平均水平；我国农业劳动生产率仅为发达国家的2%，是美国农业劳动生产率的1%；我国玉米单产仅是美国的55%，排名靠前的稻谷和小麦也比发达国家要低40%左右；我国化肥利用率仅为35.2%，农药利用率为36.6%，农业信息化水平只有35%，都不足发达国家的一半。

（二）农业科技创新能力差

我国农业核心技术、关键技术自给率偏低，高技术含量的关键装备基本依靠进口；农业技术创新以跟踪模仿为主，突破性的科学发现和技术发明少。究其原因，我国农业科技研发分属不同的行政

管理部门，管理滞后，资金挪用等现象也是时有发生，这导致本来就十分有限的农业科研经费更是撒了胡椒面，难以集中优势发挥作用。如我国在生物育种方面虽然取得了一定的成绩，整个产业的实力与跨国公司相比尚有很大差距，目前我国持证种子企业多达8700家左右，2/3左右的企业是注册资本在100万—500万元的中小企业，90%以上的企业没有研发能力，注册资本在3000万元以上的只有200多家，实现繁育推一体化、经营范围覆盖全国的企业仅100余家，与国外种业巨头如美国杜邦先锋、孟山都、圣尼斯公司及瑞士先正达种子公司相比，我国种子企业数量多、规模小、研发能力弱的劣势非常明显。再比如，我国农机技术原创能力不足，许多农业装备技术研究院所和农机装备企业缺乏农机研发投入的动力和供给的积极性，不能有效支撑新产品开发，导致关键环节机械化技术与装备缺乏或不成熟。

（三）基层农业科技推广能力较弱

近年来，由于取消农业税后，县财政收入大为减少，乡镇政府也基本失去了财源，加之在撤乡并镇、精简机构的改革大背景下，大量的乡镇农业技术推广机构被缩减、合并，削减甚至取消事业经费，导致许多地方农业科技投入不足，原有的推广体系出现"网破、线断、人散"的现象，基层农业科技推广人员只能从事一些经营性的农业技术推广工作（如销售种子、农药、化肥等），而对于公益性的农业技术推广工作基本上没有开展。基层农业科技人才严重缺乏、知识结构老化，开展试验示范、技术服务等专业化程度不高，创新性不够，解决生产问题能力不强，文化水平和知识结构难以适应现代农业发展需要。我国农业科技推广与农业科技研发结合不紧密、生产难题得不到及时解决。特别是推广机构与科研单位没有隶属关系，各自独立，自成体系，推广工作与科研工作缺乏有效沟通，政府和推广部门主要考虑能否完成全年农业计划和任务，工作重点是以增产为主；科研单位围绕政府的意图做项目，对农民和市场需求缺乏了解。

（四）农业科技应用基础条件不足

一是家庭经营不利于新技术的推广和应用。如我国小规模家庭经营导致土地细碎化，不利于田间机械作业，尤其是大型农业机械的使用。截至 2015 年底，全国家庭承包耕地流转总面积达到 4.47 亿亩，然而，经营耕地 10 亩以下的农户仍然超过 2.29 亿户，农户小规模分散经营仍是农业生产的主要形式，土地适度规模经营的发展远远落后于农业机械化的发展要求。二是农业基础设施建设滞后是制约农业科技应用的最主要瓶颈。如在山区和丘陵地带，农业耕地的分散性导致了农地规划的混乱，使得农机配套的基本设施建设得不到实施，比如农机路、水利等，导致农业机械在田间作业和田间转移存在较大障碍；再比如我国农村计算机和网络的普及率相对不足，无法满足农业信息技术的研究和资源的获取。三是农民的科技水平低也是制约农业科技应用的一大因素，特别是农业信息化是一种拥有高技术含量的新型技术，但农民中真正掌握农业信息化的人却非常少。

（五）农业科技人才队伍建设滞后

构建农业科技创新体系需要一支数量庞大、素质优良的科技人才队伍，但从目前情况来看，我国农业科技人才队伍建设还存在一些问题和不足，特别是与发达国家相比，我国农业科技人才队伍建设比较滞后，科研创新领域的领军人才、科技推广领域的农技人员严重缺乏，每100公顷耕地平均拥有科技人员0.75名，而美国为15名；每万名农业人口拥有科技人员6名，而日本为100名，荷兰为200名；我国农业科技人才数量仅占农业劳动力总数的0.64%；人才地域、行业分布不合理，东部较发达地区科技人才资源相对集中，中西部欠发达地区人才资源严重不足；现有的80%以上的农业科技人才、成果资源主要集中在农业科研单位，农业企业和农民专业合作社等经营主体科技创新人才、成果资源缺乏；农学、农经专业人员比例较大，而园艺、植保、农产品加工、营销及信息服务等技术人才相对短缺。此外，由于人才培养开发、评价发现、激励保障机制不健全和农业科技经费投入不足等原因，导致农业科技人才创新意愿不强，不注重基础性研究、公益性科研，甚至导致农业科技人的才流失。

四、构建现代农业科技创新体系的路径

着眼长远发展，超前部署农业前沿技术和基础研究，力争在世界农业科技前沿领域占有重要位置。面向产业需求，着力突破农业

重大关键技术和共性技术，切实解决科技与经济脱节问题。立足我
国基本国情，遵循农业科技规律，把保障国家粮食安全作为首要任
务，把提高土地产出率、资源利用率、劳动生产率作为主要目标，
把增产增效并重、良种良法配套、农机农艺结合、生产生态协调作
为基本要求，促进农业技术集成化、劳动过程机械化、生产经营信
息化，构建适应高产、优质、高效、生态、安全农业发展要求的技
术体系。

（一）积极推动农业科技创新

大力加强农业基础研究，在农业生物基因调控及分子育种、农
林动植物抗逆机理、农田资源高效利用、农林生态修复、有害生物
控制、生物安全和农产品安全等方面突破一批重大基础理论和方
法。加快推进前沿技术研究，在农业生物技术、信息技术、精准农
业技术等方面取得一批重大自主创新成果，抢占现代农业科技制高
点。着力突破农业技术瓶颈，在良种培育、节本降耗、节水灌溉、
农机装备、新型肥药、疫病防控、加工贮运、循环农业等方面取得
一批重大实用技术成果。打破部门、区域、学科界限，有效整合科
技资源，建立协同创新机制，推动产学研、农科教紧密结合。

（二）着力提升农业科技推广服务

农业科技推广工作是一项公益性很强的事业，要充分发挥各级
农技推广机构的作用，着力增强基层农技推广服务能力，推动家庭
经营向采用先进科技和生产手段的方向转变。通过深化农业科技推

广体制改革，重点要健全乡镇或区域性农业技术推广公共服务机构，具有政府财政投入保障推广经费，逐步推动基层农业技术推广组织与行政系统脱钩，将公共农业技术推广组织办成中立的公益性推广组织。培育和支持供销合作社、农民专业合作社、农业企业等新型农业社会化服务组织发展，充分发挥其在农业科技推广应用中的作用，建立专业技术人员、农民土专家、企业家等广泛参与的技术转化队伍，加快把农业新技术、新成果转化为现实生产力。

（三）改善农业科技创新条件

加大国家各类科技计划向农业领域倾斜支持力度，提高公益性科研机构运行经费保障水平，加大涉农公益性行业科研项目支持力度，加强国际农业科技交流与合作，加大力度引进消化吸收国外先进农业技术。加快建立教育培训、规范管理和政策扶持"三位一体"的新型职业农民培育体系，以提高科技素质、职业技能、经营能力为核心，充分发挥各部门各行业作用，加大各类农村人才培养计划实施力度，加快培养一批有文化、懂技术、会经营的复合型人才，逐步提高农民的农业技术水平。改善农业科技创新设施装备条件，加大土地流转和土地托管等适度规模经营的扶持力度，积极推进农业适度规模经营，加强农田水利设施和高标准农田建设，强化土地平整与整合、机耕道建设、节水农业灌溉工程等建设，加快农村信息化设备和物流设施建设，推动农业生产经营主体对接农产品电子商务平台，不断夯实农业发展物质基础。

（四）强化农业科技人才队伍建设

适应转变农业发展方式对农业科技创新的迫切要求，以培养农业科研领军人才和农业技术推广骨干人才为重点，带动农业科技人才队伍全面发展。要充分发挥高等农业院校优势，通过合作共建等多种方式，为农业发展输送更多合格的专业人才。利用现代农业产业技术体系、转基因重大专项、行业科研专项等重大项目凝聚人才、发现人才、培养人才，在创新实践中不断增强科研人员的创新能力。组织开展农技人员大培训，加快农技推广人才知识更新，鼓励和引导高校、职业院校涉农专业毕业生到基层农技推广机构工作。要以扩大农业科技人才总量，优化人才结构，提高人才综合素质和创新能力为目标，建立起培养、吸引、评价、使用和激励约束机制，构建起比较完善的农业科技人才政策法规体系，为农业科技人才发挥聪明才智提供良好环境和条件。建立健全政府主导的多元化投入机制，进一步加大对农业科技队伍建设的支持力度，重点投向农业科技人才的培养培训、输入引进、科学研究、创业创新、奖励奖助等。

总体而言，推进农业科技创新，要围绕提高劳动生产率、资源利用率、土地产出率和农业综合效益，加强农业科技攻关，为保障粮食安全和发展现代农业提供有效支撑。要适应农业规模化、精准化、设施化的要求，加快开发多功能、智能化、经济型农业机械和装备设施，在有条件的地区积极推动智能装备在农业生产经营中的应用。切实加强农业生物技术特别是新品种、新型农药和新型肥料等的开发应用，加快资源保护利用、农业节水等关键技术开发，发展资源节约型、环境友好型农业。推动信息技术在农业中的广泛应用，重点推进精准作业、农村电子商务等技术，加快培育物联网农业，建立健全智能化、网络化农业生产经营体系，充分发挥国家农业科技园区、国有农场等在运用先进技术和建设现代农业中的示范作用。

第 六 章

构建农产品质量安全保障体系

农产品质量安全贯穿"从田间到餐桌"整个过程，由许多环节和经济组织载体决定，是一项涉及政治、经济、社会和文化的系统工程。农产品质量安全保障呈现出多维价值功能，关系到国家的政治稳定、经济发展与社会和谐，凸显了对社会公共利益的重要性。建立农产品质量安全保障体系，不仅有利于实现对现有社会资源的合理整合，更有利于推动农业现代化进程。现阶段，我国正处于传统农业向现代农业转型的关键时期，迫切需要构建具有中国特色的农产品质量安全保障体系，从而全面提升农产品质量安全水平，为消费者提供安全可靠的放心产品，不断提升我国农产品的国际竞争力。

一、标准化体系建设

打造标准化体系需要从标准建设、品牌培育和质量安全认证三个方面着手，推动传统农业向现代农业的转变。

（一）加快推进农业标准化

农业标准化是现代农业发展的重要基石，是增强农产品国际竞争力的有效手段。推进农业标准化建设也是农业和农村经济结构战略调整的必然要求，是保障农产品质量和消费安全的基本前提。农业标准化的主要内容是规范农业生产，形成农产品的生产、加工、销售一体化的产业格局，这也是政府履行监督管理职能的基础，是开展农产品产地认定、产品认证以及例行监测和市场监督抽查的依据。

1. 我国农业标准化建设的现状

我国自 1991 年颁布实施《中华人民共和国产品质量认证管理条例》以来，全国各地都加强了农业标准的制订和实施，农业标准化工作取得了较快进展。1993 年 9 月，国家质量技术监督局启动了农业标准化示范区试点，1996 年，联合农业部下发《关于加强农业标准和农业监测工作，促进高产优质高效农业发展的意见》，大范围推广和实施农业标准化，并于 2001 年启动"无公害食品行动计划"。目前，国内农业主管部门、各省、自治区、直辖市农业部门都设置了标准化管理机构，重点开展建立健全农业标准化体系和建设农业标准化生产示范基地，提高农产品质量和安全性，促进农业产业化发展等方面的农业标准化工作，取得了明显成效，我国农业标准化体系基本形成。截至 2015 年底，我国已发布农业国家标准 2746 余项，备案行业标准 4246 项，截至"十二五"末，"三品一标"（有机农产品、绿色农产品、无公害农产品和农产品地理标志）总数达到 10.7 万个。各省市根据地方农业资源特征、农业生产特色和地方优势农产品发展需求，在国家标准、行业标准的基础上，围绕种植业、畜牧、园艺、林业、水产、水利、农机、农业资源开发等行业，围绕粮油、水产、蔬菜、畜禽、花卉等优势农产品，围绕生产、加工、审定、监测等方面的技术规程和标准规范，制订了一系列地方农业生产和管理标准。到目前为止，共出台了地方标准 17000 多项，覆盖各类农产品，贯穿产前、前中、产后的全过程，涉及农业基础管理、农业产品质量和安全、动植物保护、检疫和检验、农林机械与设备等各个方面，初步形成了一个以国家标准为主体，行业标准、地方标准、企业标准相互配套的农业标准体系。农业标准化对农业生产的集约化、产业化和现代化，及新型农业生产经营主体的发展壮大起到了越来越大的作用。

2. 农业标准化建设中存在的问题

（1）农业标准化体系有待进一步完善

我国的农业标准化工作开展时间比发达国家晚，且标准配套性和可操作性不强，"产前、产中、产后"等整个农业生产过程的标准体系建设还十分不完善，标准化工作执行力度不足，基层队伍力量薄弱，农业企业参与标准化建设的意识不强。

（2）农业标准化意识薄弱

我国的农业生产者标准化意识普遍不高，导致农产品在外观、品质、安全卫生等方面都存在着一定差距。虽然农产品数量比较充足，但大多档次不高，优质农产品比较匮乏；普通品种较多，专用产品缺乏；农产品缺乏产后贮存、精加工、包装手段以及相应的技术规范，农产品加工水平落后于世界发达国家，很难参与国际农产品竞争。

（3）农业标准贯彻实施力度不到位

由于我国许多地区特别是偏远农村普遍存在着对农业标准重制定、轻实施，导致目前标准的制定、实施与推广还存在着较严重的脱节。一方面，由于对农业标准化知识及有关法律、法规的宣传、示范、推广力度不够，资金投入不足，很难从根本上保障标准的有效贯彻落实；另一方面，农业标准的制定和实施缺乏统筹规划，同一农产品的产品质量标准和生产技术规范，在国家标准、行业标准和地方标准三类标准均有体现，有的内容还相互重复甚至自相矛盾，使得生产经营者无所适从，导致农业技术标准用性不强，标准利用率偏低。

（4）农业标准化监测、监管不全面

政府的重要职能就是确保农产品质量安全。发达国家为了实施农产品"从田间到餐桌"的全程监控，通常由政府出资，建立比较全面的农产品质量安全风险监测制度。我国目前虽然对农产品质量安全风险监测有较大的投入，但是真正实现农产品全程、全面监控还有一段路程要走，对问题多、易反复、风险隐患大的地区及产品的监管力度还有待加强。

（5）标准化研究工作相对滞后

虽然标准化研究工作由国家级和各个部门、地区的标准化研究机构开展，但由于我国标准化研究机构成立较晚，开展标准研究时间短，研究侧重点偏向工业、环保、信息等产业，对农业标准方面开展的研究和取得的研究成果均比较少，导致农业标准化的研究相对滞后和薄弱，农业标准的科学性、适用性和先进性有待进一步提高，而且现有的标准不同程度地存在着内容不够全面，农业企业参与少，实施起来较困难，难以适应现代农业发展的需要或者不能完全与国际标准接轨等问题。

3. 推进农业标准化的路径

虽然我国的农业标准化已经取得了长足的进步和显著的成就，但与发达国家相比仍存在较大差距，与我国农业现代化的发展要求还很不适应。就目前来看，我国农业标准化的制定和实施，在很多方面仍需要改善。

（1）实现生产设施、农业生产过程和农产品标准化。农业生产经营包括产前、产中、产后三个环节，因此农业标准化的范围已经不仅局限于单一的终端标准，还扩展到产前、产中、产后整个生产流程各阶段的具体标准，这三个环节的标准化是农业标准化的关键。通过对农业生产的生产资料、产业环境、生产过程等各个节点的标准化，农产品的品质提高得到保证，食品安全得以实现，并在一定程度上提高农业生产的效率，增加了农业生产的收益，实现农业生产经济、社会、生态效益的良性循环。

（2）加快农业标准化示范区等综合园区的建设。加快现代农业示范区、园艺作物标准园、畜禽标准化示范场和水产健康养殖示范场的建设水平，采取优选基地、推广良种、技术服务、产业化运作等综合措施，推动农业标准化基地的建设注重对农业标准化示范区、示范场的保护，通过引入与研制结合的方式，建立绿色、有机、无公害的农产品生产、加工和流通全过程农业标准体系，加快推广农业标准化生产与养殖技术。加强农产品质量安全的源头控制，强化生产技术规范执行，通过订立合约等制度和经济手段对农产品全程进行监督与把控，推行企业化运作和产业化经营，提高农业标准化示范区、示范场的组织化程度，加大对示范区建设工作的资金投入。

（3）建立和完善相关服务体系。农业标准化贯穿了农业生产的产前、产中、产后各个环节，相关环节的技术协会、推广机构和组织等，都应纳入农业标准化管理服务体系。借助已有组织机构的宣传和流通渠道推广农业标准化的技术和管理信息，加强市场信息的收集和传递，开展相关的技术和管理方面的指导和服务，并根据已经出台的标准对农业生产进行标准化检测和评价。在此基础上，逐步建立和完善农业标准化的检测和评价标准，形成相应的体系和制度。

（4）加强监督管理力度。要加强对农业标准化实施的监督管理，就必须建立起完善的农产品监督管理体系和标准化的农业监管队伍。农产品的质量安全监管涉及从"田间到餐桌"的全程监控，需要各级质监、工商、农业、林业等部门的密切合作，需要继续加大对农产品质量监测的投入，特别是市场准入性检测至关重要。以"三品一标"产品为例，除了在认证时对产地环境和产品质量安全严格审核外，还要加强证后监管。只有把好每个环节，才能确保"三品一标"产品的质量安全。还应强化风险隐患大、问题多、易反复的地区和产品的监管，完善巡查检查制度和问题产品退出机制。此外，要解决长期存在的问题或隐患，还可以通过跟踪一些易出问题的产品，查找风险隐患，最终确保老百姓"舌尖上的安全"。

（5）完善激励机制。中央和地方政府应根据职责范围明确相关工作侧重点，国家制定统一的产品标准，地方和企业则解决具体实施过程中的规范问题。对在农业标准化实施过程中表现突出的个人和组织，政府需要制定相关的激励性措施调动他们的积极性，加强农业生产标准化的实施和推广。通过指导、示范等多种方式，整合农业标准化技术、管理和经营方面的知识和经验，进行传播和推广。

（6）加强宣传，提高标准化意识。通过宣传教育增强全社会的标准化意识，使相关的组织者、生产者、经营人员全方位地了解、掌握并且能够自觉执行标准，切实保障农产品的质量安全水平。充分利用各种媒体和信息宣传工具，宣传农业标准化知识，尤其是在基层农户中广泛开展农业标准化的相关培训，推广农业标准化的经验和技术，引导农民形成并提高农业标准化意识和自觉性。创新基层农业标准化的推广模式。农业标准化的基层实施者为农户，目前我国农户的知识文化水平整体较低，在推广农业生产标准化的操作流程时应创新传授模式，使农户能够较快接受及按规实施，如制定标准化流程模式图，将农业标准化的关键要求、技术等内容制作成直观、易学习和接受的流程图。加强对农户的规范化培训，通过示范区、示范基地等方式，进行标准化全程指导和监督。加强对农产品质量分级标准的宣传和推广，提高农户的标准化意识。

（二）推进农业品牌化

农业品牌化与我国现代农业的发展内在统一，与我国农业的转型升级相辅相成。农业品牌化程度已成为农业发展水平的重要标志和体现。新世纪以来，我国农业进入了由注重数量到数量质量并重、由注重生产到产销并重的转型时期。数量问题解决后，产品质量和品牌建设更加受关注，特别是 2002 年以来我国实施了优势农产品区域布局规划，构建了"三品一标"产品认证体系，培育了一批知名度和市场认同度较高的名牌产品。总体而言，推进农业品牌化建设成为发展现代农业的必然趋势。

近年来，国家和各级地方政府以全面提高农业质量水平和竞争力为核心，坚持"企业为主、市场导向、政府推动"的方针，大力开展农业品牌培育工作，取得了较好成绩。从实践环节看，由政府主导的农技推广部门在发展无公害生产、推广绿色食品生产技术、培育品牌农产品上的积极性进一步提高。到目前为止，通过大力实施名牌带动战略，培育出了一大批中国驰名商标、中国名牌产品和省、市名牌农产品，形成了培育品牌的梯次结构。在食用油、奶制品、速冻食品等行业中，农业品牌的竞争优势表现较为突出，品牌效应发挥明显。据国家统计局公布的信息，国内食用油市场的竞争激烈，金龙鱼、福临门和鲁花等十大品牌的市场占有率超过60%。随着市场经济的发展，地理标志逐渐受到重视，各地协会及企业积极申请注册地理标志。截至 2015 年底，我国已注册和初步审定地理标志集体商标、证明商标 2984 件，累计核准注册农产品商标 205.6 万件。

1. 农业品牌建设面临的主要问题

农业品牌建设是一个涉及多个主体的系统工程，涉及不同部门和利益群体，推进品牌化的机遇与挑战并存，新阶段农业品牌建设面临诸多现实问题。

（1）品牌保护力度不够

一是品牌发展不平衡，行业管理不规范。部分地区农产品品牌粗放式增长，品牌小杂乱，缺乏全国和行业规划，管理不够规范。国务院有关部门和一些行业中介组织，如国家质检总局、工商总局和商务部以及中国名牌战略推进委员会等，都制定了农产品质量和品牌管理的相关规定。但是有些规定相互独立，不能衔接，甚至政出多门，相互矛盾，这一现象在地理标志的管理中最为明显。更为严重的是一些部门和机构热衷于品牌评价和排序，造成评比结果过多过乱。这些评比机构中既有政府部门，也有社会中介机构；既有全国范围内的评选，也有各级行政区域内的评选，推出了一个又一个"名牌"、"荣誉称号"。

二是品牌保护难度大，假冒伪劣产品多。由于我国农业生产经营主体众多、品牌数量大，在一定程度上加大了品牌的保护难度，一些企业仿冒名牌的现象屡禁不止，给品牌所有者造成了很大损害。以五常大米为例，仅从商品的外观、包装和商标上来辨别真伪比较难，现今商品的高仿技术不容小觑，包装、商标几乎可以以假乱真。当然，鉴别大米真伪还可以从大米内在质量检测上来识别，但其过程较为复杂而且需要大量的时间，真正实施起来十分困难。

三是品牌的认知度低，农业品牌体系尚未建立。作为农产品品牌建设主体的企业和农户逐步开始重视品牌建设，注册商标的积极性日益高涨。作为农产品品牌消费的终端，消费者的品牌意识虽然在逐年提高，但许多地方政府、农业部门、农业企业和农民缺乏农产品品牌化发展的新思维、新办法、新手段。从农业组织管理者、农业企业经营者到一线农业生产者，许多人长期受小农经济思想的禁锢，不能把握农业发展趋势的变化，认识不到品牌在现代农业发展中的战略地位和作用。政府对农产品品牌建设缺乏正确的引导与扶持，企业常常只看到眼前现实利益而忽视农产品品牌的创立，农民则常常就生产论生产，缺乏可持续经营的思想，品牌在市场经济和推动农业发展中的作用还没有充分发挥。

（2）品牌培育理念与机制相对滞后

一是普遍重认证轻培育。近年来，由于国家对农产品品牌的重视，许多地方以获得"三品一标"认证数量为评价指标，部分生产经营企业为了追求短期利益，将工作重心放在了认证上。在获得认证之后，不注重持续提高品牌的美誉度和影响力，品牌的经营局限在很小的地区，全国知名的农产品品牌不多。

二是农业品牌培育保护的制度体系尚未建立。品牌创建涉及部门较多，工作协调整合机制不健全，建设过程中条块分割、各行其是的情况难以得到有效解决。各级政府基本没有促进农产品品牌化发展的针对性政策和专项资金，农产品品牌在与工商服务业品牌竞争中因先天的劣势争取不到有力的资源注入。

三是公用品牌的理念尚未普及。我国农产品公用品牌发展仍处于初级阶段，农产品公用品牌建设尚未整体规划，品牌资源不能得到很好整合，难以形成发展合力，代表国家形象的农产品国家品牌尚未出现。

（3）品牌建设面临技术与规模瓶颈

一方面，品牌农业体现的是新兴科技的发展，发展优质安全及品牌产品，必须依靠科技支撑。目前，我国初级农业品牌产品的技术瓶颈体现在产品品质、保鲜和物流上，加工型农业品牌产品技术瓶颈主要体现在加工工艺及检验检测技术上。我国覆盖农产品生产、加工、贮藏、销售全过程的标准体系尚不健全，标准缺失是品牌产品发展缓慢的重要原因之一。

另一方面，我国农业生产方式依然是以小农生产为主，绝大多数名、特、优新农产品一直没有做成全国知名品牌，市场占有率上不去，问题主要是农业经营规模偏少，没有规模就无法生产统一质量标准、统一标识的农产品，品牌质量难有恒定性；没有规模就无法进行大规模统一化生产、加工，难以满足稳定和扩大市场营销产品的需要，品牌推广渠道建立成本高，品牌建设的规模效应无从体现。

2. 加快推进农业品牌化建设的路径与举措

（1）发挥政府、市场及企业的主体作用

一是充分发挥政府在规则制定、支持保护等方面作用，健全农业品牌化政策体系。建立健全农业品牌认证、推广、识别、延伸与评价等关键环节规则和机制，形成农业品牌全程管理体系；健全"三品一标"和名牌农产品在工商、税收、质检等方面的优惠政策，加大品牌产品生产和流通的支持力度，强化品牌保护，形成良好政策环境。

二是发挥行业协会在政府与企业之间的桥梁纽带作用，积极反映企业在品牌建设过程中的共同诉求，创新服务方式，为行业企业提供品牌推介、品牌评估和诚信评价等专业服务，并完善行业自律机制。

农业龙头企业、农民合作社、家庭农场等新型农业经营主体要充分发挥在农产品品牌建设中的主体作用，主动适应市场化、信息化和消费升级的要求，率先实行标准化的生产和完整的质量安全认证，建立全面的质量可追溯体系；牢固树立法纪和诚信意识，对自己的生产经营行为负责，自觉接受社会监督；通过规范生产过程、采用先进技术、提升产品质量、加强营销推介等手段提升品牌的影响力和美誉度。

（2）优化农业品牌建设制度环境

优化农产品品牌运行环境。政府要进一步加强引导推动，建立"品牌认证、品牌扶持、品牌保护、品牌仲裁"等一系列机制和制度。发挥好市场鼓励竞争、价格调节、主体优化的作用，实现产品优质优价，更好引导品牌农产品生产。

加强对农产品的质量监督管理。农产品产地环境质量、生产技术、加工、运输、销售以及农业社会化服务的任何一个环节出问题都会影响到农产品的质量安全。目前我国在农业生产与市场准入、追溯、召回等制度还不够完善。农产品质量安全的预警和风险评估制度尚未形成，监管部门职能划分也还有待进一步完善。因此，要尽快形成"从田间到餐桌"全过程覆盖的监管制度，建立更为严格的食品安全监管责任制和责任追究制度，完善农产品安全的法律法规制度。特别是严格证后监管，严厉打击假冒伪劣产品。

提高消费者的责任意识。优质安全农产品品牌的形成不仅是生产者的责任，也是消费者的责任，如果消费者的品牌意识不能得到有效提升，就难以建立起安全优质的农产品生产供应体系，形成优质安全的农产品品牌。因此，培养全社会的农产品的安全与品牌意识十分重要。

（3）加快对优质品牌的市场培育与推广

一是以标准化带动品牌化建设。推进全程标准化，从标准化生产基地抓起，扩大生产规模。强化标准化意识，加大宣传和推广的力度和范围；加快推动农业全程标准化，加强农产品内在品质、分等分级、包装保鲜等标准的制定和修订工作；积极采用国际标准和国外先进标准，提高品牌农产品的质量。

二是创新品牌农产品的流通方式。加强品牌农产品"产销对接"，探索品牌农产品"农超对接"、"农社对接"、"农校对接"等新型流通方式；利用农产品电子商务平台，建立网上品牌展厅，大力开展电子交易；发挥中介组织的营销促销作用。

三是创新品牌农产品营销方式。大力发展电子商务、直销配送、订单农业等新型营销模式，实现线上线下结合，生产、经营、消费无缝链接。以互联网、电台、电视台、报刊为平台，以车站、港口、机场为节点，构筑品牌农产品国内外宣传网络，扩大品牌农产品美誉度和影响力。

四是增强农产品品牌的国际影响力。加快推动农业从产品经营向品牌经营和产业链经营的转变，鼓励农产品加工企业开展国际卫生注册和质量认证，提高农产品出口率；大力开展以品牌为纽带的资产重组和生产要素整合，加强农业发展公共服务平台建设，努力形成商标品牌保护合力，实现农产品整体品牌形象在国内外具有较高的知名度和影响力。

（4）探索品牌建设的可持续机制

一是挖掘品牌文化内涵。挖掘农产品品牌的历史、地理、传统、风俗等文化特征，寻找品牌传统文化与现代文化的结合点，综合利用文字、图像、宣传片等制作精良的品牌文化产品，全方位、多层次、多渠道地展示农产品品牌形象。

二是提高品牌科技含量。建立健全产前、产中、产后全过程相配套的技术服务体系。引导企业与高校、科研院所、高科技企业实施"高位嫁接"，鼓励和支持企业建立研发中心、实验室和科技成果转化基地。推动新品种培育和配套标准化技术的集成推广应用，着力突破种质优化、标准种植、适宜采收、风味保鲜、规模养殖、产地环境保护等关键技术。推动农业产业拓展和农产品价值提升的关键技术和特色产品，创新初级农产品保鲜、冷链物流技术和精深加工技术，提高品牌的附加值，全面提升农产品品牌科技含量。

三是强化品牌金融服务。探索品牌资本化运营机制。将农产品品牌作为重要资产进行管理，利用资本市场筹措品牌建设资金，进行持续的投资。

（三）加快农产品认证体系建设

农产品认证作为农业标准化的具体形式，是农产品生产、加工过程的评定模式能够有效规范农业生产和加工。在我国农业现代化建设进程中，农产品认证成为推进农产品标准化行之有效的手段和措施。随着我国农业进入发展新阶段，社会对农产品质量安全的要求越来越严格，农产品质量安全认证体系亟待完善。

1. 我国农产品认证的基本情况

我国农产品认证主要以无公害农产品认证、绿色食品认证和有机产品认证为主，此外还有 ISO22000 认证、GAP 认证和饲料产品认证、绿色市场认证等形式，目前基本形成了以"产品认证为重点、体系认证为补充"的农产品认证体系。

无公害农产品和绿色食品是我国政府为保障人民饮食安全，以全面提高我国农产品质量安全水平为核心，以农产品质量标准体系和质量体系建设为基础的认证体系，由政府直接实施，具有明显的中国特色。

有机产品认证是符合国际规范、与国际接轨的认证，具有自愿性、非歧视性和互认性等特点。在实施农产品认证过程中，要求企业建立质量管理体系并有效运行，并对农产品的产地环境条件及设施配备、人员能力、生产技术和产品检验等过程实施质量控制，从而规范农产品企业的生产行为。

良好农业规范认证（GAP），GAP 是世界发达国家普遍采用的农业管理模式，它是一种农业生产的管理科学。推行 GAP 首先要

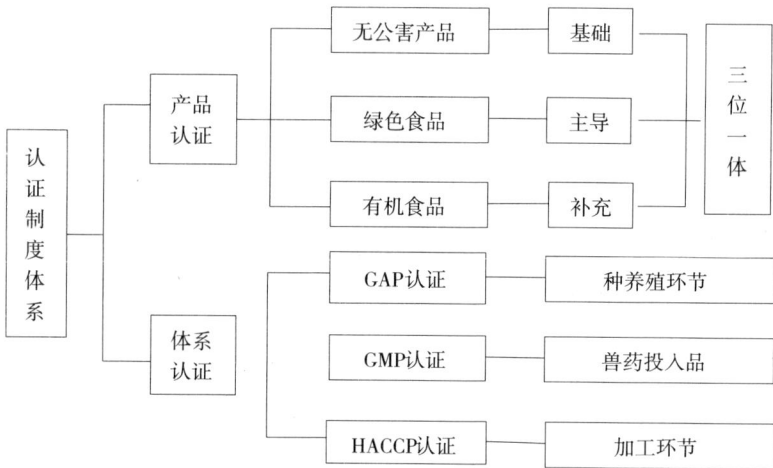

图 6-1　我国农产品质量安全认证制度体系架构

修正传统的农业生产观念，树立生产的可持续发展观。许多国家，如澳大利亚、加拿大都在以各种形式推进 GAP 的应用，很多农民已在病虫害综合防治、养分综合管理和保护性农业等可持续生产中应用 GAP。2005 年底，我国发布了良好农业规范国家系列标准 GB/T20014.1-11-2005，其包括了种植、养殖、运输等 11 个部分，茶叶和水产的 13 个良好农业规范标准也于 2007 年公布。2006 年初，国家认证认可监督管理委员会出台了《良好农业规范认证实施规则》。GAP 认证分为一级认证和二级认证，要求较高的一级认证正在寻求与国外主要认证模式的互认，从而为中国农产品的出口提供便利。

我国的农产品认证企业和认证证书数量已居世界第一，截至 2014 年底，我国共有有效的无公害认证证书 7 万多张，绿色食品认证证书 2 万多张、有机产品认证证书 1.3 万多张。

2. 我国的农产品认证存在的问题

就目前的情况看，我国农产品认证体系存在以下几个方面的问题：

（1）农业经济发展不平衡。我国农民获得农业科学种植技术较少，农民良种选育、科学种植养殖和新产品开发水平普遍不高，农民没有管理农产品种植、养殖的技术水平，加上单户农民只有少量土地，难以形成农产品标准化种植技术和提高农产品种植管理水平，即使在"公司+农户"的生产模式下，也很难保证农产品质量稳定性。

（2）生态环境发展受限。我国农业采用传统耕作方式，农产品产量难以满足人民的基本生活需求，产生了围湖造田、开荒种地等严重破坏生态环境平衡的农业，病、虫、草害日益严重，且化肥、农药、除草剂和植物生长激素大量使用，农产品的质量安全性无法保障。

（3）认证知识普及程度低。我国普遍缺乏对农产品认证知识的宣传，公众对认证概念的认识很模糊，认证产品不能得到消费者认同，同时虚假认证的存在使消费者没有对认证产品建立起足够信心。认证市场不能得到充分发育，认证产品所占市场份额极低并且与非认证产品价格差距不大，不能为申请认证企业带来预期经济效益，导致企业不愿进行认证，影响了我国农产品国际市场的拓展。

（4）认证机构繁多。我国农产品的管理机构与认证机构关系密切，很多的认证机构，虽然名义上是非营利性事业单位，但难以摆脱政府行为的影响，认证过程中不能充分体现第三方认证机构的客观公正性，带有明显的行政色彩。一些认证机构甚至随意炒作"绿色"、"无公害"等概念，形成了名目繁多的认证形式。管理部门重视前期的考察与标志审批，疏于质量跟踪、监测、标志使用等后续管理。

（5）专业技术和人才缺乏。由于我国认证体系建立的时间不长，对认证人员的培训不足，导致一些认证机构在人员、资质等方面不能满足认证要求，认证水平参差不齐，认证结果缺乏科学基础，权威性不高。

（6）认证体系不完整。完整的农产品认证体系除了认证机构以外，还有认证咨询机构和培训机构。目前我国只有认证机构，没有认证咨询机构和培训机构，缺乏对申请认证的农业企业和农户在标准化生产、科学化管理、规范化申报方面的培训和指导。

（7）认证后的监督不到位。政府职能部门对获证产品的监督抽查比例和频次低，往往局限于对产品质量、标志方面的抽查，没有注重对认证机构和获证企业质量管理的符合性检查，检查的效果甚微。少数企业非法伪造、冒用认证标志，超范围、超期使用认证标志的情况比较多见。

（8）认证难与国际接轨。受目前我国认证技术和水平的制约，农产品认证水平较低，认证结果缺乏科学基础，导致在国内认证的结果不能得到国际认可，而企业为使产品能够顺利出口国际市场，不得不高价请国外认证机构进行认证。

3. 农产品认证体系建设的基本路径

从现代农业发展的视角来看，提高农产品认证机构的认证质量水平和有效性，增强我国农产品认证的有效性和我国农产品认证的国际国内信任度是十分必要的。

（1）建立我国农产品认证制度。我国的农产品认证，主要是以自愿性认证为主，没有建立起强制性农产品认证制度，对涉及农产品安全属性认证管理不足，与农产品认证的特点和我国农产品生产和管理实际的结合不紧密。因此，在认证制度体系构架上，可以借鉴美国多元化农产品认证制度，对涉及农产品安全的属性开展强制性农产品认证，并坚持以政府推动为主导的工作机制；在认证工作模式上，遵循国际通行的产品认证制度，坚持产地认定（监测）和产品认证相结合；在认证的程序上，结合农业生产特点，充分考虑到农产品认证时效性较强的特点，改进认证审查形式，优化工作程序和流程，强化各环节相互衔接，提高工作效率，在审查中强化生产过程中的现场检查，降低认证风险，确保农产品认证有效性。

（2）强化认证的监督管理。继续发挥行业管理部门的核心作用，落实获证产品的属地管理，充分发挥行政监管、认可监管、行业自律监管和社会舆论监督整个监管体系的功能，形成合力；健全认证机构自身的监督管理制度，探索建立监管长效机制；完善产品抽检制度，确保认证的有效性；以标志管理为突破口，加大产地环境、加工环节等现场检查，拓展监管方式。

（3）积极宣传和普及认证知识。公众对农产品认知程度直接影响着他们对认证农产品的购买。因此，政府部门和企业应该通过多种形式、多种渠道加强消费者对农产品认证的认知，使他们认识认证产品在安全卫生方面的优势，具体可通过电视、广播、报纸、网络等开发与消费者的信息分享机制以及指定媒体宣传计划等。

（4）建立学习培训和交流检查机制。农产品认证工作专业性、技术性强，要保证认证工作的质量，认证人员必须要具有一定的专业知识和较强的工作能力。因此建立一支业务精通、技术水平过硬的认证检查员队伍是农产品认证事业健康发展的基本保证。国家认证监督管理部门、认证机构、认证培训机构和咨询机构等可以制订相应的培训计划，有重点、分步骤地强化认证业务培训，并继续推行省际交流检查机制，提高检查员的综合素质。

（5）加速推进认证的国际化。国际合作是认证发展的一项基础性工作，我国的农产品认证机构应该积极参与国际农产品认证交流的各项活动，及时收集、整理和分析国际农产品认证的工作信息。加强对农产品国际认证发展动态及趋势的研究，不断加强农产品认证国际合作的力度，与主要贸易国和相关认证机构建立起长效的合作机制，确保认证结果国际通用。

二、质量安全体系建设

（一）加强农产品质量安全管理

1. 加强农产品质量安全管理的必要性

民以食为天，食以安为先。农产品质量安全是食品安全的源头，是保障城乡居民消费安全的需要，同时也是维系公共安全的重要基础。近年来，我国各地频发的"苏丹红"、"毒生姜"、"毒韭菜"、"毒豇豆"、"老鼠肉"等农产品质量安全事件给农产品的生产和销售敲响了警钟，保障农产品质量安全，不仅是新时期传统农业向现代农业转型的核心经济问题，也是人民群众和各级政府共同关注的重大民生问题。

我国政府通过立法规范农产品质量安全，建立了农产品质量安全标准、认证体系，通过溯源追踪规范了农产品生产经营者的生产、加工和销售行为。但是我国农产品质量安全体系仍然存在诸多问题。

第一，农产品质量安全体系管理上存在漏洞。我国农产品质量安全体系是由农业部主管，卫计委、食品与药品监督管理局、国家质检总局辅助管理，它们共同组成了我国农产品质量安全管理和认证体系。农业部门的职责主要是负责食用农产品生产环节的监管，农产品的农药残留和养殖动物的肉类检疫工作；卫计委主要负责农产品的质量卫生安全标准的制定和监督工作，督促卫生安全标准的具体落实；食品药品监督管理局主要负责农产品的安全管理与监督工作；国家质检总局主要负责农产品的加工生产过程，对加工环节进行抽查，对加工的农产品进行质量认证，并制定认证体系标准。由于各部门之间职责分明，管理范围有限，长期以来在农产品的质量管理上存在着一些空白区域，这些区域虽涉及各个管理部门，各管理部门却无明确管理权力，给农产品质量安全造成了管理上的漏洞，不利于农产品质量安全管理工作系统性开展。

第二，农产品质量检测设备落后，检测能力不足。我国的农产品质量检测机构的检测设备更新慢、检测技术落后。一些检测机构的检测设备存在元器件老化现象，零配件采购不便导致维修困难，一旦出现故障就不易修复，检测功能不能正常发挥。例如，我国公布的无公害类蔬菜检测主要项目有 58 个，但是拥有独立完成检测任务的检测机构却只有 7 个，这些机构又分布不均，直接导致了我国农产品质量检测的不完整性。近年来常用于农产品检测的光谱分析检测技术，由于缺少专业设备，我国各地检测机构仍无法采用这一技术。各地政府对检验检测体系建设的投入存在明显的结构性矛盾，高端检验检测设备投入严重不足，低端检验检测设备却大量闲置。此外，企业作为农产品质量检测体系建设最重要的利益主体，应当承担相应的责任和义务，而这方面的相关政策也尚未出台。

第三，农产品质量认证的标准和水平还有待提高。目前，我国"三品一标"农产品质量安全认证与管理的制度不够健全，标准化程度较低，认证与管理工作的执行力度、细致程度和认证率还有待提升。比如，目前我国的农产品质量安全体系标准已有近 3000 项，在质量安全体系标准上无法实现全覆盖。有的质量安全体系标准制定年限较早，与现代的农产品检测现状不符，导致我国农产品在国际市场上往往因为无法通过进口国的质量检测标准，甚至被退货引发的严重经济损失。

第四，质量安全追溯管理的法律制度有待完善。我国农产品质量可追溯体系仍处于试行阶段，投入品管理、质量检测、产品质量认证等操作层面的具体措施还没有上升到法律层面。大多数地方政府对农产品质量可追溯体系建设投入不足，企业则因无力单独承担高额成本而不得不放弃可追溯体系建设。

2. 加强农产品质量安全管理的举措

第一，制定差异化的分层次农产品质量安全体系建设政策。农产品质量安全体系逐渐呈现出分层次的发展趋势，基础性与高端性质量安全农产品的生产、销售和消费方式都存在较大差异，因此，应针对它们制定差异化的扶持政策。对于基础性质量安全农产品的生产，政府应当承担主要责任，加大对无公害农产品生产基地的投入，支持农民专业合作社规范化、标准化发展，强化对无公害农产品"农超对接"和市场直销的扶持力度。对于高端性质量安全农产品生产，政府主要承担引导作用，编制发展规划，对绿色、有机农产品品牌创建进行奖励，同时重点提供贷款担保、贷款贴息、财政投资参股等投融资支持。

第二，编制切实可行的绿色、有机农业发展规划。地方政府应当在与现有产业发展规划有效衔接的基础上，根据当地的水质、空气、土壤等自然条件和产业情况编制绿色、有机农业发展规划。在条件适宜的地方规划发展绿色、有机农产品基地，必要时应打破行政区划进行规划，对规划区内的龙头企业应实施更大力度的扶持和奖励。鼓励和引导绿色、有机农产品生产基地范围内的农户将承包地通过租赁或者入股的方式流转给龙头企业，推进绿色、有机农产品生产基地的规范化和集约化发展。

第三，有效构建安全农产品产业链整合机制。对农产品生产、加工、销售整个产业链的一体化整合是控制农产品质量安全的有效路径。对于无公害农产品应以农民专业合作社为主体进行产业链整合，构建"农户+合作社+无公害农产品基地"的产业链整合机制。

对于绿色、有机农产品应以龙头企业为主体进行产业链整合。积极引进有实力的龙头企业对绿色、有机农产品实行全产业链打造，支持企业在产业链前端控制品种，中端控制生产和加工，后端控制销售市场，在企业自身实力允许的范围内延长和扩张产业链，确保农产品从生产到销售的全程安全。

第四，加强农产品质量安全检测体系建设。国家应加大资金投入，及时更新检测机构的检测设备，积极引进先进的检测技术，提高检测机构的检测能力。培养检测人才，建立起一套高素质的检测队伍。整合各地的检测机构，形成以部、省级质检中心为龙头，地（市）级综合质检中心为骨干，县级综合质检站为基础的农产品质量安全监测网络，进而建成布局合理、职能明确、功能齐全、运行高效的农产品质量安全检验检测体系，满足农产品全过程质量安全监管和现代农业发展的需要。

第五，规范化农产品质量认证体系。借鉴国际认证体系的标准，在现有"三品一标"农产品质量安全认证与管理体系中，研究更为系统有效的农产品质量认证推广措施，进一步形成功能定位明确、制度周密、管理严格的安全农产品认证制度，并加大认证力度，推广标识认证，引导和促进农产品质量建设。加大对"三品一标"认证的技术指导和认证培训，重点将农民合作社作为培训对象和推广对象，努力提高农民合作社的"三品一标"认证率。加强农产品生产、加工和市场销售等各个环节的质量认证，不断强化和完善农产品的认证体系。发挥认证机构作为第三方管理机构的监督作用，实现认证结果的公正、公平、公开。

　　第六，逐步建立农产品市场准入制度，实现农产品溯源。加大对农产品流通环节的管控力度，使其成为保障农产品质量安全的第二道屏障。对进入农产品批发市场交易的商贩要进行审核和登记备案，对交易的农产品实行农产品分级包装销售。对包装销售的农产品，应当要求标明品名、产地、生产日期、产品的品级等，确保能及时有效实现农产品质量安全的追根溯源。研究建立农产品市场的无公害农产品准入要求，扩大和提升对农产品的种类以及生产经营主体的追溯范围和追溯力度，质监部门应在批发市场设立长期固定农产品抽样检测点，建立批发市场产品抽检制度，并及时通过各种渠道向社会公布抽检结果。

　　第七，探索农产品质量安全体系建设中的政府购买服务机制。选择符合条件的农民专业合作社和龙头企业作为合作单位，签订农产品质量委托检验检测协议，委托其负责当地农产品质量检测。政府提供检测所需的机器设备和技术指标，并负责对合作社和龙头企业的行为进行监督管理；同时，支持第三方机构研发农产品质量安全追溯系统，前期由政府出资委托其对部分农产品质量安全进行追溯，后期则引导与其他企业进行商业合作提供质量追溯服务。

　　3. 案例分析：陕西省户县葡萄追溯系统建设

　　陕西户县葡萄是户县特产，中国地理标志产品。户县位于关中平原中部，属暖热带半湿润大陆性季风气候区，四季冷暖干湿分明，光、热、水资源丰富，是适宜农业生产和多种经营的地区。户县葡萄栽种历史悠久，唐代诗人王翰"葡萄美酒夜光杯"的诗句流传千古。"户太8号"、红提、红贵族、新华一号等品种的葡萄质量优良，获"中国户太葡萄之乡"和"中国十大优质葡萄基地"等荣誉。

葡萄作为户县的优势特色产业，在发展初期也曾经遇到过一系列问题。一方面，葡萄种植户由于大多没有受过系统的科学种植技术培训，普遍缺乏科学种植等相关知识和技术。在施肥用药上受一些不良商家诱导，存在滥施滥用现象，虽然辛辛苦苦精耕细作，但果品质量无法保证；另一方面，不少葡萄种植户受传统种粮单纯追求产量思想的影响，过分追求产量而忽视质量，放松了对质量的管理，有的群众一亩地产量甚至达到8000到1万斤。追求粒大滥用激素，追求早熟打催红素，种出的葡萄色泽、口感较差，没有户太8号原有的鲜香口感，在一定程度上影响了整个户县葡萄的品质。

针对以上存在的问题，户县农业主管部门一方面推行葡萄生产标准化，全县标准化葡萄示范园突破30个，其中省市级农业科技示范园6个，使得户县葡萄管理水平不断提升，果品品质和产量均有大幅提高；另一方面，推广服务专业化。采取电视讲座、集中授课、现场指导、蹲点服务等多种渠道对果农进行专业化培训；同时还建立了户县葡萄溯源系统，实施葡萄生产全过程、全要素可追溯制度，确保户县葡萄"从田间到餐桌"全程安全，重塑了户县葡萄的金字招牌。

户县葡萄溯源系统建设的契机起源于户县葡萄入驻京东地方特色馆。2015年，京东在全国范围内遴选一批优质的特色农产品，入驻京东的地方特色馆，作为其自营产品进行统一的运营推广和操作。京东在了解了户县葡萄的种类、产量、主产区、主销区、生产周期、品牌等情况后，把户县葡萄作为京东户县馆的明星产品推广销售。京东同时建议户县建立葡萄溯源体系，结合葡萄产地认证机制，营造健康的网上销售环境，争做生鲜营销行业的标杆。

按照户县政府关于农产品安全工作的相关部署，根据户县"农产品质量安全追溯管理平台"建设的工作需要，户县农业部门与西安市科技局合作，将户县6万亩葡萄整体质量安全的监管与全面信息化逐步完善，与质检、卫生、商务、食品药品监管等部门的沟通协作，建立了一整套户县葡萄数字化身份管理平台，记录葡萄生产、流通、销售等环节的溯源信息，随时随地实现葡萄的可追溯性，保障了葡萄的质量安全，最终达到了全面保障户县葡萄在京东销售的产品质量安全和稳定，为户县葡萄这一支柱产业走向全国做好保驾护航。

户县葡萄溯源系统的主要做法：

（1）葡萄生长过程数据采集。葡萄种植企业使用农产品数据采集客户端或者电脑后台录入两种方式，均可将葡萄生长过程中各个环节的数据进行记录，如覆草、覆膜、施肥、浇水、授粉、花果管理、病害防治、检验信息等，在各个环节的记录过程中，种植户只需进行拍照即可完成工作内容，户县农检中心监管数据中心可以同步获取试点企业各个工作环节的实际操作人头像、工作时间、地点及环节图片，做到实时、有效、不可造假。

（2）葡萄种植地气象数据监测与管理。在葡萄种植基地合适的位置，安装气象数据传感器系统平台，通过传感器实时监测空气温度、雨量、光照、土壤温度、土壤湿度、昼夜温差、地表温度、空气中二氧化碳及二氧化硫气体浓度等与葡萄生长有关的自然气象数据，并通过移动网络实时上传至真假通产品数据云平台中，户县农检中心监管数据中心可以实时获取各个种植基地气象数据，为葡萄种植管理提供科学依据和有效灾害防范。

（3）葡萄种植地环境及人工视频监控与管理。通过在葡萄种植基地合适的位置，安装视频监控系统平台，将与葡萄种植有关的投入品库房管理监控，以及农药化肥等投入品实施地操作平台监控、自然气象如雨雪等场景监测监控、种植基地自检实验室监控以及种植基地精品区监控等实时画面传回至农检中心监管数据中心，可以长期有效监管葡萄种植企业对投入品使用的真实性和科学性，发现问题及时处理。

（4）葡萄种植投入品及采收投入品台账管理。种植企业可以通过云平台企业端管理日常采购的化肥、农药等和葡萄种植有关的信息，并完善采购投入品供货商管理台账，将所使用投入品企业、供货商等信息如实反应到监管平台。其次，将葡萄成熟后采收所需要的外包装消耗品进行记录，农检中心监管数据中心可以及时检查种植企业各项台账明细，确保所购投入品合法及安全，真正做到购买有记录，使用有明细，确保投入品有效把控。

（5）一物一标。一物为最小销售或流通单元，葡萄基本为一箱，箱内有分串包装，可将一标精确到每串葡萄，加强消费者对葡萄品质查询率，确保真品。一标的基础含义：产品编号、产品防伪数码、溯源二维码，即每个物品同时包含这三个身份标识，具有唯一性。云平台已经实现以上三码合一，真正保护户县葡萄销售的市场品质和质量，具有很强的打假功能。

全面提高农产品质量安全，既是现代农业转型发展的内在需求，也是农业和农村经济发展的必然选择。加强农产品质量安全科学研究与技术创新，提高农产品质量安全水平，是一项长期而艰巨的系统工程，只有依靠政府强有力的政策和财政支持，提高民众认识，整合全社会、全民的可用力量共同管理，农产品质量安全才能真正得到保障并正轨运行。

（二）推进农业废弃物资源化利用

1. 推进农业废弃物资源化利用的必要性

随着农村生产方式的改变，农民生活水平的提高，作为农业大国的中国每年都会产生大量农业废弃物，畜禽粪便是养殖业产生最多的废弃物，其次还有栏圈垫物等。秸秆是农田种植中产生的数量较大的一类废弃物，食用菌种植中往往会产生菇渣，而果树种植中则会有落叶、果壳废弃物产生。以上三个行业中所产生的废弃物以及农村的生活废物一并组成了我国农业生产生活废弃物的主要部分。

据统计，我国是世界上农业废弃物产出量最大的国家之一，农业废弃物以年均 5%—10% 的速度递增，每年产出 40 多亿吨，其中，农作物秸秆 7 亿多吨（稻草 2.3 亿吨，玉米秸秆 2.2 亿吨，豆类和杂粮作物秸秆 1.0 亿吨，花生、薯类蔓藤和甜茶叶等蔬菜废弃物 1.8 亿吨），废弃农膜等塑料 2.5 万吨，畜禽粪便量 26.1 亿吨（牛粪 12.7 亿吨，猪粪 4.7 亿吨，羊粪 5.4 亿吨，家禽粪 3.3 亿吨），乡镇生活垃圾和人粪便 2.5 亿吨，肉类加工厂和农作物加工厂废弃物 1.5 亿吨，饼粕类 0.25 亿吨，林业废弃物 0.5 亿吨，其他类有机废弃物约有 0.5 亿吨，折合 7 亿吨的标准煤。随着农村人口的增加和农村经济的巨大发展，预计到 2020 年，我国农业废弃物产出量将超过 50 亿吨。

农业废弃物大部分被当作垃圾丢弃或排放到环境中，造成可利用资源的浪费和对生态环境的污染。农业部门有关资料显示，我国农业废弃物每年约 3 亿吨在收割季节就地焚烧，产生大量浓烟和灰尘，污染大气，成为特殊环保难题；养殖业废弃物中畜禽粪便随处堆积，其散发出的气味严重污染空气和生活环境，此外患病畜禽未经处理的粪便还会传播疾病，严重危害人类健康。

农业废弃物本身蕴藏着巨大的资源。从资源经济学的角度上看，农业废弃物本身就是某种物质和能量的载体，是一种特殊形态的农业资源，农业废弃物中蕴含着丰富的能源和营养物质，是一种具有潜在利用价值的农业资源。如，农作物秸秆是农民生活和农业发展的宝贵资源；废旧农膜回收后，经晾晒、粉碎、漂洗、甩干、高温熔化、挤出、切粒后制成塑料颗粒，依旧保持着塑料原料的化学特性和良好的综合材料性能，可满足吹膜、拉丝、拉管、注塑等技术要求，成为加工 PE 管、膜及再生塑料制品的原料，被广泛地应用到再生塑料制品行业；蔬菜尾菜可以就地转化为优质有机肥，有效解决种植业肥源问题；畜禽粪便等废弃物原料通过沼气发酵产生沼气，实现资源再生利用，减少其他能源消耗，沼肥也可作为优质有机肥加以利用。

作为农业大国，我们推动农业废弃物的资源化利用，不仅可以大大降低对于石化能源的依赖，缓解环境污染，还能够在一定程度上增加农民的收入，对于实现农业持续、高效发展有着重要意义。

2. 推动农业废弃物资源化利用的途径

根据《全国农业可持续发展规划（2015—2030 年）》和相关部门的要求，农业废弃物资源化利用的总体目标是：到 2020 年，全国秸秆综合利用率达到 85% 以上，当季农膜回收和综合利用率达到 80% 以上，养殖废弃物综合利用率达到 75% 以上，75% 以上的规模畜禽养殖场（区）配套建设废弃物贮存处理利用设施；到 2030 年，农业主产区农作物秸秆得到全面利用，农业主产区农膜和农药包装废弃物实现基本回收利用，养殖废弃物综合利用率达到 90% 以上，规模化养殖场畜禽粪污基本资源化利用，实现生态消纳或达标排放。

为实现上述目标，未来农业废弃物的资源化利用可朝着肥料化、饲料化、能源化、基质化、工业原料化及生态化等几个方向努力。

（1）农业废弃物肥料化利用。农业废弃物肥料化利用是一种非常传统的应用方式。农村生活垃圾、农作物秸秆、畜禽粪便等农业废弃物含有丰富的有机质及氮、磷、钾等微量元素，均是优质原料。

农业废弃物肥料化利用可分为直接利用和间接利用。直接利用就是将秸秆或粪便直接还田，该技术优点是易于操作，省工省事。有关研究表明，直接还田的废弃物在土壤中经过微生物作用进行缓慢分解，释放其中的矿物质养分，供植物吸收利用，其分解出来的有机质和腐殖质也可为土壤中的微生物及其他生物提供食物，这在一定程度上起到了改土培肥，提高农作物产量的作用。但是其缺点是自然分解速度慢、秸秆腐熟发酵过程中有可能会损坏作物根部，从而影响农作物生长。

间接利用主要是废弃物通过堆肥、过腹、烧灰等方式进行还田，这些也成为几千年来农民提高土壤肥力的重要手段，但是间接利用方式也存在堆放腐解时间长，占据空间大等弊端，使得农业废弃物总量不断增加与环境承载能力不断下降的矛盾日渐突出。

近年来随着科技水平的提高，利用催腐剂、速腐剂、酵素菌等生物制剂，将传统的发酵工艺与现代工业化设备相结合，使得农业废弃物肥料化利用迅速朝着机械化、规模化和专业化方向发展，如利用高温好热降解菌进行高温堆腐，并经机械翻抛等生产的优质有机肥，不仅可提高农作物品质还具有明显的增产效果；通过蚯蚓养殖技术生产的有机肥含有活性功能菌，具有固氮、溶磷、解钾、分解土壤中矿质元素及有机物质，增强生物活性，疏松土壤，消除土壤板结的作用。这些方式既保护了环境，维护了生态平衡，对农业的可持续发展和生态的良性循环具有积极的作用。

（2）农业废弃物饲料化利用。农业废弃物，尤其是种植业废弃物和养殖业废弃物，含有大量纤维素类物质和各种蛋白质，这些废弃物经过一定的技术处理可用作畜禽渔业饲料。

种植业废弃物主要是作物秸秆类物质，其含有大量木质素、纤维素、氨基酸以及少量蛋白质，利用机械加工粉碎、氨化、氧化、青贮、发酵、酶解等理化方法和生物学方法进行复合处理，把动物难以高效吸收利用的秸秆类物质深加工，不仅可以使秸秆转变为更易于畜禽消化吸收的优质生态饲料，同时还能节约畜禽养殖的成本。

养殖业废弃物主要是畜禽粪便和加工下脚料，含有粗蛋白、粗脂肪、粗纤维、消化蛋白、矿物质以及维生素等，如干燥鸡粪含粗蛋白23.0%—31.3%，粗脂肪8%—10%，养殖业废弃物经过热喷、发酵、干燥等方法加工处理后可掺入饲料中用于喂猪、养鱼，效果良好。但由于畜禽粪便的直接饲料化存在卫生安全隐患，必须经过无害化处理后方可使用，因此，目前仍难以大范围推广应用。

（3）农业废弃物能源化利用。农业废弃物能源化利用主要是把农业废弃物作为能源资源，经过生物和化学过程生产各种新型能源，目前主要分为发酵和热解两个方向。

首先，沼气化利用是当前农业废弃物资源化利用的主要模式之一，是以秸秆、畜禽粪便等农业废弃物为原料，在厌氧微生物的作用下经过发酵产生以甲烷为主要成份的混合气体，它是一种可燃性气体，可作燃料，用来做饭、照明，此外还可以用来发电。制沼气后剩余的沼渣和沼液还可以用作肥料，明显改良土壤和提高作物产量以及品质，解决农村废弃物对环境造成的污染问题。沼气作为燃料较煤炭有诸多优点，大大减少了二氧化硫和烟尘的排放，有利于保护日益恶劣的大气环境。小型沼气池由于其发酵时间长、投资成本低、管理方便、作为农户生活和生产的能源方式，简单易行，成效也比较显著。

除沼气化利用外，利用秸秆发电也可以有效缓解农村能源紧张问题，据研究 1 吨低于 14% 含水量的秸秆或 2 吨新鲜秸秆的燃料热值相当于 1 吨标准煤；同时可根据生物质热能气化原理，将粉碎后的秸秆用设备热解，经氧化和还原反应转换成氢气等可燃气体以集中供气的方式向农民提供；再次，通过粉碎、高温、挤压、添加添加剂等环节将秸秆、稻壳、柴草等废弃物制成型块直接用于锅炉燃烧或利用炭化炉进一步加工成生物煤。

（4）农业废弃物基质化应用。农业废弃物基质化利用是指一些农作物秸秆、农产品副产品、二次利用的有机废弃物以及养殖废弃物等农业废弃物经过粉碎、除臭、干燥处理后，可作为农业栽培的基质原料，如可用来栽培食用菌和花卉，养殖高蛋白蝇蛆、蚯蚓等。基质处理重点在于原料的选取及配比和原料的前处理，优异的基质应具有适宜的理化性质，其中易分解的有机物能大部分分解，同时，通过降解去除酚类等有害物质，能够消灭病原菌和病虫卵等，达到为植株根系提供稳定的水、气、肥环境，并起到固定、支持植株的作用。

（5）农业废弃物材料化利用。农业废弃物中含有多种蛋白质和纤维性资源，可利用这些资源生产多种生物质材料和工业用途原料。利用高纤维性植物废弃物可生产纸板、人造纤维板、轻质建材板；秸秆、稻壳经炭化后是钢铁冶金行业的新型保温材料；利用稻草、麦草、玉米秸秆、稻糠、稻壳等废弃物作为生产环保餐具的新型材料；玉米棒皮可做成汽车坐垫、靠背及床垫等；高粱秆可制成门帘和窗帘；甘蔗渣、玉米渣等二次利用废弃物可制取膳食纤维食品；棉秆皮、棉铃壳等含有酚式羟基化学成分，可制成吸收重金属的聚合阳离子交换树脂；菜籽油下脚料经过水解、精制可生产芥酸和油酸；米糠中提取的菲丁可用于生产广泛用于医药、发酵和食品工业的肌醇，提取菲丁后的米糠还是优良的饲料。此外，有些农业废弃物还可用来制药、制糖和酿酒，甚至可用来制造生物润滑油、生物塑料、生物洗涤剂和特殊纸类等。

3. 案例分析：四川省邛崃市微牧农庄种养平衡循环农业模式

邛崃市微牧农庄位于"成新蒲"集中连片产村相融都市现代农业示范带，是专做高品质猪肉产业链的有机猪生产平台。农庄占地约 1800 亩，分为四个功能区：雅南猪保种功能区、高标准农田有机种植示范区、有机果蔬花卉牧草种植示范区和有机农业培训展示体验区。该农庄通过种养平衡循环农业经济模式，运用公司专有"清洁化健康养殖综合集成技术"，生产有机和生态雅南黑猪，在一个平台上同步实现"动物健康、食品安全、环境友好、资源节约"。具体特点包括以下几个方面：

一是有机种植，有机饲草发酵喂养。微牧高品质猪生产基地从选址设计开始，国际有机认证专业机构提前介入指导和永久性监控，遵循国际有机生态循环农业标准运营，空气、土壤、水源、植被等大环境指标全部达到或超过有机标准，可媲美澳洲、新西兰的有机农场。饲粮及饲草种植完全按有机方式进行，全部施用农庄自产生物有机肥，人工除杂草、生物灭害虫。有机饲粮饲草通过发酵后再喂养黑猪，犹如全程饮用酸奶，从出生开始就直接增强黑猪的免疫力，全程绝不使用任何瘦肉精等违禁添加剂和抗生素。

二是粪污发酵可用于有机肥（液）还田和沼气供暖。运用水泡粪生产工艺，固液分离，固态粪污直接发酵制成有机生物肥，液态粪污经沼气池发酵处理后通过管网灌溉系统还田。固态有机生物肥用于种植有机五谷杂粮和牧草，同时满足周边猕猴桃、葡萄、柑橘以及粮食素材、蔬菜种植的底肥（目前供应周边种植户优惠价格为200元/立方米），发酵处理废水通过管网便捷地输送给园区及周边种植户，用于果蔬及粮食作物的灌溉（目前供应周边种植大户优惠价格为20/小时，普通农户免费）。农庄建有超大容量氧化储存池，解决农闲储存和农忙灌溉问题，做到全部还田零排放。产生的沼气作为猪场、园区及周边农户的煮饭、洗澡、取暖之用。

三是清洁化健康养殖综合集成技术巧妙处理动物粪便。农庄采用清洁化健康养殖综合集成技术，该技术能够全面降低饲料中的粗蛋白质含量，同时将动物肠胃系统变成粪污高效发酵处理系统，变粪污处理常规单纯末端处理方式为高效全程污染控制模式，不再需要建设粪污处理设施和设备，节约了粪污处理设施设备投入和粪污处理日常运行成本。与传统模式对比，节约养殖用地60%以上，节约用水80%以上，节约饲料蛋白质资源20%以上，粪尿中氨氮排放减少70%以上，显著降低空气污染。

第 七 章

发达国家及地区转变农业
发展方式的经验及启示

    发达国家及地区在转变农业发展方式、发展现代农业方面取得了可资借鉴的经验。农业是国民经济的发展基础,农业现代化是国家现代化进程的重要组成部分。现代农业是继原始农业、传统农业之后的又一个农业发展新阶段,以市场经济为导向,以先进科技和信息技术为支撑,以利益机制为联结,以企业发展为龙头的农业,是实行企业化管理,一二三产业融合发展的现代农业。农业现代化的发展过程就是建立现代农业的过程。发达国家及地区在政府支持体系、农业合作组织、市场体系、农业信息化体系等方面的做法对我国现代农业的发展有着诸多启示。

一、美国转变农业发展方式的经验与启示

(一) 美国转变农业发展方式的背景

美国早在 19 世纪初就建立了家庭农场的经营制度。1820 年,国

务卿杰弗逊关于建立家庭农场制度的提议获得国会通过，确立了将公有土地以低价出售给农户建立家庭农场的政策，将土地变成标准化的商品，通过出售、赠送等方式实现了土地的私有化。1862 年后，美国又先后颁布了《宅地法》（Homestead Act）和《荒地法》（Desert Land Act）等一系列的法律，以免费或低价处理公共土地的政策，吸引了大量欧洲移民来美务农，促进了家庭农场制度的建立和发展。全美农场总数从 1860 年的 204.4 万个增加到 1890 年的 456.5 万个，1910 年达到 636.2 万个，1935 年达到高峰 681 万个。

美国工业化、城市化的飞速发展，国内外市场迅速扩大，为转变农业发展方式提供了有利条件。19 世纪 30—70 年代，美国制造业经历了"两次起飞"，1890 年工业在工农业总产值中的比重达到 80%。随着工业化的飞速发展，吸引了大量的劳动力向城市转移，1860 年美国城市化率尚不到 20%，1910 年城市化率已达 45.5%，1940 年城市化率已经增长到 59%；1860—1940 年间，美国的人口增长了 3.2 倍，工业化、城市化的快速发展和人口的快速增长，直接带动了农产品需求的增长，而这时期欧洲市场需求扩大也推动了美国农产品出口。农产品市场的扩大导致传统的以经纪人为主要媒介、规模相对较小、区域性的交易难以为继，农业经营组织创新迫在眉睫。

技术进步为农业发展方式转变提供了可能性。在第二次世界大战以前，美国机械动力代替畜力成为农业发展新的驱动力，收割机、钢锯片的犁、谷物升降机、割草机、脱粒机、播种机等农业机械投入农业生产，大大提高了农业生产率。农产品加工技术取得突破性进展，如反复粉碎、钢制磨粉机，罐头制造和快速冷冻技术等，促进了农产品加工业的发展。20世纪60年代以来，美国又经历了生物技术和信息技术革命，复合种子、高效化肥、低毒低害型杀虫剂和除草剂，以及增加农作物抗病虫能力的基因技术等快速发展，农业计算机、互联网和物联网技术突飞猛进，为农业发展注入了新的动力。

美国农业发展方式的演变从历史上看，经历了两次大的转变过程：第一次是从传统农业向商品农业的转变，第二次是从商品农业向农业产业化的转变。前者是从19世纪末到20世纪60年代，由于美国人少地多，这一基本国情下决定了其不可能走劳动密集型的发展道路，而是采用农业科学技术和工业提供的生产资料和管理方法，打破了传统的使用简单的工具、畜力进行生产，主要依靠土地、资本和劳动数量投入增长维持农产品数量增长的传统，实现了农业集约化经营，生产社会化、商品化和市场化程度显著提高。这一时期农业发展方式转变走的是以机械化提升劳动生产率、以生物技术提升土地产出率的道路。后者是从20世纪60年代开始至今，农业产业化开始兴起并成为农业发展的主流和方向。随着农产品产量快速增长和商品化水平的大幅提升，农场主规避市场风险、提高农产品附加值的要求越来越迫切，引发了最初在肉鸡领域并随后向果蔬、畜禽、谷物等领域延伸、以合同农业为代表的农业产业化发展，并且，这一时期，美国农业改变了传统的靠农业肥料的投入增加农作物产量，而是在提高农作物产量和质量的同时，更加注重改善生态环境，保证农业可持续发展，可以说这一时期转变农业发展方式走的是效益型、资源节约型的道路。

（二）美国转变农业发展方式的主要做法

1. 促进农业专业化和规模化生产

南北战争以后，美国农业不断向西扩展，大量荒地垦殖成为农地，农地面积从 1860 年的 4.07 亿英亩发展到 1900 年的 8.39 亿英亩，1940 年达到了 10.6 亿英亩。土地的大量开垦促进了农场规模化生产，1900 年家庭农场平均耕地面积为 146.2 英亩，1940 年达到了 174 英亩。由于农场规模较大，各地区趋向于集中生产某一种品种，加之美国的自然条件也使得农场表现出较高的专业性，形成了只种植一种或两种作物的农场，甚至在一些行业内部各品种也实行了专业化生产，如东北部主要生产水果、蔬菜和奶产品，北部平原是小麦带，五大湖以南的平原地区则成为著名的玉米带，南部平原和西部山区主要饲养牛、羊等。从 1940 年代开始，美国家庭农场数量就开始减少，进一步促进了农业的规模化经营。1940 年家庭农场共计 610 万个，1950 年减少到 539 万个，1990 年减少到 214 万个，50 年间减少了 64.9%，而农场平均经营规模却从 1940 年的 174 英亩上升到了 1990 年的 461 英亩，增长了 1.6 倍。截至 2014 年底，GCFI 低于 35 万美元的小规模家庭农场占农场总数的 89.6%，经营 45.7% 的土地，但产值只占总产值的 21.8%，GCFI 大于 35 万美元的大中型家庭农场占农场总数的 9.3%，经营 50.5% 的土地，产值占 67.8%。1.1% 的非家庭农场产值却占 10.4%。

2. 充分发挥农业合作社的重要作用

美国功能完善的农业合作社在其整个农业现代化过程中有着举

足重的作用，它对内为其组织成员提供物资与资金、快速传递农业市场信息、推广农业现代技术、组织农业生产经营管理等，对外输出农业剩余劳动力、销售农副产品、应对农产品市场价格波动等。截至 2014 年底，美国农业合作社数量为 2106 个，社员人数达 1996 万人，合作社经营业务额高达 2467 亿美元，净收入近 70 亿美元。在第一阶段农业发展方式转变过程中，农业合作社的发展速度快，特别是 20 世纪初的 40 年间，农业合作社发展数量增长了 4 倍多，达到 1.07 万家，在联结农户与市场方面发挥着重要作用，例如 1930—1940 年间，合作社销售奶制品价值占全国原奶产值三分之一。在推进农业产业化进程中，合作社投资兴办企业或通过与企业合作形成战略联盟，逐步向产业链下游延伸，实现合作社一体化经营。例如 20 世纪 90 年代兴起的新一代合作社，介入了农产品加工、包装等高附加值领域，让农场主不仅获得农产品生产的价值，而且获得农产品加工的增加值。

3. 加快农业科技创新和应用，提高农业科技含量

美国农业发展方式转变离不开农业技术的支撑，美国农业生产技术变革在 19 世纪 30 年代开始加速进行，50 年代进入大规模推广应用时期，但真正取得巨大进展的是在南北战争后期，在不到半个世纪的时间里，美国农业生产的各个环节，如犁、耙、种、收、打场、运等，都普遍使用了马拉或蒸汽动力机械。1930 年代普及了拖拉机耕地，至 1950 年代末，小麦、玉米等主要农作物的耕、播、收、脱粒、清洗已达 100% 的机械化，到 1960 年代中期，全美平均每个农场拥有 1.4 台拖拉机、0.9 辆卡车和 1 辆以上的汽车。

在良种方面，美国于 1917 年培育杂交玉米，随后又培育出了杂交高粱和杂交水稻等。在农业产业化发展过程中，技术的应用已不局限于一两种工具，它涉及机械、化学、生物和经济管理等方面的知识，特别是计算机技术的使用大大提高了农场主经营决策的科学化。农业肥料的使用也逐步增加，1940 年施肥用量达 936 万吨，而 1970 年的施用量增加到了 5162 万吨，各种杀虫剂、除草剂的施用量也大大增加，而在农业发展方式转变的第二阶段，农业肥料的投入量大为减少，有机农业、精确农业得到了快速发展。新技术的应用推动了农业生产效率的大幅提高，1866—1900 年，小麦生产增加了近 4 倍，玉米生产增加了 3.5 倍，大麦生产增加了 6.5 倍。1910 年每农业劳动力负担 7 人，1950 年增加到了 15 人，而 1994 年则增加到了 102 人，而每劳动力可耕种的土地在这三个时期分别为 10.3 公顷、16.7 公顷和 73.3 公顷。美国农业科技应用依赖于教育、科研和推广的"三位一体"体系，科技创新成果能够与教育和推广有机结合，使得农场主及时掌握最新技术，保证了美国农业技术的先进性，使科技成果及时转化为生产力，促进了农业向知识型、科技型发展方式转变。

4. 强调政府的宏观调控作用

美国在推进农业现代化发展过程中，主要是依靠市场的调节作用，然而为弥补市场调节功能的不足，美国政府颁布法律、制定政策，全方位地规范和引导农业健康发展。为减少市场波动对农业价格的影响及防止自然灾害对农业的影响，政府采取了支持农业基础设施建设、农业技术推广和咨询服务、农业科研、病虫害控制、检验服务、市场营销服务、农业环境和生态农业建设、粮食安全储备支出等一系列农业宏观调控政策。例如，美国农业部及相关机构在全国建立了庞大的市场信息网络，构建了完善的农业信息服务体系，定期通过各种传媒发布从政府到企业、从国家调控到市场调节、从产前预测到产后统计、从投入要素到生产成品、从"生产—库存"到"流通—销售"、从内销到外销、从自然气候到防灾减灾等全方位的信息。再如，美国联邦政府在1916年出台《农业信贷法》（Laws of Agricultural Credit）和1938年出台《联邦农作物保险法》（Federal Crop Insurance Act），组建了联邦土地银行、信贷合作社、合作社银行等金融组织开展信贷服务，组建联邦农作物保险公司直接开展农作物保险业务，在随后的发展过程中对这些法律不断进行调整，为农业的发展起到了重大支持作用。美国政府每隔五年出台一项针对农业科研、教育培训、推广服务行动纲领的"农业法案"，促进农业科技创新。

（三）美国转变农业发展方式的启示

1. 积极推动农业规模化

美国农业以家庭经营为主要模式，家庭农场的发展经历了从小规模分散化阶段到适度规模经营阶段再到专业化大规模经营阶段，从而大大加速了美国农业规模化、专业化的发展。鉴于我国人多地少的基本国情，我们不可能走美国式大规模经营的道路，但可以走适度规模经营的道路。可以预见，我国家庭农场也必然向规模化、专业化经营的方向发展，这就需要在毫不动摇坚持稳定家庭经营的基础上，适当鼓励家庭农场之间开展形式多样的土地流转或土地租赁。

2. 不断提升农业产业化水平

美国农业产业化水平在全世界都处于领先的水平，通过农业的合同制经营、农场主合作社经营和农工商综合企业等产业化经营组织形式，使农业生产的供、产、加、运、销等部门间建立了紧密的联结机制。我国的农业产业化水平还比较低，特别是农业各环节主体间利益联结机制还不紧密，这就需要各级政府部门加强对农业产业化的扶持和引导，特别是要重视农业产业化龙头企业和农民专业合作社的建设和培育，着力推进农业产业化龙头企业和农户之间形成利益共享、风险共担的经营机制，让农户分享到农业产业增值收益。

3. 鼓励各类新型经营主体发展，提高农业组织化水平

美国农业市场化的程度很高，在应对高度市场化的措施方面，不仅需要政府出台相应的政策扶持，更为关键的是提高农民的组织化水平。值得一提的是，美国农业合作社发展很快，是联结市场与农户的重要纽带，在促进农业增效和农民增收方面发挥了重要作用。我国农户生产经营规模小且分散，农民的组织化程度还很低。因此，为了使一家一户的小生产与大市场相衔接，必须提高农业生产组织化程度，大力发展农业产业化龙头企业、农民专业合作社、行业协会等组织，加快构建各经营主体紧密联结的利益机制，通过合作社实现农户与大市场对接，提高农民的谈判能力，真正让农户在组织化和产业化水平提升的过程中受益。

4. 健全农业社会化服务体系

美国农业现代化很大程度上得益于其完善的农业社会化服务体系，从田间到餐桌整个过程都有专门的服务组织提供服务，公共服务组织、科研院所、农业企业、合作组织等科学分工、有效配合，共同为农业现代化提供有力支撑。因此，我国必须尽快搭建以公益性服务机构为基础，以农业企业和农民专业合作社为支撑的农业社会化服务体系，加快改革基层公共服务机构，完善服务内容，拓展服务范围，大力发展农民专业合作社，扶持壮大龙头企业，完善行业协会服务功能，为我国转变农业发展方式提供支撑。

5. 注重农业科技创新

美国针对劳动力资源相对稀缺、土地资源相对富余的实际情况，发展适应其资源禀赋和农业环境的以劳动力节约型技术为主的农业技术。政府在农业科技创新领域投入了大量的资源，推动了农业科技进步，大大提升了美国农业的国际竞争力。而我国产、学、研、推广等各个农业技术环节脱节问题突出，农业科技工作整体效率不高。为适应转变农业发展方式的要求，加快农业现代化进程，我国必须加大科技投入，推进农业技术创新，建立完善农业技术推广体系。

二、法国转变农业发展方式的经验与启示

（一）法国转变农业发展方式的背景

长期以来，以家庭经营方式存在的个体农场一直是法国农业最

为根本的经营组织形式。然而，这些个体农场普遍经营规模小，据相关资料显示，1970 年，占地面积小于 20 公顷的小农场占农场总数的比例超过 65%，法国仍然是一个土地属于众多农民的国家。然而，这些众多的小规模个体农场在经营的过程中面临许多问题：首先，个体农场的经营规模普遍较小，很难实现规模效应，同时交易成本也较高，这种较高的交易成本使农民在市场竞争中时常处于不利的地位，农民收入很难提高；其次，个体农场应对农业风险的能力较差。除此以外，第三次科技革命使农业科技发生了惊人的变革，农业机械和化肥农药的研发和运用也对法国农业、农民提出了更高的要求。机械、化肥、农药等需要更多的资金投入，商品化要求更高的食品质量、食品安全控制，专业化和一体化要求社会提供产前、产中、产后的一系列服务和农民要有更高的技术与管理经验，但这些要求是法国小规模的家庭经营的个体农场所缺乏的。要适应科技革命对农业发展提出的客观要求，必须将个体农场联合起来，这就为发展农业合作组织提出了客观要求。

法国农业生产中，种植业和畜牧业是两个重要的重要组成部分。在第二次世界大战之前的相当长的一段时期里，法国农业一直以种植业为主，畜牧业为辅。到第二次世界大战前夕，两者的产值已经十分接近，1937—1939 年种植业占 52.5%，畜牧业占 47%。然而，由于种植业生产在战争中遭到了严重破坏，因此，在战后初期，法国畜牧业的产值比重相对上升，到 1950 年畜牧业比重已经上升至 54.5%，而种植业比重则下降至 45.5%。虽然畜牧业的比重上升，但依然无法满足国内居民肉类需求。这是因为，随着温饱问题的逐步解决，法国居民开始将关注的焦点集中在食物营养上，而动物性食品不仅具有较高的蛋白质含量，而且大部分畜产品的胆固醇含量较低，可降低因脂肪过多而引发的心血管发病率，因此，法国居民食物构成中畜产品不断增多。畜产品需求的供不应求，粮食产品需求的不断下降，导致肉类价格持续上涨，粮食价格持续下降。在这种情况下，如何调整农业生产结构成为当务之急。

（二）法国转变农业发展方式的主要做法

法国在第二次世界大战后短短的 40 多间便实现了传统农业向现代农业的转变，成为世界上农业最发达的国家之一，这其中的原因是多方面的，但政府的宏观指导与扶持是核心。其中，促进土地适度规模经营、发展农业合作组织、优化农业种植结构、推广农业科技等措施值得中国借鉴。

1. 促进土地集约化经营，发展适度规模经营

发展农业现代化，土地集约化经营是基础。为了加快农业现代化发展步伐，法国政府出台了一系列政策措施和制度推动土地改革，希望通过大农场兼并和小农户破产的途径实现土地的集中管理。为了实现土地集约化经营，法国政府做出了一系列努力：对愿意留在农村经营农业的农户给予支持和帮助；规劝农业收入较差的农户放弃经营农业，并帮助他们转入城市就业；奖励小农户到乡村工业、服务业投资或就业；向老年农民发放终身养老金，鼓励提前退休；鼓励和支持从农学院毕业并愿意从事农业的青年前往农村；对实施并购的大农场主实行税收减免，提供无息或低息贷款，鼓励

通过租地扩大经营规模。在政府政策的推动下，在 1954—1962 年这八年中，法国大约有 150 万农民退出了农业生产领域，全国 1/4 的农用土地实现了集中化经营，规模在 50 公顷以上的大农场比重不断上升，而中小型农场数量则有所缩减，形成了规模小于美国但远大于日本的适度规模化经营局面。到 20 世纪 90 年代中期，法国每个农场平均拥有土地 35 公顷，这为农业机械化提供了条件，农业生产率显著提高。

2. 提高农民组织化程度，应对市场竞争

在政府的推动和帮助下，20 个世纪 50 年代末期到 70 年代中期，法国农业合作组织得到极大发展，成为农业生产、农产品流通、农村社会化服务和食品工业领域的生力军。需要指出的是，法国农业合作组织是法国农民在自愿、平等、民主的基础上组织起来的，政府并没有亲自出面组织，而是在法国农业合作组织的发展过程中通过一系列的政策法规来引导、支持和监督合作组织的健康发展。首先，通过制定法规来引导农业合作社组织的发展。法国政府非常重视通过制定法规来引导农业合作组织的发展，1943 年 9 月法国便制定了专门的农业合作社的法律，1947 年全国谅解与合作委员会制定了合作总章程，1967 年制定了关于农业合作社章程的法令——《合作社调整法》，提出要将农业合作社置于农业综合体中，以便将合作社与农村的工商活动联系在一起，这些法律的制定有利于农业合作组织在新形势下的维持与深化。其次，通过财政、税收政策给予农业合作组织支持。在财政政策方面，政府主要通过为农业合作组织发放补助金、提供优惠贷款给予支持，农业合作组织在创办之初可以从政府获得国家津贴，可以从农业信贷银行获得低息贷款，进行生产投资时可以获得国家补助。在税收方面，如果农业合作组织只与合作组织的会员发生业务交往并为会员服务且遵循"一人一票"和合作社分红原则，那么农业合作组织可以免税；如果农业合作组织与其他非合作组织会员有业务往来，往来部分按法国企业通行的33%税率纳税，其余部分免税，农业合作组织免缴地产税。最后，在法国的各级农业部门中都有负责农业合作组织事务的专门机构，它们负责检查、监督这些合作组织是否遵守其相应的规章制度。

3. 调整农业结构，实现农牧业平衡发展

为了加快农业现代化的发展步伐并使本国农产品适应国内外市场的需求，法国政府极为重视农业生产结构的调整，实施了一系列鼓励畜牧业发展的农业政策，如提高农产品的价格、加强畜牧饲养管理技术的研究和指导、发展饲料生产、财政补贴向畜牧业倾斜等，促使农场主的经营向畜牧业方向转变。在法国政府的推动下，法国畜牧业得到快速发展。

4. 推动农业科研和教育发展，实施科技兴农

政府大力推动农业科研与农业教育的发展，加强对农业科研工作的组织和指导，积极开展农业教育和农业培训，推广农业科技成果。除各高等院校以及其他私立的农业技术研究机构外，政府还在全国各自然经济区和产区设立科研中心和研究站，逐步形成了一个以国家农业科学研究院为中心的农业科研网。法国还设立许多农业研究中心，这些研究中心的研究对象各有侧重，如有的主要研究甜

菜，有的主要研究小麦和玉米，有的主要研究花卉等，每年可培育近 1500 个新品种。这些中心通过电脑网络联合在一起，做到了资源、信息、技术共享，使研究效率大大提高。

（三）法国转变农业发展方式的启示

法国曾经也是一个农业落后的国家，与我国农业现状具有一定程度的相似性，为我们大力发展农业提供了一个很好的现实参照，其发展经验对于发展我国农业具有一定的启示。

1. 调整和完善农村土地政策，扩大土地经营规模

我国农业人口绝对数量大，人均耕地占有率低，土地分散，经营规模小，不利于现代农业技术的推广应用，阻碍农业生产率和商品率的提高，给农业机械化和现代化以及农田建设和土地资源开发带来很大困难。法国曾经采用了扩大土地经营规模、提高土地生产率和劳动生产率并举的方式，使过于分散的土地集中，极大地提高了土地生产率和劳动生产率。我国也应逐步实施土地集中的政策，扩大农业经营规模，为传统农业向现代农业转型创造条件。

2. 提高农户的组织化程度

中国与法国虽然经济发展水平存在很大差异，但两国都是农业大国，农业在两国的经济中都具有重要的地位，而且个体农户在农业生产中起着重要作用。法国的农业合作组织的成功经验给我们进一步发展农业合作组织提供了诸多启示。如法国发展农业合作组织的经验表明，发展农业合作组织是在以个体经营为农业基础的国家中发展农业的正确选择，中国可以借鉴法国的经验，通过组建、发

展农民自己的农业合作组织，为农民开展信息、购销、信贷和技术服务，使农民有组织地进入市场，提高农业的组织化程度，增加农民收入，同时增强农民的谈判意识。同时，中国在推动农业合作组织发展的过程中，借鉴法国的经验，在农业合作组织发展过程中，并未过多干预，而是通过各种措施来引导、支持和监督合作社的健康发展。

3. 重视农业研究，实行科技兴农

法国的农业科研及其推广工作大部分由协会完成，而协会则与农户在各方面紧密联系，直接满足农户的需要。法国建立了数量众多的不同类型的农业研究机构，拥有大批的农业科技人员，为法国农业现代化提供基础研究和应用研究。这些做法对我国提升农业研究、实现科技兴农有着重要的启示作用。

三、日本转变农业发展方式的经验与启示

日本地处亚欧大陆东部、太平洋西北部，四面环海，国土面积37.8万平方公里，是我国的 1/25。第二次世界大战之后，日本面临严重的粮食短缺问题，1952 年，在联合国驻军的监督下，日本政府制定了具有资本主义私有制色彩的《农地法》，废除了封建地主对农地的垄断，建立了以自耕农为主体的农业经营体系，极大地刺激了农民的生产积极性。并且制定了财政补贴、税收、金融等多种优惠政策，促进粮食增产。但是，这种以数量增加为目标，以生产要素投入为手段的粗放型外延型的农业发展方式虽然在短期内解

决了粮食供给不足的问题，但是同时也加重了财政负担、造成农工收入不断扩大，食品安全问题日益严重，迫使日本政府转变农业发展方式，应对工业化、城镇化、国际化带来的挑战。

（一）日本转变农业发展方式的背景

1. 粮食统购统销政策造成严重的财政赤字

第二次世界大战后，日本政府为解决粮食短缺问题，采取了粮食统购统销的方式，增加粮食供给，平抑物价。1952 年，日本政府修订了《粮食管理法》，规定由国家根据大米生产成本制定较高的大米收购价，根据城市居民生活实际情况制定较低的销售价格，两者差价由中央财政补贴。1960 年，随着大米供应数量增加，粮食供需矛盾得到缓和，日本政府制定了以工业平均收入为标准减少农工剪刀差的政策目标，不断提升大米收购价刺激"农户扩大再生产"。1960—1967 年，日本大米平均收购价的增幅为 6.7%，1967 年较 1960 年实质增加了 1.4 倍。但是，日本政府为了抑制物价快速上涨影响工业发展，严格限制大米零售价格提升，导致大米收购价和销售价之间的差价日益扩大。同时，日本政府为了提高农民缴粮积极性，对于完成大米上缴任务，超额完成任务或者提前完成任务的农户，给予一定奖励。1952 年，各种补贴和奖励占收购价的 13%，1953 年增加到 21%。这些措施，一方面，促进了日本粮食增产，使粮食供应不足的问题得到缓和。另一方面，大量的补贴和仓储费用，占用了大量的财政资源，粮食财政赤字 1960 年是281 亿日元，1970 年扩大到 3608 亿日元，政府储备米达到 720 万吨，占全年产量的约 1/2，日本财政已不堪重负。

2. 居民收入增加，消费需求更趋于多样化

随着经济快速增长，日本居民收入水平显著提升，1960—1970年之间日本 GNP 平均年增幅达到 12.1%，同期占美国 GNP 的比例由 7.4% 上升到 17.8%。同时，每小时平均工资，1959 年美国是日本的 9.9 倍，1973 年缩小到 2.0 倍，收入水平提高，消费者需求显著变化，对大米的需求减少，对畜产品、蔬菜、水果以及其加工品的需求不断增加。然而，1960 年大米产值占到农业产值的约50%，1963 年达到 1341 万吨，而其他农产品供给量有限，高档农产品进口数量增加，急需根据膳食结构变化调整农业生产结构。

3. 全球经济一体化导致粮食自给率快速下降

战后日本经济由轻工业向重化学工业的快速转型，工业制品已经开始具备一定的国际竞争力，日本为促进工业产品出口，采取了逐渐放宽边境管制，开放农产品市场的措施。1960 年日本提出《贸易、外汇自由化计划纲要》，力图实现包括农产品在内的贸易自由化。同年日本开放了咖啡豆、黑麦等 121 种农产品市场，1962年开放新鲜蔬菜等 103 种产品，1962 年开放禽蛋类 81 种产品市场，农产品限制品目从 1962 年的 103 个减少到 1974 年 22 个，进口自由化比率从 1959 年的 43%，迅速上升到 1971 年的 94.8%。战后日本始终坚持的以农产品增产为目标的政策受到开放环境下国外进口产品的严重冲击，除畜牧产品、水果蔬菜等少数非耐储产品以外，小麦、杂粮以及大豆等美国具有优势的农产品进口数量快速增加，1970 年，食物热量自给率下降到了 60%、食用谷物自给率下

降到 74%，另外主要农产品之中的小麦自给率由 1955 年的 41% 下降到 1970 年的 9%、大豆由 41% 下降到 4%、水果由 104% 下降到 84%。同时，耕地利用率和水稻的负重指数也随之快速下降，政府继续维持粮食增产的农业产业政策遇到了国际化带来的严重挑战。

4. 快速发展的城镇化导致农业就业人口总量减少

随着日本工业化快速发展，农业人口数量快速减少。据统计，1958 年转为非农就业的农户有 54.16 万人，1965 年增加到 85.02 万人，虽然同期也有部分新农人在大学毕业之后回乡务农，但是数量远远少于转出农民数量，农业就业人口从 1950 年的 1610.2 万人降到 1965 年的 1058.7 万人，年平均降幅达到 2.3%，农业基本上处于劳动力净输出的状态。其中，外流农户中大部分是 0.5 公顷以下的小规模农户，农地快速向规模农户集中，1—5 公顷农户数量相应增加。但是，由于城镇化的发展，农村周边快速形成了劳动力市场，小规模农业兼业化程度加速。1950 年兼业农户占农户总数的比例只有 50%，1955 年增加到 65%。1955—1965 年的十年，以工资性收入为主的农户比例从 27.5% 上升到 41.8%，专业农户由 1955 年的 34.9% 下降到 21.5%。同时，兼业内容也出现复杂的变化，"雇佣兼业"模式逐渐替代了与农业有关的加工、手工业的"自营兼业"模式，农村开始出现撂荒问题。

5. 化学农业导致环保、食品安全等问题日益突出

日本为提高大米产出，自 20 世纪 50 年代开始大量投入农药，化肥。1955—1970 年之间，用于大米生产的氮磷钾等化肥施用量、防止病虫害用的农药生产量迅速增加，大米单产增加，人工投入显

著减少。20 世纪 70 年代中期除草剂、杀虫剂在日本农业中的使用量达到历史最高峰，1985 年化肥的使用量创历史最高纪录。但是，这种化学农业带来的负面影响日益突出，对人、土地和水、空气造成了危害，破坏了环境，影响了农业的可持续发展。例如，氮肥的过度使用导致地下水硝酸盐污染，农药的过多使用引起了严重的食品安全问题，甚至从牛奶中检测出了杀虫剂 BHC。虽然有 1970 年代，汞、DDT、BHC 和硝苯磷酸酯等剧毒农药相继被禁止使用，推动农业可持续发展已成为当务之急。

（二）日本转变农业发展方式的主要做法

1. 减少主要粮食作物产量

20 世纪 60 年代以来，日本采取了阶段性减少主要粮食作物的产量政策。1969 年日本实施大米流通双轨制，在统购统销"政府管制米"的同时，设立了经由批发商自由销售的"自主流通米"制度，废除了大米价格管制。高品质、品牌化的优质大米可以通过直销或者中间商销售给超市或者终端消费者，满足高端人群的需求。1978 年，日本实施"大米生产减产政策"，鼓励农户转耕其他作物和推行休耕制度减少大米种植面积，大米种植面积由 1975 年的 272 万公顷减少到 1985 年的 232 万公顷，产量也从 1426 万吨减少到 1161 万吨。

日本政府把提高农地的数量供给，降低农地价格，抑制大米生产成本的上涨作为提升大米竞争力，改善农民收入的重要手段。1968 年，政府制定了《城市规划法》，将城市规划区域进一步细分为"城市街区化区域"和"城市街区调整区域",严格规定城市街区化区域内的农地流转为非农用途时必须报批。1969年公布了《农振法》划定了永久基本农田,要求制定区域内的农地原则上不允许转为非农用途,确有必要的需要经过省长亲自批准。1970年修订了《农地法》,废除了对农地持有面积和雇用劳动力数量的限制,允许农业经营者可以通过租赁的方式流转农地,并批准农业委员会提供农地流转的中介服务。1971年修改了《地方税法》对于城市街区化区域内的农地,原则上征收与住宅用地一样的高额固定资产税,鼓励城市街区内的农地流转为宅基地。在一系列农地政策的保护下,农地投资价值下跌,自20世纪70年代以来农地价格基本持平。

但是,需要注意的是,日本在减少大米产量的同时并未放松粮食自给,而是采取了有针对性地财政补贴体政策,确保大米自给率始终维持在100%。1995年日本采用收入补贴制度替代粮食管制制度,选择专业农户、集落营农、农事组合法人、农业企业等规模经营主体,按7.5万日元/公顷提供政策支持。同时,导入大米目标价格保险制度,在大米平均收入低于三年平均收入标准基数时,由中央财政对认证农民、新农人等特定农业经营主体给予差价90%的补贴。另外,日本政府还加大了转种小麦、大豆、荞麦及饲料作物的财政补贴力度。但是,在国际经济一体化大潮的冲击下,粮食进口数量难以得到有效遏制,小麦和大豆等农产品的热量自给率始终没有显著提升,1965—1980年,小麦从28%下降到了10%,大豆从41%下降到23%。

2. 扩大畜牧品及蔬果生产

1961 年日本《农业基本法》规定政府可以根据消费需求的变化在"选择性减少"大米等粮食作物产量的同时，可以"选择性扩大"特定农产品生产。日本政府根据对农产品对居民生活的影响程度，选择了肉牛、牛奶、猪肉、蔬菜特定品种作为补贴重点作物，先后公布了《畜产品价格稳定法》（1961 年）、《加工原料奶生产者补贴等暂行措施》（1965 年）、《蔬菜生产销售法》（1966年），对于稳定市场价格，农民收入发挥了重要作用，1960—1970年日本国内农业产值中，大米产值由 50% 下降到 37%，畜产品由15% 上升到 24%，蔬菜、水果由 13% 上升到 24%，农业产业结构不断优化。

日本为鼓励畜产品、蔬菜生产，对补贴对象以及补贴方式上作了一些创新。首先，补贴对象主要选择规模化经营的专业农户、农事组合法人和农业企业。20 世纪 60 年代以来日本兼业农民比例不断提升，1970 年农民平均收入已经超过城市居民，但是兼业农户主要依赖工资性收入，对经营性收入依存程度逐年下降，已经难以承担保障粮食安全，满足居民消费需求的重任。农业补贴开始向特定的规模化农业经营主体倾斜。其次，根据对居民健康及产业发展影响程度选择重点补贴品种。日本政府肉牛补贴集中在子牛和育肥牛，奶业选择加工奶，蔬菜补贴品目选择影响丰富、易于种植的14 种蔬菜，10 种根茎类蔬菜及 4 类果菜，并且对补贴的对象产地也作了相应限制。最后，补贴方式采取了"政府主导＋经营者参与"补贴模式。以肉牛为例，日本采取了价格补贴体系，政府选择子牛生产企业为补贴对象，在子牛平均批发价跌破基准价时，政府通过认证的专业协会向生产者发放差价，其中中央财政支付1/2、地方财政支付1/4，养殖户自己只承担1/4。近年来，日本进一步加大对子牛养殖的扶持力度，地方政府的补贴金额提高到差价的3/4。另外，对于肉牛、加工奶、蔬菜种植的财政补贴，也采取了由农户自愿加入，政府补助的方式，农户与政府按照1∶3的比例设立基金，当市场平均价格跌破生产成本时，由基金补贴参保人80%的差价。

20世纪70年代末，同质性农产品供给过剩，价格下跌，农户收入锐减，日本采取了鼓励差别化、品牌化经营的农业政策。为了提高农产品的品质，推动品种改良，日本政府增设了品种改良补贴。例如桔子生产，农户如果更换高糖度的特定品种，政府提供每公顷220万日元的补贴。为了推广机械种植，降低经营成本，对于改建农场果园，扩建园内机械进出农道，修建相关设施时，政府提供总建设费用1/2的补贴。

3. 提升农业机械化水平

1962年日本实施"农业结构改善计划"推动农业基础建设，引进先进机械和设备，推进农业现代化。20世纪70年代中期，日本农机具数量增至50万台，是1955年的10倍。20世纪80年代，农机具占经营成本的比例不断提升，由1975年的15.0%上升到1990年的22.3%。农机具费用以1975年为100来计算，1985年达到271，1992年达到292。农业机械化将农民从以手工和农具为主的重劳力劳动中解放出来，增加了农户收入。

日本农业经营面积普遍较小，且山地多水田少，土地比较分散，在农地私有化的前提下很难快速实现农地集中连片，大型农机具也难以发挥作用。针对这样的特点，日本农业机械化开发设计主要是适合山地的小型机械。同时，针对水田多的特点，日本农用机械几乎涵盖水稻等农作物从育苗到烘干等全过程。另外，针对土地较为分散的特点，日本大多数农机具是适合一家一户独自耕作的小型农机。据统计，日本的大型拖拉机拥有量只相当于法国的70%，英国的80%，而小型拖拉机却相当于法国的35倍、英国的80倍。每台拖拉机负担的耕地面积只有2公顷左右，大大高于世界的平均水平。

日本政府主要采取购机补贴和信贷两种方式支持提升农业机械化水平。首先，日本政府对购入农机的农协、专业农户购买高效农业机械设备提供高额补贴，补贴金额根据作物、设备以及地区等有所不同，最多可补贴到购置费用的1/2。对农事组合法人的补贴则限定于成员5人以上的，具备一定规模、在一定区域内的组织。1972年日本政府的农业机械补贴金额是491亿日元，1981年增加到2439亿日元。但是，直接补贴条件较为苛刻，审查手续也较为繁琐，加上政府财政赤字不断扩大，更多的是采用中长期，低息贷款的方式。1961年日本设立了"农业机械化基金"，农户贷款额度可放宽到600万日元，农协可达到4500亿日元，且年息仅为6.5‰，偿还期可以长达7年。这种低息政策即使是在泡沫经济最为膨胀的20世纪80年代中期也没有变化。另外，对于农户引进新技术或者新农人创业购置机械设备的，贷款期间为3—5年。截至

1981 年农业机械化基金的总贷款额达到 4500 亿日元，极大地促进了日本农业机械化的发展。

日本政府为了提高小农机使用效率，鼓励农户组建名为"农业机械设施银行"的公益性组织。该组织以农机具共同使用为目的，由拥有不同机械设备的农户持农机具登记入股，农业机械设施银行独立经营管理，统一集中协调使用，使用人向农机具所有人支付租金。这种模式 1978 年在东京附近开始推广，2005 年已经达到 1000 余家。此外，日本政府还对举办农业机械展览会、农业机械、技术培训机构、农业机械修理厂等涉农机构根据一定的标准提供部分建设经费和日常运营经费。

4. 完善农业科技开发、普及体系

日本把提升农业科技水平、构建农技推广体系作为支撑农业现代化、推动农业机械化发展的重要保障。日本构建了由政府和私立研究机构、大学、民间企业三大体系组成的农业科研体系。国立研究机构主要是国家农机研究所、农业综合研究院以及各个公立大学的研究机构等，负责新产品的检测鉴定、新产品的开发及更新换代、信息提供等基础研究。民办研究机构主要是农技公司下属的产品研发机构，负责新产品更新换代和新产品的开发创意。20 世纪 70 年代，日本政府打破农业研究领域各农技研究机构，企业各自为战单独开发研究的模式，鼓励产学研融合，促进本国研究机构与国外合作，以及国内公立研究机构与大学及企业合作，联合开发农作物栽培、生产资料开发等技术，并且提供一定的财政支持。1995 年，日本政府"大农业"的科研经费预算达到 772 亿日元，占整个农业预算的 2.2%，其中科研经费占到 80%。

不断完善技术人才培养体系。日本从 1976 年普及高中教育，如今高校的升学率已达 50%。日本的农业大学共有 42 所，在校生 8000 余人。其办校特点是与农业生产紧密结合，大力培养应用型的农业技术人才。学制 2 年，第一年学习基础知识，第二年着重操作实践。除此之外，还有农业职业学校 434 所，政府还在全国各地经常举办各种形式的短训班，向青年农民传授科学技术知识。

完善农技推广体系。日本的农技推广主要由国家农业改良推广所和农协负责，并且形成了从中央到地方的完整体系。资料显示，日本全国有 485 个地区改良推广中心，平均每个中心有推广人员 20 人，中央政府每年下拨推广经费 350 亿日元，占农业预算的 1.2%，都道府县配套与此相当的资金用于农业技术推广。另外，日本农协作为代表农民利益的公益性组织也承担着农技推广工作。农协的农技推广工作由中央会营农指导部负责，营农指导员围绕农业生产的产前、产中、产后提供多方位、全面、免费服务，为农民掌握农业技术，提升农业生产率起到了促进作用。中央财政每年拨付专款用于补贴农协的营农指导工作。

加强专利权人保护力度。1978 年日本政府修改了《农业种苗法》，赋予新品种开发人垄断权力。1982 年加入"国际植物新品种保护国际公约"，进一步完善《农业种苗法》，对于侵害新品种育种人权利的给予重罚，市场秩序得到极大改善，科研人员的新品种、新技术创新积极性显著提升，至 1997 年累计申请专利 11500 件，其中 6800 件获得登记批准，使日本在短短的十几年内，由模仿大国顺利转型到创新大国。

5. 构建新型农业经营体系

扩大农业经营规模，构建以规模化经营组织为核心的农业生产结构是日本转变农业发展方式，实现农业现代化的重要基础。

一是明确战略发展目标，推进规模经营。1961 年日本《农业基本法》（简称"旧基本法"）对于转变农业发展方式明确提出了两项基本发展方向，其中之一就是通过农业"结构调整"培养能够实现农业与其他产业收入相均衡，具有较高生产力水平的"自主经营主体"，由此实现日本农业发展。同时提出 10 年之内，农业人口达到 1000 万人，农户数量 500 万户，耕地面积 600 万公顷，其中耕地面积 2 公顷以上的专业自立经营农户 250 万人，平均经营面积 0.4 公顷，稳定的兼业农户 250 万户的发展目标。1999 年《新食物、农业、农村政策方向》（新基本法）继续秉承此思路，认为农产品价格支持政策效果有限，应对农产品进口冲击，只有重视市场机制的作用，不断推进农业结构调整，即进一步推动规模化经营，提高农业生产效率，才能实现缩小国内外农产品价格差异，实现农工收入均衡。因此，计划到 2010 年培养出 15 万个 10—20 公顷的专业大户，2 万个左右生产合作社，以承担农业生产、养殖中 60%—90% 的面积或头数。2014 年 1 月日本公布《人与农地计划》明确农地向农业生产企业集中，继续促进扩大经营规模。

二是运用法律手段，保障实现政策目标。1962 年日本修改《农业协同组合法》，允许 5 家以上农户成立以生产要素合伙经营为目的的"农事组合法人"，推动农地流转与农机具的共同使用。

允许农协在获得成员批准的情况下，开展农地信托业务。同时修改《农地法》，设立了农业生产法人制度，促进农业集约化经营；废除了以耕作为目的的土地持有面积限制。1980 年制定《农用地利用增进法》，允许在扩充农用地使用的同时，根据协议创建村落农地利用改善团体。1993 年日本将《促进农地使用法》改为《强化农业经营基础促进法》（简称《农促法》）实施"认定农业经营者"制度，进一步放宽农业生产法人的条件；2000 年再次修改"农促法"，允许在一定条件下工商企业通过参股农业生产法人的形式从事农业生产。2003 年，为了应对农业劳动力不足与耕地撂荒激增现象，日本政府制定了《构造改革特别区域法》，允许工商资本在特定区域内可以直接租地从事农业经营。2009 年，日本进一步修改《农地法》，允许工商资本通过租赁方式参与农业生产。在诸多法律保护下，日本逐渐形成了以持有农地的非农民、兼业农户、专业农户、任意组合、农事组合法人、有限责任公司、合名公司、合资公司、合同公司、股份有限公司等多种经营主体构成的农业经营体系。

三是促进规模化、专业化农业经营主体发展。日本为鼓励小规模农户放弃农业经营，将农地向规模农户集中，对出租农地和租赁农地的农户都给予一次性的租地奖励。2015 年出租面积 0.5 公顷以下的农户补 30 万日元/户，0.5—2 公顷奖励 50 万日元/户，2 公顷以上的奖励 70 万日元/户。同时，对于租赁农地的农户给予一次性 20 万日元/公顷补贴。此外，对农地流转中介组织给予一定补贴。例如：对于农业委员会调查农地使用情况，协调撂荒地出租以及民间团体代理租赁撂荒农地等人工费、日常办公费用提供一定的补贴；对于继承农地时能够保证经营 10 年以上的农户，对赠予和继承税给予一定优惠；设立超级 L 融资制度，每年提供 1000 亿日元，专门针对为了获得农地，扩大经营规模的认定农业经营者提供中长期贷款优惠，法人叮获得 10 亿日元，个人可以获得 3 亿日元，贷款偿还期可长达 25 年，偿还利率为 0.35%—0.7%，是商业贷款的 1/3，而且最初 5 年还可以得到免息优惠。

四是鼓励农业的企业化经营及工商资本参与农业经营。日本精心设计了所得税制度，对企业经营给予一定的优惠，当收入超过 400 万日元，企业经营缴纳的法人税要低于个体农业经营。日本规定在农业企业工作，可以参加社保，而在个体农户打零工，则不能享受相关政策。农业法人在购买农业机械时，可以申请"经营体育成支援项目"，从地方政府获得购买总额 30% 之内的补贴；如果农业法人是和其他企业、自然人组成合作社以农机共同使用为目的提出申请的，另外可从地方政府获得"条件不利地区补贴"，补贴额度最多可达到购买总额的 1/2。另外，日本还分阶段放宽了工商资本参与农业经营的门槛，允许通过租借的方式获得农地的经营权。

经过多年农业结构调整政策的实施，日本农户内部出现两级分化，一种是依赖于租借农地扩大经营规模的少数"佃耕型"专业化、规模化农业经营者；一种是一边出借农地一边缩小农地经营面积，甚至完全退出农业经营的大多数兼业、高龄的"地主型"小规模经营户。以 1965 年农户数量为 100 计算，1975 年下降到 68，1980 年下降到 60。从户均农地面积来看，1965 年 70% 的农户经营面积不足 1 公顷，2 公顷以上的农户不到 5%，而 2 公顷以上的农户中，专业农户占比超过 50%。然而，1975—1980 年之间，农户内部进一步分化。1980 年，1 公顷以下农户增加达到 71%，2 公顷以上农户增加到 7.3%，但是兼业化已经开始波及到 1 公顷以上农户，2—5 公顷农户中的专业农户比重下降到 20%，5 公顷以上农户中的专业农户则下降到 47%。这些规模化、专业化的农户增加，强化了以雇佣劳动为主的兼业化农业的发展，形成了少量专业农户与大量兼业化农户并存的局面。这种生产经营体系的形成导致了不同经营主体需求的分化，以商品化生产为目的的农业生产经营主体，逐渐分化为农户、农民合作社、农业有限公司和农业股份有限公司。其中，大规模农户和农业法人为主的规模化经营在日本农业所占的比重不断增加，1970 年之后规模化经营所占比重快速上升，到 1990 年，在畜牧业中已经超过 80%、设施园艺部门达到 50% 以上。

6. 加强农协为农服务实力

农地细化、经营规模小、难以发挥现代化机械大生产的作用，不仅降低了作业生产效率，而且增加了单位产品中固定资本折旧成本。随着城镇化、工业化发展对农地需求增加，农地价格上涨，农民对于农地资产持有欲望提升，成为农地集约化经营的阻碍。在无法快速实现规模化经营的情况下，日本认为通过范围经济，促进农业组织化发展是达到提升农业机械使用效率、转变农业发展方式、增加农民收入的有效方法。因此，日本政府将农业协同组合作为农业政策实施的抓手，通过农协执行大米收储、农业自然灾害保险、目标价格等政策的执行，并且给予一定支持。另外，还允许农协理事长兼任农业委员会等地方自治机构重要职务，使其发挥对当地农业发展规划制定、农地流转等方面的重要作用。

一是促进农协扩大经营规模，提升竞争能力。随着日本农户规模扩大，小规模农协难以提供相应的高质量服务，1961 年公布了《农业协同组合合并援助法》，要求市町村行政机构帮助地区农协发展，在市町村行政机构的指导下，尽可能地通过行政手段引导农协联合或者合并，并且以法律的形式规定政府对于农协合并时需要的人力和新建设置给予最多 1/2 的补贴。日本农协的数量从 1960 年的 28900 家，下降到 1966 年的 21300 家，2015 年下降到不到 3 千家。但是，社均成员人数增加，销售额和服务能力得到显著改善。

二是给予农协财政扶持。据日本农协改革委员会汇总"交付农协补贴的概要"材料显示，日本主要给予农协：农业设施建设补贴，用于农协购置成员共用农机具、加工设施，补贴比例为购买价的 50%；农技指导补贴，用于农协举办的促进大米等日本农产品消费市场开发活动、农协改革、农业经营人员培养等。这些补贴政策的特点是，坚持以经济手段调整农业，而很少使用行政命令的办法，与法律保持高度一致，促进农业向规模经营和集约化方向发展，通过农协使农民得到实惠，促进农业基地化建设和产业结构调整。如政府在新品种推广、农业基地和农产品批发市场及产品加工设备建设、稳定蔬菜生产等方面都是通过制定相应的补贴政策来完成，不仅使政府的计划得以实现，也保证农民得到实惠。各种政策对农协的扶持，使农协的发展具有了强大的后劲。2011 年日本政府共投入 386 亿日元扶持农协发展，平均每家综合农协获得 6.7 亿日元。

三是给予农协税收、金融优惠。日本政府规定农协发放给成员的盈余返还可以作为底扣，并且给予农协优惠于一般私人企业的税收政策，农协的各种税率比其他法人纳税税率低 10%，并且对于农协购买大型农业加工设备由日本政策金融机构提供借款期限长达 10—20 年的中长期贷款，且利息要远远低于商业银行。农协用于共同生产的设备可以申请短期融资，政府提供一定的贴息。例如，农业现代化资金的贷款利息补贴可以获得中央和地方政府补贴的 1/2。

7. 促进可持续农业发展

20 世纪 70 年代中期，随着居民环境保护意识的提升和集约型农业生产带来的农村面源污染、食品安全问题日渐显现，特别是重化学工业化过程中出现的"公害"问题，例如：三重县四日市的"哮喘病"，熊本县"水俣病"，富山县的"痛痛病"等严重危害了人的生命和健康。

完善法律体系，提供执法依据。日本政府通过制定法律体系，完善行政体系。1970 年日本公布了《关于废弃物的处理及清扫法》明确了"废弃物"的概念。修改了《公害对策基本法》、公布了《水质污染法》和《关于防止农地土壤污染法》等一系列法律，对大气污染、水质污染、噪声污染等公害防治确立了明确的法律依据。并且根据《首都圈城区工厂等限制法》，限制在大城市周边发展有污染的工厂。

构建监管体系，重视综合治理。1971 年 7 月，日本成立了副部级的国家环境厅，统一归日本内阁府管理，负责环境保护工作，制定与监督有关的法律法规、规划、政策等工作。之后又在全国 46 个省设立了相应的环境局，配备专人，负责本地区环境保护工作。通过组织结构调整，实现了对公害问题的统一集中管理，使环保有关部门和机构职权分明、相互协调、有力地促进了公害防止工作。

重视防治与发展的协调关系。1999 年 7 月，在对 1961 年《农业基本法》进行评估之后，实施《食物农业农村基本法》，之后实施了《家畜排泄物法》、《肥料管理法》和《可持续农业法》、《农机农业促进法》等专项法规，加强了对农业生产投入物、食品加工和饮食业等全程监控。同时，日本注意与法律配套的制度、规则、标准的制定工作，确保法律法规的贯彻落实。2000 年修订了《农业物资标准化和质量标示标准法》（JAS 法），将有机农产品标示列入管理之中，极大地促进了有机产业的高速、有秩序发展。

（三）日本转变农业发展方式的启示

1. 转变农业发展方式必须明确国民经济不同发展阶段的农政目标

日本农业经济学者认为，进入中等收入阶段，人口增长率降低，粮食消费需求趋于饱和，同时随着工业化成果在农业中应用以及金融资本投入、人员素质的提升，在低收入阶段所面临的粮食短缺问题逐渐得到缓和，农产品收益整体下降，农工收入差进一步扩大，大多数国家的农业政策都会从数量保障政策转向收入保障政策。但是，这个阶段国家整体处于由工业化社会向消费型社会转型阶段，传统产业正在淘汰，新兴产业尚需要扶持，经济增长减速，低素质失业人口增加，国家因为减税、完善社会福祉制度等领域的资金投入加大，农业财政支持的增幅下降，逐渐难以支持粗放型外延型的农业生产，只有转变农业发展方式，推动农业发展由向集约型、内涵型增长转变，才能有助于建立自立型农业经营体系，缓解农业、农村对财政的依赖。从日本经验看到，日本的农业政策自20世纪60年代以来已经由数量保障转为收入保障，之后近五十年虽有农业现代化、培养规模经营等政策出台，但是政策目标并无根本性变化。而且需要注意的是，日本并没有因为国际化，而完全放弃数量政策，农业虽然对国内生产总值的贡献率从1946年的30%降到2015年的1%，食物自给率也下降到了39%，但是，主粮自给率始终维持在100%左右，甚至还有出口。我国刚刚迈入中等收入国家，需要在保障口粮完全自给的同时，逐步调整农业政策，制定以提升农民收入，缩小农工收入差为目标的发展方向，并根据国民经济发展的实际情况，逐步进行调整。

2. 转变农业发展方式必须优化农业产业结构，提升财政支持效率

农业产业结构是由农产品市场决定的，不同层次的社会需求将形成不同的产品结构和服务需求。日本在从低收入国家迈向中等收入国家之后，出现了主要农产品总量基本平衡，农产品季节性、区

域性供大于求的现象，农业生产开始出现阶段性、结构性和地区性过剩。日本通过减少主要粮食作物生产面积，降低农地使用价格、扩大蔬果及畜产品产量的方法，深入优化农业生产结构以提高产品质量和经济效益。当前，我国粮食生产已经实现了"十二"连增，粮食供给不足的问题基本得到解决。今后可以参考日本经验，深化农业产业结构调整，根据对国民经济发展的影响梳理、选择减少产品清单和增加产品清单，对需要增加的产品加大扶持力度，对国民经济发展影响不大的产品交给市场调节。并且需要根据农业政策的调整重点选择规模化经营主体，以及优质农产品作为支持对象，通过有针对性的财政手段，优化农业产业经济结构。

3. 转变农业发展方式必须坚持发展规模化经营，培育新型农业主体

小农经济的户均经营规模小、地块零碎，主要依靠精耕细作，增加劳动力投入、提升土地生产率来提高产出。由日本经验可以看到，这种发展模式在中等收入阶段，受到工业化、城镇化的冲击，劳动力数量快速减少，质量下降，成本增加，难以维续。日本在20世纪60年代将扩大经营规模，通过专业化生产使农民获得与工业相当的收益作为政策目标，并且逐步放宽农地流转制度，专业农户所占农户总量的比例不断增加，为提高劳动生产率，实现农业现代化打下了坚实的基础。但是，在快速工业化和城镇化过程中，机械化降低了农业的工作强度，使在村兼业成为可能，某种意义上也抑制农地流转速度，阻碍了规模化经营组织的发展，特别是在生产资料私有制前提下，政府只能通过财政、税收杠杆促进产业结构调

整，这就造成了不同规模、不同形式的农业经营组织与规模化经营组织长期并存的局面。我国与日本农业结构基本一样，都属于人多地少，户均经营面积较少的小农经济结构，这种国情严重阻碍了我国劳动生产率的提高，也为农业资本的投入带来了阻力。借鉴日本经验，调整农业结构，为转变农业发展结构创造良好的外部环境，需要较长的时间持续推进。而且，我国目前人均农地面积只有日本的 1/3，要达到能够与欧美农业相竞争的规模非常困难，即使要达到日本户均 2.4 公顷的水平也需要数十年的努力。因此，我国应根据国民经济发展的不同阶段，逐步推动农业规模化发展，逐步完善新型农业经营制度，为处于不同产业发展阶段、不同规模的农业经营者提供有效的政策选择；构建永久性农田制度，排除投机性农业经营，降低农地价格；完善农地制度，加快农地流转，逐步推动土地使用权向规模农户集中。

4. 转变农业发展方式必须提升农业组织化水平，支持农业发展

日本在第二次世界大战之后构建了覆盖全国几乎所有地区、所有农户的农业协同组合，该组织体系严密，自下而上，上下贯通，是民建民管民受益的公益性社会服务化组织。农协将小规模、分散的农户组织起来，解决了生产经营规模较小农户的协调问题，使他们能够依托完备的服务体系，处理单个农户解决不了也解决不好的问题，更好地与市场对接。日本政府通过法律规范、政策扶持、项目倾斜等政策手段，使其发挥政府的政策抓手的作用，为农民提供产前产中产后综合性服务。我国与日本农业经营结构基本相似，在

二三产业尚无法完全吸纳富余劳动力，规模化经营短期内难以见效的情况下，当前应不断完善农民合作经济组织体系。完善农民专业合作社功能，赋予其开展合作金融的功能，健全为农服务能力；完善联合社制度，促进小规模合作社不断兼并合并，增加其竞争力；完善合作社监管体系，防止合作社异化，占用有限的财政资金；完善合作社精准扶持政策，对于真正有合作欲望，且发展情况较好的，组织体系较为规范的合作社给予支持。逐渐构建起以合作社为主体的便捷高效、覆盖全程、层次分明、内容完备、主题多元的社会化服务体系。

5. 转变农业发展方式必须完善农业科技研发体系，促进农技推广

转变农业发展方式，推动农业机械化、绿色化发展，必须转变过去靠增加要素投入的粗放型外延式的增长模式，开发以科技手段、改善要素利用方式，提高要素利用效率的集约型内涵式增长，要依赖于农业科技的进步与推广。日本构建了以公益性研究机构和企业为主体，以市场为导向产学研研究体系，可以灵活应对市场需求，开发符合农民需求，便于普及的实用型技术；构建了以国家科技普及体系为核心，农民合作经济组织营农指导部门为辅的科技普及体系，保障农业技术可以尽快普及推广；完善了专利等法律保护体系，加强了对专利开发人利益的保护，提升了科技开发人员的积极性；构建了完善的促进农业现代化财政补贴制度，为农业机械快速推广创造了良好的外部环境。借鉴日本经验，我国要从农业大国转变为农业强国，必须提升科研人员的创新积极性，应该加强对专

利权人的保护，完善相关法律体系，保障科技人员技术开发的收益；完善农业科技普及体系，构建公益性、半公益性及盈利性科普体系，为提高农产品质量、农民种植技术提供指导；选择规模以上农户作为农业机具扶持对象，并且促进多种形式的农业机械合作社发展，提高农机使用效率。

四、中国台湾地区转变农业发展方式的经验与启示

（一）中国台湾地区转变农业发展方式的背景

20 世纪 80 年代开始，我国台湾地区开始了以农业现代化为目标的农业转型升级，并通过产业升级、农业自由化和国际化，实现了农业的重新崛起。台湾转变农业发展方式，主要有两个方面缘由：

第一是台湾工业竞争力下降，急需通过农业升级加快经济增长。20 世纪 70 年代以来，台湾工商业持续快速发展，1968—1981 年期间台湾工业年均增长率为 12.75%，但是由于第二次世界石油危机的冲击，台湾工业增速下降，1982—1991 年期间台湾工业年均增长率下降为 6.68%，加快发展农业已经成为加速经济增长的重要手段。

第二，受到内外因素的影响，台湾农业市场竞争力下降。1968 年以后，台湾农业连续 4 年出现了负增长，农业发展的滞后已经成为拖累经济增长的重要原因，并使得工农发展失调的经济结构性矛

盾加剧。台湾农业市场竞争力受制于内外两方面的约束。从内部来看，台湾农业资源条件本来就不优越，农业经营规模过小、土地生产成本偏高，难以发挥规模优势。到1986年，72%的农户经营土地面积不足1公顷，只有2.51%的农户经营土地面积超过3公顷，在全岛82万农户中，专业农户仅占9%。而随着工农业发展水平的差距进一步扩大，农业人工成本上涨，台湾农业劳动力的高龄化、女性化现象加剧，这既加重了农村赡养、安置老人的负担，也影响了农业生产的创新及农业机械化、现代化水平的提高。从外部的国际贸易市场来看，台湾农产品遭到两类竞争对手的夹击：一是农业生产能力低但要素价格更低的中国大陆、越南等地区；二是生产要素价格高但生产力更高的美国、日本等国家。加速转变农业发展方式，提升台湾农业市场竞争力是台湾农业发展的必由之路。

（二）中国台湾地区转变农业发展方式的主要做法

1. 允许土地流转，扩大农业生产规模

20世纪70年代，世界经济开始复苏，市场体系不断完善，农产品竞争日益加剧，台湾的小规模家庭经营格局在市场经济中明显缺乏竞争力。为了改变农地分散、零碎而产生的经营规模小、成本高的问题，台湾地区于20世纪70年代末80年代初开始实施第二次土地改革。1979年初，台湾当局颁布了《台湾地区家庭农场共同经营及委托经营实施要点》，鼓励农民创办家庭农场，联合经营农业，允许农民将自己的土地委托他人经营。随后，台湾当局又颁布了《扩大家庭农场经营规模辅导农民购买农地贷款计划实施要

点》，提出通过提供低息或无息贷款，鼓励农民购买土地，扩大农场体量，以获取农业生产的规模效益。1981 年，台湾农委会出台了《第二阶段农地改革方案》，提出三条主要措施：第一，为农户提供扩大农场经营耕地的贷款；第二，在农村推行共同、委任及合作经营农业的措施；第三，加速农地重划建设进程。台湾第二次土地改革废除了农田兼并限制，允许土地自由流转，提倡创办家庭农场，鼓励农民联合经营，推广和发展"共同经营"、"专业区"、"委托代耕"等经营方式，打破了"大地主、小佃农"的局面，将土地"化零为整"，营造出"小地主、大佃农"的经营格局。

2. 实施土地重划，推动农业机械化

台湾地区第二次土地改革除了着重解决土地流转问题外，还积极实施土地重划，扩大经营规模，加快农业机械化进程。所谓农地重划，是指通过对农地的"统合、统治、统分"的过程，把农户的耕地统一集中平整，化整为零，完善田间水电路林等配套设施，简称标准化农田，在按价分配给农民，并在统分的时候，结合推行共同经营、委托经营、合作经营，引导小农户转业，扩大经营规模，建设专业农区，推广应用农业机械，加快农业机械化进程。台湾地区 1982 年开始的这次土地改革，历经 5 年，取得了显著成效，此后，农地重划仍作为农业现代化建设的重要举措继续推行。到 1996 年，全省完成农地重划 732 区块，建设标准化农田 37.8 万公顷，接近耕地总面积的一半，超过水田总面积 85%。农地重划对推动台湾地区农业专业化、农业机械化起着决定性作用，它有效地解决了台湾地区机械化与田块分散的矛盾，极大地推动了台湾地区机械化进程。

3. 完善农产品运销体系，拓展农产品市场空间

一直以来，台湾地区十分重视农产品运销问题，在 1968 年便成立了"农产运销协会"，又在 1969 年提出"提高农产品运销效率是农业政策的长期目标"。需要指出的是，虽然台湾制定了一系列市场管理办法提高农产品运销效率，但这些办法主要是局部的、地方性的、技术层面的管理条例，难以适应经济自由化、国际化的要求。于是，1981 年，台湾制定了"农产品市场交易法"，首次将农产品运销纳入法律管理范畴，并在"农业升级计划"（1985—1988 年）、"农业综合调整方案"（1991—1997 年）、"农业政策白皮书"（1995 年）等中，都将农产品运销作为重要内容。具体做法包括：发展农产品市场、完善运销制度、安定农产品价格、改进销售技术、健全运销法规。其中最有成效、作用最大的是健全农产品批发市场制度，加强共同运销和建立农业电子商务运销体系。台湾在主要生产地及大都市（消费地）设有农产品批发市场、花卉市场及鱼市场。农产品批发市场不仅提供交易场地，形成公开、公正、透明的决价，亦提供市场信息，调节农产品短期供给。农产品批发市场亦不断充实各种设施，并推动业务自动化。农产品批发市场通常通过农会与农业合作社调节货源，达成秩序运销，避免生鲜农产品短期供需的严重失衡。由于台湾每一家庭农场所生产的农产品数量不多，各自单独运销效率不高，必须结合众多农民实施共同（合作）运销，形成经济的运销规模，以降低运销成本，并提高农民集体的议价能力。目前生鲜农产品如蔬菜、水果、花卉、畜禽产

品及养殖鱼类多实施共同运销，其市场占有率甚高，已成为农产运销体系中重要一环。

4. 扩展农业生产生态生活三大功能，发展休闲农业

台湾休闲农业的种类甚多，诸如观光农园、市民农园、教育农园、休闲农场、森林游乐、娱乐渔业、民宿等。休闲农业亦由简单的观光农园发展到综合性的休闲农场、休闲农业区，由点而面逐渐扩大。休闲农业不仅成为推进农业结构调整，提升农业竞争力，增进农民所得的重要一环；也使得农业由初级、次级产业扩及三级产业，实现一二三产业融合发展。除了经济功能外，休闲农业亦具有教育功能、生态功能与健身功能。鉴于休闲农业的重要性，政府积极辅导发展休闲农业，如确立休闲农业发展目标与策略，研究制定相关法规，协助制定休闲农业规划，提供休闲农业贷款与补助，以及推动休闲农业教育、训练与宣导工作。

（三）中国台湾地区转变农业发展方式的启示

台湾地区在转变农业发展方式、实现现代农业的过程中，十分重要的经验是建立了与其生产力水平相适应的土地制度。台湾的小土地所有制，不仅限制了土地兼并和流转，而且阻碍了农业机械的使用和大型水利工程的建设，限制了农业现代化的发展步伐。在第二次土地改革中，台湾当局废除了土地兼并限制，允许土地流转与集中，实现了"小地主、大佃农"的农业生产方式，走上了规模经营的农业发展道路。

拓展农业生产、生态、生活功能是实现农业可持续发展的重要

目标。休闲观光农业作为一种新型的农业发展模式，对突破农业发展瓶颈、提高农民收入及繁荣农村社会都有非常重要的意义。我们应借鉴台湾地区的休闲观光农业的发展方式，充分利用农业及农村丰富的自然资源，将乡村变成具有教育、文化、休憩等多种功能的生活空间，满足现代人对休闲生活日益扩大的需求。

第 八 章

结 论 与 建 议

一、研 究 结 论

我国粮食生产已经实现了"十二连增",国内粮食库存水平高,多数农产品市场供给丰富充裕,农民收入持续较快增长,农业农村经济发展取得很大成绩,为我国经济社会持续健康发展提供了有力支撑。但是,我国农业也暴露出一些新的矛盾,付出了较大的资源环境代价,农业发展面临农产品价格"天花板"封顶、生产成本"地板"抬升、资源环境"硬约束"加剧等新挑战,迫切需要转变农业发展方式。转变农业发展方式不仅是突破资源环境约束、实现可持续发展的根本出路,也是巩固农业基础地位、推进农业现代化的必由之路。

转变农业发展方式就是以发展多种形式农业适度规模经营为核心,以构建现代农业经营体系、生产体系和产业体系为重点,着力转变农业经营方式、生产方式、资源利用方式和管理方式,推动农业发展由数量增长为主转到数量质量效益并重上来,由主要依靠物质要素投入转到依靠科技创新和提高劳动者素质上来，由依赖资源消耗的粗放经营转到可持续发展上来，走产出高效、产品安全、资源节约、环境友好的现代农业发展道路。

构建现代农业生产体系是转变农业发展方式的首要任务。构建现代农业生产体系，重点是发展资源集约型和环境友好型农业，要在执行最严格的耕地保护制度，大规模推进土地整治、中低产田改造和高标准农田建设，全面提高农业发展的物质技术支撑水平的基础上，推进土地、资本和劳动力在内的农业生产要素的整合利用，建立农业发展与环境保护的协调机制，搭建农业科技合作创新机制。

构建现代农业产业体系是转变农业发展方式的关键环节。构建现代农业产业体系，要立足资源优势，通过多种方式发展规模种养业、农产品加工业和农村服务业，推进原料生产、加工物流、市场营销等一二三产业融合发展，促进产业链增值收益更多留在产地、留给农民。

构建现代农业经营体系是转变我国农业的必然要求。构建现代农业经营体系，一方面要扶持发展种养大户和家庭农场，引导和促进农民专业合作社规范发展，培育壮大农业产业化龙头企业，大力培养新型职业农民，打造高素质现代农业生产经营者队伍；另一方面要健全农业社会化服务体系，培育壮大经营性服务组织，支持多种类型的新型农业服务主体开展专业化、规模化服务，积极推广合作式、托管式、订单式等服务形式，创新农业社会化服务机制。

农业科技创新是转变我国农业发展方式的重要支撑。科学技术是第一生产力，科技进步是推进农村改革发展的关键措施，解决十几亿人口吃饭问题要靠科学技术，在资源和环境的双重约束下，实现农业持续稳定发展、长期确保农产品有效供给，根本出路在于科技进步和创新。推进农业科技创新要立足我国基本国情，把保障国家粮食安全作为首要任务，把提高土地产出率、资源利用率、劳动生产率作为主要目标，把增产增效并重、良种良法配套、农机农艺结合、生产生态协调作为基本要求，促进农业技术集成化、劳动过程机械化、生产经营信息化，构建适应高产、优质、高效、生态、安全农业发展要求的技术体系。

安全保障体系是转变我国农业发展方式的重要保障。农产品质量安全贯穿"从田间到餐桌"整个过程，由许多生产、经营、监督、管理环节和经济组织载体决定，是一项复杂的系统工程。当前，我国正值传统农业向现代农业转型的关键时期，迫切需要构建具有中国特色的农产品质量安全保障体系，从而全面提升农产品质量安全水平，为消费者提供安全可靠的放心产品，不断提升我国农产品的国际竞争力。要加快推进农业标准化生产、品牌经营，加强农产品的质量可追溯体系建设，确保"舌尖上的安全"。加快推进农业废弃物资源化利用，促进种养结合，生态循环、绿色发展。

二、政 策 建 议

（一）加快形成促进转变农业发展方式的体制机制

转变农业发展方式，关键在于深化农业农村改革，加快破除制约转变农业发展方式的深层次矛盾和问题，建立健全符合社会主义市场经济要求、适应我国国情农情的体制机制，为转变农业发展方式提供不竭动力。应从中央层面强化对转变农业发展方式的顶层设计和战略规划。顶层设计既要具有全局性、整体性、前瞻性，也要涵盖各地区各相关部门，以及农业内部各个产业，以创新体制机制为重点，形成有效、管用的管理体制和工作运行机制，激发发展活力，形成内生动力。由于各地农业资源禀赋和发展水平千差万别，应坚持因地制宜从实际出发，强化分类指导，结合不同区域、不同特点、不同发展基础，通过开展多种形式的转变农业发展方式试点、试验、示范，提出有针对性的要求与举措，充分尊重群众的首创精神，激发群众的创新智慧和热情，鼓励紧紧围绕转变农业发展方式深入探索、勇于创新、大胆实践，努力形成可复制、可推广的成功经验和成果，为面上改革闯出路子，用体制巩固成果，用机制激发活力，用制度推进工作，真正把改革红利释放出来，推动我国农业发展方式实现根本转变。

（二）加大农业资源环境保护力度

发展现代农业，确保食品安全，离不开良好的资源环境，而农业又是利用动植物的生长发育规律，通过人工培育来获得产品的行业，因此，应切实增强贯彻落实"五大发展理念"的自觉性，以治理农业面源污染为重点，持之以恒加强农业资源环境保护。随着城镇化建设的发展、食品消费结构的变化以及环境污染等问题凸显，必须严守农业耕地的红线，不仅要保护有效的耕地数量，而且要更加注重质量，做到数量与质量并重，切实为我国粮食安全提供坚实基础和保障。切实加强流域治理和荒漠化治理，加强土壤污染修复和土地整治，加强农田基础设施建设，对年久失修的农田基础设施要尽快修复或重建，对需要规划建设的农田基础设施要多方筹集资金建设到位，建成的农田基础设施，要明确管护主体，落实管护责任。

（三）着力提升农业劳动者素质

转变农业发展方式，发展现代农业，人是最重要的因素。目前，在东亚的日本、韩国和中国台湾，同样也面临农业劳动者老龄化的问题，而我国农业劳动者与之相比又有其特殊性，还存在相当数量的文盲、半文盲，缺乏科学种田知识。因此，应通过多种形式不断提高农业劳动者科学种田能力和水平。实施农业劳动者素质提升工程，结合农民生产生活实际需要，因地制宜加强对现有农业劳动者的教育培训，把政策、科技、市场、服务信息教给农民、武装农民，使农民能理解政策、掌握技术、把握市场、使用服务，成为新型农民。培训要力戒形式主义，使农民真懂、真会、真用。加强新型职业农民队伍建设，新型职业农民区别于传统意义上"面朝黄土背朝天"的农民，他们具有科学文化素质，掌握现代农业生产技术，具备一定的经营管理能力，既可以是居住在农村的农业从业人员，也可以是居住在城镇的农业从业人员，他们是转变农业发展方式的引领者和推动者，也是未来中国现代农业发展的出路和希望所在，应花大气力培育建设一支庞大的新型职业农民队伍。

（四）强化对转变农业发展方式的政策支持

一是应建立跨部门协调配套机制。各有关部门要加强部门协同配合，按照职能分工，落实好相关配套政策，加大支持力度。要加强制度建设，建立健全促进农业发展方式转变的法律法规和相关制度，靠法规和制度管人管事，推进工作开展。强化考核问责，研究制定定量与定性相结合的评价指标体系，排出转变农业发展方式的时序进度，按照主体责任严格考核，并实行问责制度。要形成工作合力，加大各方面资源和力量的统筹、整合、协调力度，努力形成政策向农村倾斜、资源向农业汇集、人才向农村流动的发展格局。

二是应完善重大项目扶持与管理制度。加强对农业结构性改革的项目支持，深化行政审批制度改革，实施项目带动战略，以农业基础设施、技术装备、良种繁育推广、农产品质量安全、重大疫病防治、环境修复整治、新型经营主体培育、农业社会化服务体系建设等为重点，安排实施重大项目，加大扶持力度，加快农业结构调整、发展方式转变步伐。激发社会资本支农热情，发挥政府项目投资的引领示范作用，通过投资补助、基金注资、担保补贴、贷款贴息等方式，发挥引导和放大效应，大力推广PPP模式，拓展扶持渠道和方式，撬动社会资本对"三农"的投资。应整合政府部门涉农项目资金，优化建设布局，提高投资效益，促进现代农业建设。强化投资项目监管，在简政放权的前提下，创新监管方式，建立协同监管机制，加强项目建设全过程监管服务，重点加强投资项目的事中事后监管，切实改变重审批、轻监管的现象。

三是应优化完善财政支农与税收政策。创新支持保护制度，调整财政支农结构，加大财政对发展多种形式的农业适度规模经营、提升农业综合生产能力、优化农业产业结构、提高农业资源利用和生态环境保护水平、改善农业物质技术装备条件等支持力度，进一步完善支农体系，扩大政策的覆盖面。整合涉农项目和资金，切实改变多头"分钱"、"撒胡椒面"的格局，提高政策效能和精准性。进一步强化财政投入的效能评估，加大对财政支农资金使用的监督监管，增强资金使用透明度，提高使用效能。优化农业补贴支持方式，根据转变农业发展方式的需要，重新审示农业补贴的范围、品种、环节、标准、方式。建立符合 WTO 规则的农业支持保护制度，扩大"绿箱"政策的实施规模，缩小"黄箱"政策实施范围。完善农产品市场决定价格机制和农产品市场调控制度，进一步增强农业补贴政策的针对性和有效性。比如，农机购置补贴政策可以逐步调整为农机服务补贴政策，提高农机具利用率、农机使用的经济效益和农业机械化的资源配置效益，弱化机械作业费上涨对农产品成本上升的推动作用。再比如，新型职业农民培训，财政要加大力度，同时要出台政策，引导高素质劳动力流入农业，从根本上解决"谁来种地，地怎么种"的问题。发挥财政税收杠杆作用，通过设立基金、贴息、担保，定向实行税收减免和费用补贴等途径，发挥财政资金"四两拨千斤"的杠杆作用和引导作用，创新农业投入机制，撬动更多的社会资金投向农业，形成多元化的农业投入机制。

四是应强化金融支农制度。深化农村金融制度改革，适度放宽市场准入，支持小型金融机构和新型农村合作金融组织发展，稳定农村信用社为农服务功能，扩大村镇银行在农村的覆盖面，积极开展新型资金互助合作，引导互联网金融、移动金融在农村规范发展，发展农村金融租赁业务，加快构建多层次、广覆盖、可持续的农村金融服务体系，注重发展农村普惠金融，努力降低融资成本，激活农村金融服务链条。创新金融支农服务机制，适时调整财税政策、货币信贷、金融监管政策，充分发挥政策性、商业性、合作性金融在服务"三农"中的各自优势。鼓励和支持金融机构进行业务创新，主动适应农村实际、农业特点、农民要求，积极开发支持农业产业化、现代化、组织化的金融服务产品，完善"三农"服务机制，健全支农导向绩效考核评价机制，支持涉农企业依托多层次资本市场融资，促使金融资源向"三农"倾斜，引导社会资本投入农村。完善农业保险制度，支持和鼓励商业保险机构开发适应新型农业经营主体需求的保险品种，完善税收等支持政策，提高支农的积极性。加大政策扶持力度，推动地方组建政策性农业保险机构和农业信贷担保机构，逐步将政策性农业保险作为公共产品提供给各类新型农业经营主体，提高保费的财政补助标准，扩大农业政策性保险覆盖面。完善理赔制度，简化理赔程序，有效降低农业经营风险。

参 考 文 献

1．白南生：《中国的城市化》，《管理世界》2003 年第 1、2 期。

2．蔡方柏：《法国农业跨越式发展对我国农业发展的启示》，《华中农业大学学报（社会科学版）》2010 年第 1 期。

3．蔡天新、陈国明：《现代台湾农业发展模式的历史考察》，《中国经济史研究》2008 年第 1 期。

4．曾福生、匡远配：《发展现代农业促进农业经济发展方式转变》，《科技与经济》2010 年第 4 期。

5．曾希柏、李菊梅：《中国不同地区化肥施用及其对粮食生产的影响》，《中国农业科学》2004 年第 3 期。

6．陈恩：《台湾的农业改革与农业政策》，《台湾研究》1996 年第 3 期。

7．陈庆修：《现代农业靠的是低碳》，《人民日报》2010 年 10 月 25 日。

8．陈文胜：《论大国农业转型》，社会科学文献出版社 2014 年版。

9．陈锡文、韩俊：《中国特色"三农"发展道路研究》，清华大学出版社 2014 年版。

10．陈锡文：《农村改革发展的形势和总体思路》，《中国党政干部论坛》2009 年第 8 期。

11．单玉丽：《台湾第二次经济转型期农业发展走势评述》，《台湾研究集刊》2001 年第 4 期。

12．丁中文：《台湾农业转型的主要历程、趋势与启示》，《发展研究》2008 年第 8 期。

13．董平：《浅析战后法国农业结构的变动》，《西欧研究》1991 年第 6 期。

14．樊红平：《中国农产品质量安全认证体系与运行机制研究》，中国农业科学院，2007 年。

15．樊亢、戎殿新：《美国农业社会化服务体系——兼论农业合作社》，经济日报出版社 1994 年版。

16．范云六：《积极推进生物育种产业发展》，《光明日报》2013 年 8 月 19 日。

17．冯启高、毛罕平：《我国农业机械化发展现状及对策》，《农机化研究》2010 年第 2 期。

18．高福生：《农业"转方式"要做好"低碳"文章》，《中国特产报》2010 年 5 月 12 日。

19．高强、孔祥智：《我国农业社会化服务体系演进轨迹与政策匹配：1978—2013 年》，《改革》2013 年第 4 期。

20．高旺盛：《坚持走中国特色的循环农业科技创新之路》，《农业现代化研究》2010 年第 10 期。

21．国务院发展研究中心农村经济研究部、山东省供销合作社联合社：《服务规模化与农业现代化——山东省供销社探索的理论与实践》，中国发展出版社 2015 年版。

22．何传启：《中国现代化报告 2012——农业现代化研究》，北京大学出版社 2012 年版。

23．黄天柱：《我国农业科技推广体系创新研究》，西北农林大学，2007 年。

24．姜长云：《中国农业发展的问题、趋势与加快农业发展方式转变的方向》，《江淮论坛》2015 年第 5 期。

25．蒋高明：《悬崖边缘的生态和食品安全》，《社会科学报》2011 年第 2 期。

26．靳淑平：《我国现代农业发展的演进分析》，《中国农业资源与区划》2014 年第 10 期。

27．经济合作与发展组织、联合国粮食及农业组织：《2013—2022

年农业展望》，中国农业科学技术出版社 2013 年版。

28．乐波：《法国农业合作组织及其对中国的启示》，《社会主义研究》2005 年第 5 期。

29．雷金繁：《基层农技推广工作存在的问题及对策》，《中国农技推广》2015 年第 9 期。

30．李国锋、张振华、邹轶：《农业生产标准化存在的问题及对策建议》，《江苏农业科学》2016 年第 2 期。

31．李静、樊铭勇、朱道军：《对新时期我国农业标准化问题的思考》，《农村经济与科技》2015 年第 10 期。

32．李斯华、李庆东：《2015 年全国农机合作社发展情况综述》，《中国农民合作社》2016 年第 2 期。

33．林毅夫：《再论制度、技术与中国农业发展》，北京大学出版社 2000 年版。

34．林毅夫：《中国农村改革与农业增长》，上海三联书店、上海人民出版社 1994 年版。

35．刘爱民、封志明、徐丽明：《现代精准农业及我国精准农业的发展方向》，《中国农业大学学报》2000 年第 4 期。

36．刘凤芹：《农地经营别度与农业经济组织》，中国社会科学出版社 2005 年版。

37．刘凤芹：《农业土地规模经营的条件与效果研究：以东北农村为例》，《管理世界》2006 年第 9 期。

38．刘静明：《农业机械化与劳动力转移》，《农业技术装备》2010 年第 7 期。

39．刘克辉：《台湾农业发展概论》，厦门大学出版社 1997 年版。

40．刘守英：《从乡土中国到城乡中国》，《财经》2016 年 7 月 25 日。

41．刘笑萍：《论我国农村基本经营制度的演变与创新》，《经济地理》2009 年第 2 期。

42．刘渝、杜江：《国外循环农业发展模式及启示》，《国际瞭望》2010 年第 8 期。

43．刘祚祥、陈文胜：《加强农业基础地位和确保国家粮食安全战略研究综述》,《阴山学刊》2010 年第 5 期。

44．刘祚祥、孙良媛:《逆向淘汰财政补贴与农业的低效率发展——机遇湖北农村的调研研究》,《财贸研究》2006 年第 5 期。

45．刘祚祥:《转变农业发展方式:国外理论与方法》,《贵州社会科学》2012 年第 8 期。

46．陆美芳、王一方、季雪婧:《未来中国农业科技创新人才队伍建设探讨》,《农业展望》2014 年第 12 期。

47．骆世明:《论生态农业模式的基本类型》,《中国生态农业学报》2009 年第 5 期。

48．孟令杰:《美国农业生产率的增长与启示》,《农业经济问题》2001 年第 3 期。

49．莫鸣、曾福生、刘辉:《农业税取消后农业科技推广改革探讨——对湖南省慈利县的调查》,《科技和产业》2006 年第 2 期。

50．农业部课题组:《现代农业发展战略研究》,中国农业出版社2008 年版。

51．普洛斯特曼:《中国农业规模经营:政策适当吗》,《中国农村观察》1996 年第 6 期。

52．齐振彪、齐济、周慧:《两型农业生产体系的基本内涵与特征研究》,《农业现代化研究》2012 年第 3 期。

53．世界银行编:《2008 年世界发展报告》,清华大学出版社 2008年版。

54．宋洪远、赵海:《新型农业经营主体的概念特征和制度创新》,《新金融评论》2014 年第 3 期。

55．速水佑次郎、弗农·拉坦著,吴伟东译:《农业发展——国际前景》,商务印书馆 2014 年版。

56．速水佑次郎、神田善久著,沈金虎、周应恒等译:《农业经济论》,中国农业出版社 2003 年版。

57．孙国凤、马鑫:《农业生物技术发展现状与展望》,《农业展望》2010 年第 11 期。

58．孙好勤、邵建成:《农业科技人才队伍建设与政策研究》,《中国农学通报》2006 年第 9 期。

59．孙中华：《我国现代农业发展面临的形势和任务》，《东岳论丛》2016 年第 2 期。

60．唐思航、韩晓琴：《转变农业发展方式是发展现代农业的关键》，《北京社会科学》2010 年第 2 期。

61．陶运来、田素润、殷俊峰：《建立我国农产品认证的有效性评价体系初探》，《安徽农业科学》2015 年第 18 期。

62．王丽杰：《我国农业品牌化发展的方针及对策》，《兰州学刊》2014 年第 12 期。

63．王新志：《首提"家庭农场"的意义分析》，《大众日报》2013 年 2 月 24 日。

64．王雅鹏：《我国现代农业科技创新体系构建：特征、现实困境与优化路径》，《农业现代化研究》2015 年第 2 期。

65．王治河：《关于农业与农村发展的后现代哲学考量》，《哲学动态》2010 年第 4 期。

66．卫新：《浙江省农户土地规模经营实证分析》，《中国农村经济》2003 年第 10 期。

67．魏后凯：《中国农村经济形势分析与预测（2014—2015）》，社会科学文献出版社 2015 年版。

68．温思美、赵德余、孙良媛：《传统农业改造的路径选择：顺德的启示》，《南方农村》2002 年第 6 期。

69．文贯中：《中国农村的逆淘汰趋势》，《21 世纪经济报道》2004 年 8 月 16 日。

70．西奥多·W. 舒尔茨著，梁小民译：《改造传统农业》，商务印书馆 2006 年版。

71．夏成、沈贵银：《农业发展与环境保护协调的技术选择与制度安排：一个文献综述》，《经济研究参考》2013 年第 43 期。

72．信乃诠：《加快农业发展方式转变的重要支撑——科技进步和创新》，《农业科技管理》2011 年第 2 期。

73．徐丹：《"智慧农业"路在何方》，《中国高新技术企业》2012 年第 2 期。

74．徐茂、邓蓉：《国内外设施农业发展的比较》，《北京农学院学报》2014 年第 4 期。

75．亚当·斯密：《国民财富的性质和原因的研究》，商务印书馆 1974 年版。

76．燕静宏：《发展农业机械化应对农业劳动力转移》，《中国农机化》2008 年第 6 期。

77．杨丽杰、王芳、钱永忠：《我国安全农产品认证与监管体系的相关分析》，《农业经济问题》2010 年增刊。

78．杨俐苹、金继运、自由路：《土壤养分综合评价法和平衡施肥技术及其产业化》，《磷肥与复肥》2001 年第 4 期。

79．袁志清：《现代可持续农业的概念、特征、体系》，《南方农村》2016 年第 2 期。

80．张红宇：《关于深化农村改革的四个问题》，《中国金融四十人论坛》2016 年 4 月 14 日。

81．张立胜、陆娟、吴芳：《认证标识对农产品品牌信任的影响路径分析》，《技术经济》2010 年第 4 期。

82．张玉香：《牢牢把握以品牌化助力现代农业的重要战略机遇期》，《农业经济问题》2014 年第 5 期。

83．张玉英、张丽华、王宝荣：《我国农业现代化的发展趋势》，《现代农业》2011 年第 9 期。

84．张震、刘雪瑜：《我国设施农业发展现状与对策》，《农业经济问题》2015 年第 5 期。

85．张宗毅、刘小伟、张萌：《劳动力转移背景下农业机械化对粮食生产贡献研究》，《农林经济管理学报》2014 年第 6 期。

86．中国社会科学院农村发展研究所编：《中国农村经济形势分析与预测（2015—2016)》，科学文献出版社 2016 年版。

87．中华人民共和国国土资源部：《2015 中国国土资源公报》。

88．中华人民共和国农业部：《到 2020 年化肥使用量零增长行动方案》。

89．中华人民共和国农业部：《加快转变农业发展方式培育具有国际竞争力农企》，《人民日报》2015 年 11 月 25 日。

90．周建华、乌东峰：《两型农业生产体系桥接的前置条件及其抗阻因素》,《求索》2011 年第 1 期。

91．周群力：《我国农业规模经济发展及问题》,《中国经济时报》2016 年 5 月 13 日。

92．朱会霞、王福林、索瑞霞：《物联网在中国现代农业中的应用》,《中国农学通报》2011 年第 2 期。

93．Chenery, Hollis B. "The Structuralist Approach to Development Policy", *American Economic Review*, 1975.

94．Fei, C.H. and Rains, G.A., "Theory of Economic Development", *American Economic Review*, 1961.

后　记

　　本书从立项到出版历经了一年半的时间，是《转变我国农业发展方式研究》课题研究成果。在中华全国供销合作总社党组原副书记、理事会原副主任、中国供销合作经济学会会长李春生的主持下，课题组全体成员共同努力，经过多次深入调研、广泛研讨、修改完善，最终定稿。一年多来，课题组围绕本书的写作重点展开多次深入研讨，对关键问题进行反复推敲，同时吸收了相关科研单位专家的意见和建议。课题组先后赴四川、黑龙江、广东、重庆、江苏、浙江等省市开展了大量调查研究，在调研过程中得到了当地党政有关部门及供销合作社相关领导和同志的大力支持和帮助，国务院发展研究中心、中国社会科学院、中国人民大学、北京商业管理干部学院的专家学者提出了许多建设性的意见。在此，一并表示由衷的谢忱。

　　本书及课题的写作过程中，北京商业管理干部学院党委书记黄道新、副院长黎少华协调组织调研、讨论和修改，做了大量艰苦细致的工作，戎承法、王军、艾永梅参与了统稿和校对工作，艾永梅负责具体协调和出版事宜。黄道新、黎少华、袁启昌、戎承法、乔小鹏、温琦、王军、曹斌、艾永梅、刘轩、杨旭、王真等同志，参与了本书的调研、研讨及写作工作，贡献了智慧，人民出版社柴晨清同志为本书的出版付出了辛劳。本书由李春生反复修改，终审定稿。

　　由于编写过程时间较短，研究还不够深，书中难免有不妥之处，敬请大家批评指正！

2017 年 3 月